KB042422

제 5 판

현대
경영학원론

윤재홍
안기명
신현범
신봉준
박동진

MAMANAGEMENT

PRIN PRINCIPLES OF

박영사

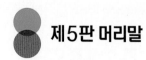

제5판 머리말

2020년대를 향해가는 이때, 기업들이 경쟁력을 향상시키기 위해 그 시대에 맞추어 다양한 혁신을 위한 기법들을 찾고 활용하고 있다. 우리나라가 어느 덧 선진국 대열에 서 있는 것은 세계적으로 경쟁력을 갖춘 기업들의 역할이 컸음을 부인하는 사람은 없을 것이다. 이러한 성공적인 기업경영의 방법을 연구하는 분야가 경영학이기 때문에 대학에서 공부하는 학생들의 관심을 많이 받고 있다.

매년 경영대학에 들어오는 신입생들은 그 학교에서 우수한 성적을 자랑하고 있고, 다른 분야의 전공자들도 경영학을 부전공하기를 원한다. 그렇지 않아도 경영학원론 강의를 기본적으로 수강하려고 하는 것은 그만큼 학생들에게 경영학은 아주 관심 있고 인기가 많은 과목이기 때문이다. 이러한 관심과 인기를 지속적으로 유지할 수 있는 것이 강의의 질적인 제고라고 생각된다. 여기에는 여러 가지가 포함될 수 있겠으나 강의 교재의 중요성도 빼놓을 수 없을 것이다.

그러나 이 과목을 맡은 교수님들에 따라 경영학원론의 내용을 매우 다르게 강의하여 왔다. 강의뿐만 아니라 교재도 다루고 있는 내용에 대해 통일성이 없었던 것이 현실이었다. 따라서 이러한 내용을 누가 강의하더라도 내용을 표준화시키는 시도가 동아대학교 경영대학에서 있었다. 이러한 표준화의 결과를 반영한 것이 제5판이다.

본 과목은 경영학의 기초가 되는 과목으로서, 향후 경영학의 세부 전공분야를 심도 있게 학습하기 위한 토대를 제공한다. 그리고 경영학에 대한 올바른 이해를 위해서 다양한 경영환경, 경영의 주체로서 다루는 기본 문제(기업, 조직, 경영자의 기업가 정신, 사회적 책임) 개념 및 경영의 각 분야들에 대한 기본적인 이론을 소개하여, 수강생들로 하여금 경영학적 마인드 형성과 관심 전공분야 발굴에 기여하는 것을 목적으로 한다. 구체적으로는 다음과 같은 목표를 추구한다. 첫째, 창조적이고 조직적인 사고능력, 둘째, 빠른 국내외 경영환경에 대한 올바른 이해, 셋째, 조직적이고 분석적인 사고를 통한 합리적인 의사결정 능력 함양, 마지막으로 조직을 효과적으로 이끌기 위한 다양한 경영능력 함양이다. 이 책은 이러한 목표를 달성하기 위해 꼭 필요한 부분만을 강의하기 위해 서술되어 있다.

이 책은 2000년 9월에 처음 세상에 빛을 보았고, 2001년 8월에 중판이 나왔다. 2004년 3월에 개정판이 나왔으며 2007년에 다시 개정 증보판, 2009년에 제3판이, 2014년에 제4판이 그리고 이번에 새로이 제5판이 나오게 되는 것이다. 이렇게 여러 번의 책을 출간할 수 있었던 것은 독자들이 성원해 주고 또 피드백을 보내준 결과이고 이 책의 독자들의 요구를 충족시키기 위해 저자들이 부응하고자 노력했기 때문에 과분한 사랑을 받은 것이 아닌가 생각된다.

이 책의 내용은 다음과 같다. 1장 경영의 기초, 2장 경영의 역사, 3장 경영자와 기업가정신, 4장 경영의사결정, 5장 기업환경, 6장 글로벌경영, 7장 윤리경영, 8장 계획/조직화, 9장 실행/통제, 10장 경영기능으로 마케팅, 인적자원관리, 운영관리, 재무관리, 회계로 구성되어 있다.

이 책의 편집원칙과 달라진 점을 설명하면 다음과 같다.

첫째, 경영학원론은 이론도 중요하지만 현실에서의 사례를 관련시키는 것도 중요하기 때문에 가장 최근의 사례들을 다수 포함시키도록 하였다. 매 장마다 사례들을 소개하였는데 앞의 사례는 내용을 공부하기 전에 학습목표를 중점적으로 이해하기 위한 사례이고, 장 뒤쪽의 사례들은 본문의 내용을 현실적으로 적용시키거나 각 장의 내용을 이해한 후 정리하기 위한 사례이다.

둘째, 학생들이 새로운 생각을 하고 이 생각을 말로 발표할 수 있는 기회를 많이 가질 수 있도록 토론문제들을 제시하였다.

셋째, 최근 경영학에서 매우 중요하게 다루고 있는 기업의 창업 부분을 보충하였다.

넷째, 환경에 기민하게 대응하는 능력을 갖추기 위해 최근에 중요한 문제로 대두되는 경영의 글로벌화와 신기술에 대한 이해를 강화하는 데 역점을 두었다.

다섯째, 혁신(innovation)과 변화(change)를 이해하기 위해 새롭게 대두되는 기법과 이론들을 가능한 한 많이 소개하려고 하였다.

이러한 목적 달성을 위해 저술에 많은 노력을 기울였으나 이 노력이 얼마나 성취되었는지는 미지수이며 항상 미진한 부분을 느끼는바, 결국 부족한 부분은 저자들의 책임이다. 이 책을 출간하는 데 도움을 주신 박영사의 안상준 상무님과 편집부

전채린 과장님의 노고에 감사드리며 이 책을 강의할 때 교재로 채택해 준 교수님들, 강사님들 그리고 이 책을 이용해 공부하고 있는 학생 여러분들께 감사드린다. 앞으로도 지속적으로 수정, 보완해 나아갈 것을 약속드리니 끊임없는 질책과 충고 그리고 사랑을 부탁드린다.

2017년 8월
저자일동

차 례

CHAPTER 02 경영의 역사

CHAPTER 03 경영자와 기업가정신

CHAPTER 04 경영의사결정

CHAPTER 05 기업환경

CHAPTER 06 글로벌 경영

CHAPTER 07 윤리경영

CHAPTER 08 계획/조직화

CHAPTER 09 실행/통제

CHAPTER 10 경영기능

제 5 판

현대
경영학원론

CHAPTER

01

경영의 기초

경영의 기초

01

CHAPTER

학습목표

이 장의 학습목표는 첫째, 경영이란 무엇인지 이해하고 둘째, 조직이란 무엇인지 이해하며 셋째, 기업이란 무엇인가 그리고 기업에는 어떠한 형태가 있는지를 이해하는 것이다.

EXAMPLE 01   테슬라 신화 창조의 비결

끊임없이 스토리를 만들어내는 감성경영
최고만을 고집하는 장인정신과 공감능력
중단 없는 혁신 노력이 어우러진 결과

미국 전기차 회사 테슬라의 약진이 눈부시다. 2017년 4월 3일 114년 역사의 포드 자동차 시가총액을 추월하더니 4월 10일에는 509억 달러의 시가총액으로 미국 최대 자동차 회사 GM을 따라잡았다. 전기차가 21세기 자동차산업 대세라는 투자자들의 인식이 주가의 고공행진을 견인했다.

2003년 전기공학자 니콜라 테슬라의 이름을 따서 창업한 테슬라는 혁신적 기업인 엘론 머스크의 비전과 상상력에 힘입어 빠르게 성장했다. 그동안 로드스타, 모델 S, 모델 X 등 세 모델을 출시했다. 지난해 7만 6,000대를 판매해 매출 70억 달러에 7억 7,300만 달러 적자를 기록했다. 그러나 주가는 가파르게 상승했다. 소위 화제주 반열에 들어선 것이다. 가치투자의 대가인 컬럼비아대 브루스 그린월드 교수는 투자가들은 향후 시장을 테슬라가 주도할 것이라는 믿음으로 주가 상승을 받아들인다고 주장한다. 온라인 유통 거인 아마존이나 소셜미디어 스타 스냅챗처럼 영업이익 같은 경영지표와 상관없이 회사 미래를 보고 높은 주가에 베팅하는 양상을 보여준다. 배런캐피털의 론 배런 대표는 회사 주가가 2020년까지 4배 상승하고 2025년까지 다시 3배 상승해 미국에서 기업가치가 가장 높은 기업이 될 것으로 전망한다. 지난달 GM은 25만 6,000대, 포드는 23만 4,000대를 팔았지만 테슬라는 4,000대에 불과했다. 그러나 주식시장을 움직이는 것은 단순한 생산 대수가 아니라 회사의 성장과 전망이다.

테슬라는 2017년 1분기 2만 5,000대를 생산해 전년 동기 대비 생산량이 69% 증가했다. 이제는 더 이상 신생 벤처기업이 아니다. 자동차산업의 경쟁력을 좌우하는 생산 규모에 거의 접근했다. 무엇보다도 차 한 대당 마진율이 20% 이상으로 산업 평균을 훨씬 웃돈다. 일단 적정 생산 대수에 이르게 되면 높은 이윤 창출이 가능해진다.

창업 초기는 험난한 가시밭길이었다. 첫 차종인 로드스타가 출시됐지만 2008년 불과 1,500대 판매에 그쳤다. 연방정부의 첨단기술자동차제조(ATVM) 대출 프로그램 덕분에 4억 6,500만 달러를 지원받은 것이 반전의 계기가 됐다. 캘리포니아 주 프레몬트에 공장을 짓고 모델 S를 출시해 15만대를 판매함으로써 성장의 기틀을 구축했다.

여름에 출시 예정인 저가의 '모델 3'에 대한 시장 기대치도 높다. 안전도를 크게 높인 신 모델 판매로 전기차의 대중화에 한발 다가섰다. 3만 5,000달러의 합리적 가격에다 7,500달러에 달하는 세액공제 혜택으로 소비자의 관심이 뜨겁다. 주목할 점은 테슬라가 자동차 제조에만 그치는 것이 아니라 첨단의 태양광과 배터리 기술을 보유하고 있는 점이다. 향후 태양광과 배터리가 주도하는 미래형 전력망산업을 재창조하고 있다고 평가된다. 자율 주행기술 분야에서도 높은 경쟁력을 갖추고 있다. 지속적인 영업적자에도 불구하고 연구개발에 대한 투자를 계속 늘려 왔다. 이를 통해 GM의 볼트, 포드의 포커스 등 경쟁 기업을 능가하는 전기차를 선제적으로 출시해 시장 판도를 주도해 왔다. 중국 최대 인터넷 기업 텐센트로부터 18억 달러 자본을 유치해 모델 3의 생산 확충에 박차를 가할 예정이다. 올 4분기에 주(週)당 5,000대, 내년에는 주당 1만대 생산을 목표로 하고 있다.

회사의 성장 뒤에는 최고경영자 머스크가 있다. 그는 비전과 카리스마를 갖춘 경영자다. 주력 자동차업체가 전기차에 회의적일 때도 좌고우면하지 않았다. 경쟁업체가 넘볼 수 없는 기술력을 갖추고 규모의 경제를 구축하면 충분히 승산이 있다는 그의 계산이 주효했다. 많은 사람이 그의 미래 비전에 공감했다.

무엇보다도 돌직구 스타일로 전기차와 자율주행차의 미래를 역설하는 그에게 열광했다. 테슬라의 재무제표가 아니라 성공 스토리에 방점을 찍은 것이다. 끊임없는 혁신 노력이 최고의 기업을 만들었다. 명확한 비전을 제시하고 소비자와 투자자의 열정과 지지를 이끌어내는 공감 능력이 뛰어났다. 끊임없이 스토리를 만들어내는 감성 경영, 최고만을 고집하는 장인 정신이 어우러져 테슬라 신화를 창조한 것이다.

자료 : 한국경제, 2017년 4월 16일

토의문제
최고경영자 머스크는 테슬라를 어떻게 경영하는지에 대해 토의해 보자.

SECTION 01 경영

01 경영의 정의

경영이란 조직에서 인적자원, 물적자원, 재무자원, 정보자원 등 여러 가지 자원을 이용하여 계획화, 조직화, 지휘, 통제하여 고객이 필요로 하는 재화나 서비스를 전달하는 연속적 과정이다. 여기서 계획화, 조직화, 지휘 통제를 **경영과정**이라 하며 그 내용은 다음과 같다.

첫째, **계획화**(planning)란 기업이 달성하고자 하는 목표와 비전을 시간에 따라 순서로 표시하고, 예산을 수립하며, 프로그램을 만드는 것이다. 계획을 수립하는 이유는 첫째, 조직이 추구하고자 하는 전반적인 방향을 수립한다. 둘째, 조직의 목적을 달성하는 데 필요한 자원들을 규명한다. 셋째, 목적을 달성하는 데 무슨 업무가 필요한지 결정한다.

둘째, **조직화**(organizing)란 추진해야 할 일을 부문으로 나누고, 권한을 나누어 위임하며 기업 고유의 문화를 만들어 가는 과정이다. 역할의 분담을 직무할당이라 하고 직무를 직위에 맞게 권한과 책임을 부여하여 수행하게 된다.

셋째, **지휘**(leading)란 부하들의 동기를 파악하고 기업의 목표를 향하여 함께 효

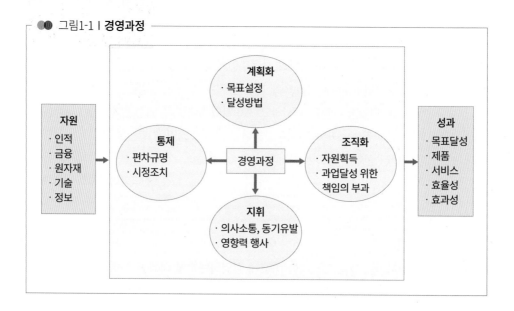

그림1-1 | **경영과정**

과적으로 나아가도록 이끌어 가는 것이다. 이를 위해 모든 구성원들 간에 수많은 의사소통이 필요하다. 따라서 의사소통은 가치생산의 과정이기 때문에 조직의 구조와 의사소통이 합리적이어야 한다.

넷째, 통제(controlling)란 목표와 계획을 점검하는 것이다. 목표의 성취여부를 표준이라는 잣대에 비추어 평가하고 일의 방향을 바르게 세우는 것이다.

02 경영의 대상

조직(organization)이란 한마디로 '사람들의 모임(group of people)'이라고 할 수 있다. 그러나 만일 하나씩의 힘을 가진 사람 열 명이 모여서 조직을 만들었을 때, 그 힘의 합계가 열밖에 되지 않는다면 그것은 기업으로서의 가치를 갖지 못한다. 기업은 열 명이 모여 열이 아니라 백, 천, 만 아니 백만의 힘을 발휘할 수 있는 조직이어야 한다. 이를 위해서는 사람과 사람 사이를 실선과 점선으로 연결시켜 각자의 위치와 서로의 관계를 정립시켜야 한다. 인간사회에는 기업뿐 아니라 정부, 가계와 같은 조직이 있으며, 기업 중에서도 공기업, 영리기업, 비영리기업 등 여러 가지 조직이 존재한다.

경영은 여러 가지 종류의 조직체가 가진 각각의 성격이나 목적의 특수성과 관계없이 모든 조직체에 공통적으로 적용할 수 있는 요소를 추출한 개념이다. 다만 이같이 모든 조직체에 적용될 수 있는 '**일반경영**'체계와 달리, 특수한 목표를 가진 특정 조직체에 대한 경영을 '**특수경영**'이라고 부를 수 있는데, 그 대표적인 예로는 정부, 공기업, 영리기업, 비영리기업, 가계가 있다.

관리(administration)는 사람에 의해 일을 하도록 하는 것(getting things done through people)이라고 정의할 수 있다. 관리는 경영의 상위개념으로 보기도 하고 다른 시각에서는 경영을 관리의 상위개념으로 보기도 하여 의견의 일치를 보지 못하고 있다. 다만 프랑스의 경영학자 Henri Fayol은 1949년에 쓴 그의 저서 '관리의 일반이론(General and Industrial Administration)'에서 기업의 여섯 가지 주요 기능을 ① 기술, ② 상업, ③ 재정, ④ 보안, ⑤ 회계, ⑥ 경영기능이라고 하였다. 앞의 다섯 가지 기능은 현대의 생산, 판매, 재무, 인사, 회계관리에 해당하고 마지막 여섯 번째의 경영기능은 다시 계획, 조직, 지휘, 통제로 구분되며 경영원칙이라고 하였다. 이를 종합해 볼 때 기업의 생산, 판매, 재무, 인사, 회계 등 관리 영역을 경영(계획, 조직, 지휘, 통제)하는 것이라고 할 수 있다.

03 경영의 내용: 전략, 관리, 운영

경영이 무엇인가를 이해하기 위한 방법의 하나로 그 내용을 전략, 관리, 그리고 운영이라는 세 가지 활동으로 나누는 3분법이 흔히 사용된다.

여기에서 **전략**(strategy)은, 조직체의 사회적 역할에 따라 목적을 설정하고, 그 목적을 달성하기 위하여 외부환경으로부터 주어지는 기회를 내부의 능력으로서 포착하는 전략적인 의사결정을 하는 활동을 말한다.

관리(management)란, 결정된 전략을 집행하는 데 투입되는 자원을 최소화(능률추구)하거나 주어진 자원을 이용하여 추구하는 목표의 달성도를 최대화(효과추구)하는 활동, 또는 이 두 가지를 동시에 추구(최적화추구)하는 활동을 말한다.

마지막으로 **운영**(operation)이란, 관리적 활동을 사전적으로 정해진 방식과 체계에 따라 수행하는 활동을 말한다.

전략은 일회적·비일상적 의사결정이 요구되기 때문에 정형화하기 어려운 반면, 운영은 반복적이고 일상적인 활동이기 때문에 정형화, 매뉴얼화할 수 있으며, 관리는 그 중간적인 성격을 갖는다.

경영의 내용을 이루는 이상의 세 가지 개념 중 '관리'는 1970년대 이전까지만 해도 가장 중요한 경영활동으로 인식되어 왔다. 반면에 '전략'은 1973년 석유위기 이후 기업환경이 급변하면서 비로소 그 중요성이 강조되기 시작하였다. 따라서 1973년대 중반까지만 해도 경영학 체계에서는 전략의 중요성이 널리 인식되지 못했기 때문에 경영과 관리라는 두 가지의 다른 용어가 혼용되어 왔던 것이다. 그러나 전략이 경영에서 중요한 내용으로 부각된 오늘날에는 경영과 관리를 같은 개념으로 쓰는 것은 옳지 않으며 이제부터는 전략을 경영의 중요한 요소로 받아들여야 한다.

다만 논리적으로는 경영을 전략, 관리, 운영이라는 세 가지 개념으로 나누어 볼 수 있지만, 실제로는 그 구별이 어렵거나 조직체의 상대적 위치에 따라 분류가 바뀔 필요가 생긴다. 예컨대 커다란 기업그룹 안에 여러 계열사가 있고, 각 계열사 안에 또다시 여러 기능부서가 있다고 하자. 이때 그룹 전체의 목적이 '성장 및 수익성의 극대화'이고 이러한 목적을 달성하기 위한 전략이 '사양 산업으로부터 철수' 및 '유망산업으로의 진출'이라면 이러한 전략을 효과적으로 집행하기 위하여 '인재양성' 또는 '투자자금 조달' 등의 관리활동을 전개할 것이다.

그러나 그 그룹에 속해 있는 각 계열사에서는 소관 산업이 사양 산업인가 유망산업인가에 따라 '철수' 또는 '진출'이라는 목적을 설정할 것이고, 이러한 목적을 달성하기 위하여 '인재양성', '투자자금 조달' 등의 전략을 세울 것이며, 이러한 전략을 효과적으로 집행하기 위하여 '우수 신입사원 채용'이나 '현장 교육 강화' 또는 '신주 발행'이나 '은행차입'과 같은 관리적 수단을 마련할 것이다.

이를 달성하기 위해 기능부서 중 하나인 인사부서에서는 '인재양성'을 목적으로 하여 '우수 신입사원 채용', '현장교육 강화' 등의 전략을 세울 것이고, 이러한 전략을 효율적으로 집행하기 위하여 '공개채용', '신입사원 교수추천제도'와 같은 관리적 수단을 마련할 것이다. 이 경우 그룹 전체의 관리수단인 '인재양성'이 계열사의 위치에서는 전략이 되고, 인사부서의 위치에서는 목적이 된다.

이러한 예에서 보듯이 경영의 내용을 전략, 관리, 운영이라는 세 가지 개념으로 획일적으로 나누어 모든 조직에서 그대로 받아들이는 것은 옳지 않다.

04 경영의 주체: 경영자

경영자(manager)란 조직체의 전략, 관리 및 운영활동을 능동적으로 주관하는 사람으로 조직체의 수직적 체계에서 놓인 위치에 따라 최고경영자, 중간경영자, 그리고 하부경영자로 나뉜다.

일반적으로 최고경영자는 회장에서 이사까지, 중간경영자는 특정 부문을 책임지는 부장에서 과장까지, 하부경영자는 특정한 책임을 지지 않는 대리급 이하로 정의하는 것이 보통이다. 그러나 조직체의 어느 위치에서 어느 위치까지가 최고경영자이고 어느 위치에서 어느 위치까지가 중간경영자, 그리고 어느 위치에서 어느 위

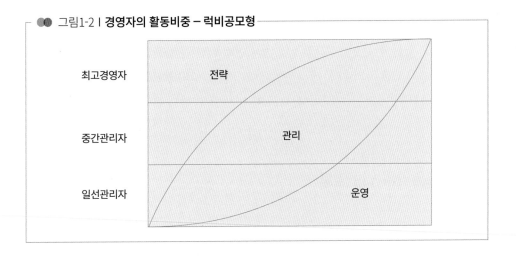

🌑🌑 그림1-2 I **경영자의 활동비중 – 럭비공모형**

치까지가 하부경영자라고 획일적으로 단정해서는 안 된다. 왜냐하면 이들 경영자는 그 위치가 어디든지 앞에서 설명된 경영상의 활동, 즉 전략, 관리, 운영을 공통적으로 수행하기 때문이다.

다만 경영자의 위치에 따라 세 가지 활동이 갖는 상대적 비중은 달라진다. 즉 최고경영자는 자신의 활동 중 전략에 가장 큰 비중을, 그리고 관리, 운영에 약간의 노력과 시간을 할애하는 반면, 중간경영자는 관리에 가장 큰 비중을 두고 전략, 운영에는 작은 비중을 둔다. 그리고 하부경영자는 운영에 가장 큰 비중을 두고 관리와 전략에는 상대적으로 낮은 참여를 하게 된다.

SECTION 02 학문으로서의 경영학

01 경영학의 연구대상, 성격

경영학의 연구 대상은 조직체와 활동으로 나눌 수 있다. 즉 경영학의 연구대상은 조직으로 본다는 것이다. 또 다른 견해는 관리활동을 중심으로 보는 것이다. 여기에는 인적자원관리, 재무관리, 마케팅관리, 생산운영관리 그리고 회계를 들 수 있다.

경영학은 기업경영과 관련된 실천 응용과학(practical applied science)이다. 여기서 실천이라 함은 실제 기업경영에 도움을 줄 수 있는 학문이라는 의미이다. 응용이라 함은 이론을 기업현장에 적용시키고, 기업현장에서 이론을 찾아낸다는 의미이다. 또한 과학이라 함은 합리적인 사고에 의해 객관적 사실과 증명에 의존한다는 것이다.

경영학은 이론적이고 실천적이기 때문에 과학(science)과 기술(art)의 두 가지 성격을 함께 가지고 있는 학문이다. 기업경영상의 현실적인 문제를 해결하기 위해서는 기술이나 기법이 필요하기 때문에 실무로서의 기술을 의미하고, 또 실무로서의 경영을 뒷받침하는 체계적인 지식이 필요하기 때문에 과학으로서의 성격을 동시에 지닌다.

02 경영학의 연구방법

경영학이 과학으로서 이론을 축적하기 위해서는 과학적인 연구방법을 활용하여야 한다. 경영학의 연구방법의 대표적인 몇 가지를 들어보고자 한다.

첫째, **귀납법**(inductive method)은 어떤 결과나 사례에서 보편적이거나 일반적인 결론을 도출하는 방법으로서 구체적인 것으로부터 공통적이고 보편적인 특성을 일반화시키는 방법이다.

둘째, **연역법**(deductive method)은 일반적이거나 보편적인 것으로부터 일정한 논리적 사고를 거쳐 결론을 이끌어 내는 방법이다. 개념적이고 가설적인 추론을 도출하는 경우에는 이 방법이 주로 원용된다. 일반적으로 귀납법과 연역법은 서로 상호보완적으로 사용되고 있다.

셋째, **분석법**(analysis method)은 변화가 격심하고 이해하기 어려운 복잡한 현상을 유사한 성질의 집단으로 세분하여 연구하는 방법이다. 이것은 인간의 인식능력에 한계가 있기 때문에 복잡한 현상을 분석하여 획득한 결론을 종합함으로써 전체적인 결론을 얻게 되는 방법이다.

넷째, **실험법**(experimental method)은 인과관계를 설명하려는 가설을 검증하는 데 이용하는 방법으로서 인과관계를 설명할 수 있는 상황을 설정하고 원인을 조작하여 결과를 얻어내고 관찰하는 방법이다.

다섯째, **역사법**(historical method)은 과거의 사상을 분석하고 해석하여 이것을 바탕으로 현재의 문제를 이해하고 아울러 미래의 사상을 예측하려는 방법이다.

마지막으로 **사례연구**(case study)는 개별기업의 실제적인 경영사례를 통하여 기업경영의 실제를 경험하고 의사결정을 연습하는 방법이다. 그리고 이로부터 경영의 일반원칙을 추출해 내려는 연구방법이다. 따라서 사례연구를 개발하기 위해서는 연구대상이 되는 개별기업에 대해 면밀한 관찰과 분석이 선행되어야 한다.

03 경영학의 발전과정

경영학의 발전과정을 요약하면 다음 <표 1-1>과 같다.

● 표1-1 | **경영학의 발전과정**

관리시대				전략경영시대	
생산관리	조직관리시대		마케팅관리	기획관리	산업조직론	자원준거
20세기 초-제1차 세계대전	제1차 세계대전	제2차 세계대전	제2차 세계대전	1960년대 이후	1973-1980년대 중반	1980년대 중반 이후
대기업의 출현	노동조합의 대두, 민주화 사조	기업조직의 복잡화	소득증가와 생산시설의 유휴화	경기침체	오일쇼크	일본 기업들의 두각과 경쟁 심화
테일러의 과학적 관리법	메이요의 호오손 실험, 맥그리거의 XY이론	버나드, 사이몬 등의 조직이론, 아지리스의 개성과 조직	메카시의 4Ps	앤소프의 경영계획	앤드류즈의 경영전략, 포터의 경쟁전략	하멜, 프라할라드 등의 자원준거 관점
포드의 대량생산 체제	노조의 활성화, 인간관계에 초점	비공식 조직, 스탭 조직	순탄한 양적 성장	기획실 도입 및 통계학적 기법 응용	질적인 문제 추구, Contingency Planning 등장	핵심역량, 자원 등 기업 내부 측면

⦂ SECTION 03 조직

01 조직의 의의

조직(organization)이란 '의도하는 목적을 달성하기 위해 설계된 분명한 계획시스템 및 구조를 지닌 목표지향적 결합', 또는 '개인들이 목적달성을 위해 상호작용을 전개하는 구조적 과정'이라 할 수 있다. 즉, 두 사람 이상이 공통된 목적을 달성하기 위해 상호작용을 하고 조정을 행하는 행동의 집합체이다.

따라서 조직은 반드시 그 존재이유와 의사결정의 기준이 되는 공통목적을 갖고 있다는 특성을 갖는다. 그리고 조직은 인간들의 집합뿐만 아니라 다양한 구성요소에 의한 복합체라는 의미의 복수개념이다. 다음으로 조직은 구성원의 행동을 정의하고 제한하는 고유한 운영법칙이나 규율을 갖고 움직이는 체계적 계층구조를 갖고 있음은 물론, 작업하거나 도전해야 할 대상을 갖고 있다는 특성이 있다. 마지막으로 조직은 조직구성원 모두가 각기 서로 다른 개인적 목표를 가지고 조직에 참여하여 공통목적 달성을 위해 상호작용을 하는 특성을 갖고 있다.

또한 조직은 집단의 목표를 달성하기 위해 임의적으로 구성된 상황에서 일하는 사람들의 집단이라고 할 수 있다. 이 정의를 살펴보면, 만약 사람들이 동일하다고 간주할 수 있는 일반적인 목표를 가지고 있지 않거나, 목표를 달성하기 위해 정해진 구조를 가지고 있지 않다면 그들은 모여만 있을 뿐이지 하나의 조직체는 아니다. 명백히 모든 조직체가 똑같지 않다는 것을 시사한다. 따라서 여러 유형의 조직을 구분하는 일은 그들의 기본적 목적에 따라 분류하는 것에 도움이 될 것이다.

이처럼 조직이란 개인적으로 동일하고 혼자서 도달할 수 없는 확실한 목표를 성취하기 위해 함께 도달할 수 있는 사람에 의해 구조화된 그룹을 말한다.

우리가 속하는 조직은 사람들에 의해 형성되는 그룹과 같은 것이다. 왜냐하면 개별적인 활동으로는 달성하기 어려운 목표도 조직구성원이 조직체를 통해서 성취할 수 있기 때문이다.

02 조직의 분류

조직의 유형은 그 분류기준을 어떻게 설정하는가에 따라 다양하게 분류될 수 있다. 즉 조직의 규모, 목적, 그리고 공식화의 정도 등을 분류기준으로 정할 수 있다. 먼저 조직은 그 규모에 따라 대규모 조직과 소규모 조직으로 분류할 수 있다. 대규모 조직은 정부, 재벌, 그리고 군대조직과 같이 구성요인이 복합적이고 규모가 큰 조직인 데 비해, 소규모 조직은 교회나 구멍가게와 같은 단순하고 조그마한 크기의 조직이다.

다음으로 조직이 영리추구를 목표로 하고 있는지에 따라 **영리조직**(profit organization)과 **비영리조직**(non-profit organization)으로 분류된다. 기업을 제외한 대부분의 조직이 비영리조직이라고 할 수 있다. 다만 영리조직의 경우에도 공익성 추구 여부에 따라 기업의 경우에는 공기업과 사기업으로 세분된다.

조직은 구조화된 정도에 따른 상대적 개념의 공식조직과 비공식조직으로 분류될 수 있다. 먼저 **공식조직**(formal organization)이란 조직 구성원들의 권한·책임·의무관계가 명확히 정의되어 있는 조직으로 공식적 커뮤니케이션 경로를 갖고 있다. 따라서 구성원들은 설정된 목적·방침·절차·규칙 등에 따라야 하므로 유연성이 낮으며, 주로 비용과 능률의 논리에 의해 운영된다. 다음으로 **비공식조직**(informal organization)은 밀접한 대면접촉을 통해 자연발생적으로 형성되고, 태도·감정·관습·가치기준 등에 따라 지배받는 조직이다. 따라서 구조화 정도는 낮고 신축성이 높은 조직으로 태도나 감정의 논리가 통용된다.

인간은 타인과의 접촉을 통해 사회적 욕구충족이 가능하므로 공식조직 내에는 자연적으로 형성되는 비공식조직이 존재하게 된다. 구성원들 간의 비공식적 관계는 과업수행을 용이하게 하고, 조직 내 의사소통을 원활히 함은 물론, 소속감과 일체감을 부여하는 긍정적 영향력을 갖고 있다. 그러나 한편으로는 공식조직의 정상적 운영을 방해하는 부정적 측면을 동시에 갖고 있다. 따라서 비공식조직의 규범과 응집력이 공식조직과 어떤 관계를 갖는가에 따라 공식조직의 성과도 크게 영향을 받게 됨을 주목해야 한다.

SECTION 04 기업

01 기업의 의의

경영학의 관심대상이며 연구대상인 기업은 어떤 성격과 어떤 형태를 가지고 있는 것일까?

기업(enterprise)은 제품이나 서비스를 생산·판매하는 조직시스템으로서 하나의 실체이며 항구적인 존속을 가정하게 된다. 이 같은 기업은 항구적인 존속을 위해서 사회적 분업에 의한 자신의 역할을 효과적으로 수행해 갈 수 있어야 한다.

▲ 한국의 시가총액 1위 기업, 삼성전자

기업조직이 수행해야 할 가장 중요한 첫 번째의 역할은 경제적 역할이다. 기업은 산업사회의 경제적 기관으로서 사회가 필요로 하는 재화나 용역을 경제적으로 생산하여 공급해야 한다. 그래서 기업은 자원을 창조적·능률적으로 이용하여 사회에 필요한 가치 내지 효용을 창출하는 생산기능을 주로 담당하며, 그 결과로 얻어진 이윤을 기업의 경제적 목표로 하고 있는 것이다. 그러나 기업이 이 같은 경제적 역할을 효과적으로 수행하지 못할 경우 존속에 필요한 이윤은 보장될 수 없는 것이다.

둘째로 기업은 경제적 역할과 더불어 사회적 역할을 수행해야 한다. 근로자, 소비자 등과 같은 이해관계자 집단의 이해관계를 조정하고 사회의 요구에 반응해야 한다. 그리고 인간생활의 질적 향상과 바람직한 문화의 형성에 기여할 뿐만 아니라 이와 관련된 사회문제해결에 참여하는 등의 사회적 책임도 수행해야 한다. 이 같은 기업의 사회적 책임의 수행은 현대기업의 경영목표가 되고 있으며, 이러한 역할을 소홀히 하게 되면 기업의 장기적인 존속은 위협을 받게 되는 것이다.

이와 같은 기업의 경제적·사회적 역할 이외에도 생산 및 관리기술과 관련된 기술개발 및 기술혁신의 역할과 대외기관 및 노사문제의 해결 등과 관련된 정치적 역할도 수행하게 된다. 경영학이 그의 인접과학으로서 경제학, 사회학, 심리학, 법학, 정치학, 공학 등을 포용하고 있는 이유가 바로 이 같은 기업의 다양한 역할 때문인 것이다.

요약컨대, 기업은 사회의 일원으로서 경제적, 사회적 역할을 담당하는 조직시스템이며, 이 같은 역할의 효과적인 수행에 의해 항구적인 존속·발전을 유지해 가는 조직실체인 것이다.

02 현대기업의 목적

현대기업은 공통의 목적을 갖고 형성되는 조직체라는 정의에서 알 수 있듯이 공통의 목적을 갖고 있어야 한다. 본래 목적(objective)이란 현재시점에서 최종적으로 달성하려고 의도한 성과 내지 결과를 말하고, 목표(goal)는 측정 가능하고 보다 구체적으로 설정되는 질적·양적 목적으로서 구체적인 기업 활동의 관리 기준이 되나 이들은 관례적으로 혼용되고 있다. 목적 개념은 기본적으로 계층성을 갖고 있다. 즉, 여러 개의 목적이 서로 수단—목적의 연쇄를 이루고 있어서 어떤 목적의 달성을 위해 선택된 수단으로서의 행동은 이보다 낮은 차원의 수단인 행동을 선택하는 데 있어서는 목적이 된다는 것이다. 조직은 여러 수단의 계층적 서열에 따라 선정된 수단 그 자체를 목적으로 하여 이를 합리적으로 달성하려 한다.

시장경제원리에 기초하여 영리를 추구하는 자본주의체제하의 현대기업도 목적을 설정해야만 한다. 그렇다면 현대기업은 근본적으로 다른 조직들과의 경쟁 속에서 지속적으로 생존하고 성장하기 위해 어떤 목적을 갖고 있는가? 현대기업의 목적은 다음과 같다.

(1) 이익목적

전통적인 경제학자들은 어떤 형태의 조직이든지 이익의 극대화가 일차적 목적이라고 생각하였다. 특히 기업은 이익창출을 목적으로 설계된 조직으로서 이익이 기업의 성공여부를 가름하는 기본적 척도라고 보았다.

(2) 매출액 증대목적

매출액극대화모형은 기업의 최우선적인 목표가 단기적으로 수용 가능한 최소한의 이익수준을 제약조건으로 매출액 극대화에 있다는 것이다. 여기서 최소한의 이익은 주주를 만족시키고, 제3자에 의한 합병과 인수위협을 방어하기에 충분한 이익수준을 의미한다. 이처럼 판매실적에 우선순위를 부여하는 이유는 관리자의 급여와 신분이 수익성보다는 매출액 성장에 의해 결정되는 기업의 규모에 의존하며, 매출액 성장이 외부자금 조달을 용이하게 하고, 판매업자들이 회전율이 높은 제품에 더 많은 매력을 느끼기 때문이라는 것이다.

그러나 엄격한 실증적 증거는 없지만 기업이 일정수준의 이익에 도달한 뒤에는 이익극대화보다 시장점유율을 증가시키기 위해 노력하는 것이 경험적으로 관찰되고 있다. 이와 같은 현상은 기업들이 장기적인 이익극대화를 위해 단기적인 이익을 희생하는 것으로서 매출극대화를 통해 유리한 경쟁지위를 확보하려는 전략의 하나로 볼 수 있다.

(3) 고객창조목적

기업의 성공여부가 고객에 달려 있으며, 기업의 존속여부와 고용을 보증하는 것도 고객이라는 관점에서 기업의 목적을 고객창조에 두고 있다. 이와 같은 견해는 기업의 미래가 그 기업이 생산하는 제품에 대해 고객이 부여하는 가치의 크기에 달려 있다고 보는 것이다. 따라서 고객의 기대를 충족시키지 못하는 기업은 사회적으로 존속할 수가 없다.

이 외에도 기업의 목표가 미래이익의 현재가치를 극대화하는 것이라는 가치목적, 기업의 의사결정자들은 최선의 방법을 찾기보다는 만족할 만한 해결책을 구하는 것의 만족목적 등 현대기업의 목적은 기업의 장기적 생존과 성장에 필요한 최소한의 이익을 하한선으로 하고 극대이익을 상한선으로 하여 적정한 수준에서 결정해야 한다는 실용적인 기업목적 등이 있다.

03 기업의 형태

기업형태(forms of enterprise)란 기업의 모양으로서 주로 자본의 출자와 이에 따르는 책임부담의 관계에서 본 기업의 종류를 의미한다. 즉, 기업형태란 제품이나 서비스를 생산, 판매하는 독립적 행위주체로서의 기업이 그 목적을 달성하기 위해 취하고 있는 기업의 종류로서 법률적 형태와 경제적 형태로 나눌 수 있다.

먼저 법률적 형태는 법인격의 유무(자연인 기업과 회사기업), 사원책임의 행태(유한책임: 유한회사, 주식회사, 무한책임: 합명회사), 회사기관의 구성 및 분화, 대체적 지분증권의 발행가능성 등 법률적 특징에 따른 기업형태의 분류를 말한다. 다음으로 경제적 형태는 기업 활동 내용의 경제적 내지 경영학적 의미에 따른 분류로서 출자자의 성격과 종류(개인, 국가 또는 지방공공단체), 사기업의 경우 출자와 책임부담 및 의사결정(개인단독, 공동)에 따른 형태를 말한다.

이와 같은 기업형태를 선택할 경우에는 ① 책임의 한계, ② 경영권, ③ 지속성, ④ 법률상의 능력, ⑤ 세금, ⑥ 추가자본 조달에 활용할 수 있는 수단과 방법 등을 고려해야 한다. 왜냐하면 현대기업의 특질을 주식회사 형태라고 해도 경우에 따라서는 이외의 기업형태가 바람직할 수 있기 때문이다.

(1) 사기업

❶ 개인기업

이 기업형태는 일개인에 의해 소유되고 있는 기업이며 모든 출자가 일개인에 의해 행해진다. 따라서 소유주(owner)는 기업조직의 모든 영업활동을 관리·통제하며 거기에서 발생한 모든 결과(예를 들어, 손실)에 대하여 무한책임을 진다. 이 기업형태는 사용인이 아무리 많아도 출자와 경영이 일개인에게 집중되어 있음이 그 특징이다. 수적으로 이 개인기업 형태를 취하고 있는 기업이 대다수를 차지하고 있는데, 이는 경영면에서 의사결정상의 유연성 내지는 기동성이나 설립 면에서 수속절차가 용이하고 다른 기업형태에 비하여 설립수단 및 서류작업이 간단하는 장점 때문이다.

그러나 이 개인기업(sole proprietorship)형태는 몇 가지 단점을 가지고 있다. 첫째, 자금조달의 원천이 제한되어 있다는 점이다. 둘째, 기업이 실패할 경우 기업주 개인이 기업 활동의 결과에 대하여 무한책임을 지므로 사업의 계속이 어려울 경우가 많다. 셋째, 이 개인기업 형태는 소자본으로 손쉽게 경영할 수 있는 소규모 기업에는 적합하나 대규모화된 기업에는 부적합하다는 점 등이다.

❷ 합명회사

합명회사(ordinary partnership)는 연대하여 무한책임을 지는 2인 이상의 무한책임사원이 상호간의 신뢰관계를 바탕으로 출자하여 설립되는 기업형태이다. 이때 무한책임사원은 정관에 규정이 없는 한 모든 업무를 집행할 수 있는 책임과 권한을 소유하고 있다.

❸ 합자회사

합자회사(limited partnership)는 직접 또는 연대책임을 지는 두 사람 이상의 무한책임사원이 출자하여 설립하는 정관에 별도의 규정이 없는 한 모두 업무를 집행할 권한과 책임을 가진다. 회사운영상의 의사결정은 사원 모두의 동의를 얻어서 행하며 이는 인간적 신뢰관계에 있는 소수, 즉 가족적 조직으로서 자본적 결합이라기보다 인적 결합이 중심이 된 인적 회사라고 할 수 있다. 합자회사는 출자와 아울러 업무집행도 담당하는 무한책임사원과 출자만을 하는 유한책임사원으로 구성되는 회사이다. 유한책임사원은 채권자에 대하여 출자액을 한도로 하는 유한책임 밖에 지지 않는다.

❹ 유한회사

유한회사(limited liability partnership)는 비교적 소수인 2명 이상 50명 이하의 유한책임사원만으로 구성되는 회사로 인적공동기업에 유한책임제를 도입한 기업형태이다. 유한회사의 유한책임사원이 자기가 보유하고 있는 지분을 사원이 아닌 다른 사람에게 양도하고자 할 때는 사원총회의 승인을 얻어야 한다. 이 기업형태는 출자자를 공모할 수 없고 재무제표 공개의무도 없다.

▲ 외국계 유한회사들

❺ 주식회사

주식회사(corporation)는 소유와 경영이 분리된 기업형태로서 현대기업의 대표적인 형태이다. 주식회사는 법인이며 소유권이 바뀔지라도 계속해서 존속한다. 그리고 그것은 법적인 실체이기 때문에 그의 이름으로 재산을 소유할 수도 있으며 재산을 사고 팔 수도 있고, 법적인 소송 및 계약을 체결할 수도 있다. 이 회사는 현대기업의 대표적 기업형태로서 주주총회, 이사회, 그리고 감사라는 3개의 주요 기관이 가장 핵심적인 경영의사결정과 수행에 관여하고 있다.

주식회사의 특징은 다음과 같다. ① 전원 유한책임제이다. ② 소유권의 이전이 용이하다. ③ 소유와 경영이 분리된다. ④ 무한한 생명주기를 가지고 있다. ⑤ 소유권의 양도성이다. ⑥ 자금 확보가 용이하다. ⑦ 법인체이다.

한편 주식회사의 단점은 다음과 같다. ① 고액의 창업비가 든다. ② 정부의 보고 제한이 있다. ③ 개인적 관심의 결여이다. ④ 비밀의 결여이다. ⑤ 이중납세이다.

❻ 협동조합

협동조합(cooperative)은 경제적으로 허약한 지위에 있는 중소기업자나 소비자가 서로 협력해서 그 경제적 지위를 향상시켜 복지를 도모할 것을 목적으로 공동출자하여 설립되는 기업형태이다. 다만, 영리가 목적이 아니므로 '준기업'적 성질을 갖고 있다.

❼ 특수한 기업 형태

지주회사(holding company)는 자회사의 주식을 50% 내지 100% 소유하고 이를 지배하는 회사를 말한다. 지주회사는 **사업지주회사**(생산 및 판매를 자신의 사업을 영위하면서 자회사 주식을 소유해 기업을 거느린 회사)와 **순수지주회사**(뚜렷한 실체가 없고 독자적인 사업부문도 없이 전략 수립, 인사, 재무 등 자회사의 경영활동을 총지휘하는 본부기능만 수행한다)로 구분한다.

▲ 한국의 대표적 지주회사들

(2) 공기업

국가기관, 지방자치단체 등이 행정 목적을 달성하기 위해서 자본을 출자, 직접 경영하는 기업을 말한다.

❶ 관청(행정)기업

관청기업 또는 행정기업은 조달청과 같이 행정조직의 일부로서 보통의 행정 관청과 같은 조직을 갖고 있는 공기업이다. 이 기업은 행정법규에 따라 경영되고 재산의 분리도 행하여지지 않으며 회계법에 따라 수지가 행해진다.

❷ 법인체 기업

법인체 기업형태는 법인격이 주어진 공기업으로서 실질적으로는 자주적·경제적이며, 완전한 자치권이 인정된 독립 공기업이다. 한국방송공사나 한국전기통신공사와 같이 특별법에 의한 법인격을 획득한 공공기업형태와 포항종합제철(주)과 같이 사법인의 형태를 취하는 회사형태가 있다.

▲ 한국방송공사(KBS)

❸ 공사합동기업

공사합동기업은 공공적 성격이 강하며, 거액의 자금을 필요로 하나 공기업만으로 운영할 의의도 그다지 크지 못하고, 사기업에 일임하기에는 적합지 못한 사업을 운영키 위해 국가 또는 지방공공단체가 민간과 공동으로 출자하여 경영하는 기업형태이다.

●● 그림1-3 | **기업형태의 분류**

EXAMPLE 02

연매출 20% 이상 성장 '진격의 아마존',
성공비결은 노마진 전략과 끊임없는 변신

amazon.com

2015년 글로벌 유통업계에서 깜짝 놀랄 일이 벌어졌다. 아마존의 시가총액이 월마트를 넘어선 것. 이를 두고 유통가는 "온라인 유통이 오프라인을 넘어섰음을 보여주는 상징적인 일"이란 평가를 내린다.

구글은 검색 시장 최대 경쟁자로 '아마존'을 지목한다. 사용자가 구글을 거치지 않고 바로 아마존에 접속해서 쇼핑을 한다는 이유에서다. 유통 기업 월마트나 전자상거래업체 이베이 입장에서도 아마존은 강력한 경쟁 상대다. HP나 IBM 등 서버를 제공하는 기업에도 아마존은 골칫거리다. 세계 주요 IT 기업은 모두 아마존을 경쟁상대로 지목하고 두려워한다.

여러 견제에도 아마존은 아랑곳하지 않는다. 설립부터 지금까지 아마존은 매년 20~30%씩(2014년만 19.5%) 성장했다. 처음엔 책에서 시작했지만 지금은 소프트웨어, 보석, 의류, 자동차 용품 등 취급하지 않는 제품이 없다.

● 빠른 성장 모토로 한 '박리다매' 주효

1995년 아마존의 매출은 51만 달러에 불과했다. 하지만 2015년 매출은 1,000억 달러로 20년 만에 매출이 20만 배 늘었다. 성공 비결은 무엇일까. 크게 세 가지로 요약할 수 있다. 우선 지나칠 정도로 '고객 가치'에 중점을 뒀다는 점이다. 베조스의 인터뷰를 보면 고객에 대한 그의 생각을 읽을 수 있다.

"세상에는 두 종류의 소매상이 있다. 하나는 더 높게 가격을 매기는 방법을 연구한다. 다른 쪽에서는 어떻게든 낮게 가격을 책정하는 방법을 고민한다. 아마존은 후자다."

빠른 배송과 반품 서비스는 아마존이 처음 구축한 시스템이다. 아마존은 2001년부터 2007년 킨들 출시 전까지 TV 광고를 전혀 하지 않았다. '입소문'이야말로 진정한 마케팅이라 믿었기 때문이다. 대신 그 돈은 고객 서비스를 향상시키는 데 사용했다. 무료 배송 등이 대표적이다. '묻지마 반송' 시스템도 일찍부터 구축했다. 모두 지금은 당연한 서비스지만 당시만 해도 매우 생소했다.

철저한 '박리다매' 전략도 아마존의 경영철학 중 하나다. 기업의 설립 목적은 '이윤 추구'다. 아마존에는 해당되지 않는 사항이다. '이익 남기기'에 연연하지 않았다. 때론 막대한 손해도 감수했다.

'지독하게 일하는 조직 문화'도 아마존의 성공 요인이다. 베조스가 가장 싫어하는 말 중 하나는 '일과 생활의 균형'이다. 그는 아마존 설립 초기부터 '직원들은 회사를 위해 자신의 모든 것을 포기해야 한다'는 어처구니없는 믿음을 표방했다. 때문에 베조스는 '스티브 잡스 이후 최고의 혁신가'라는 평가와 동시에 '직원 희생을 강요한 폭군'이란 이름을 얻었다. 아마존의 업무 스타일을 한 줄로 표현하면 이렇다고 한다. '똑똑하게 일하며, 열심히 일하고, 오래 일하라.'

● 남는 서버 활용해 사업 다각화 성공

블랙프라이데이(미국 추수감사절 다음 금요일)와 사이버먼데이(추수감사절 연휴 이후의 첫 월요일)는 미국을 대표하는 쇼핑 시즌이다. 아마존과 같은 전자상거래업체들은 이 시기에 홈페이지 트래픽이 급상승한다. 만약 이때 서버가 트래픽을 감당하지 못한다면 어떻게 될까? 아마존 입장에선 상상하기 싫은 시나리오다. 이 때문에 아마존은 설립 이후 꾸준히 서버 규모를 확장했다. 그러나 쇼핑 시즌이 끝나면 이 서버는 대부분 무용지물이 된다. 평소엔 100만큼의 서버만 있어도 된다. 하지만 아마존은 쇼핑 시즌만을 위해 1,000만큼 서버를 확보했다. 여기서 베조스는 기막힌 생각을 한다. 평소에 남는 서버를 다른 사업자에게 빌려주는 것이다.

이후 아마존은 4년간 각고의 노력 끝에 새로운 공용 클라우드 서비스를 개발한다. 아마존 웹서비스(AWS)는 이렇게 만들어졌다. AWS를 이용하는 기업은 클릭 몇 번으로 서버를 늘리거나 줄일 수 있다. 홈페이지 관리자는 트래픽 증가 조짐이 보이면 AWS에 접속해 클릭 한 번만으로 서버 규모를 늘린다. 반대의 경우면 다시 줄이면 된다.

AWS는 B2B 시장에서 그야말로 충격적인 서비스였다. 지금까지 많은 기업은 서버 용량을 늘리기 위해 물리적으로 서버를 설치해야 했다. 그러나 AWS의 등장으로 필요한 만큼 서버 자원을 늘리고 줄이는 일이 가능해졌다. 이를 통해 기업은 막대한 유지비용을 아낄 수 있게 됐다.

현재 AWS는 세계 190개 국가에 걸쳐 자신의 서버를 공급 중이다. 대기업부터 공공기관, 스타트업까지 AWS 고객사만 100만개가 넘는다. AWS의 2015년 매출은 79억 달러에 이른다. AWS의 성장 속도는 본업인 온라인 쇼핑보다 빠르다.

자료 : 매경이코노미, 2016년 4월 22일

토의문제
현대기업의 목적에 대하여 토의해 보자.

요약

- 경영이란 조직에서 인적자원, 물적자원, 재무자원, 정보자원 등 여러 가지 자원을 이용하여 계획화, 조직화, 지휘, 통제하여 고객이 필요로 하는 재화나 서비스를 전달하는 연속적과정이다.

- 경영자란 조직체의 전략, 관리 및 운영활동을 능동적으로 주관하는 사람으로 조직체의 수직적 체계에서 놓인 위치에 따라 최고경영자, 중간경영자, 그리고 하부경영자로 나뉜다.

- 경영학은 기업경영과 관련된 실천 응용과학이다. 여기서 실천이라 함은 실제 기업경영에 도움을 줄 수 있는 학문이라는 의미이다. 응용이라 함은 이론을 기업현장에 적용시키고, 기업현장에서 이론을 찾아낸다는 의미이다. 또한 과학이라 함은 합리적인 사고에 의해 객관적 사실과 증명에 의존한다는 것이다.

- 조직이란 두 사람 이상이 공통된 목적을 달성하기 위해 상호작용을 하고 조정을 행하는 행동의 집합체이다.

- 조직이 영리추구를 목표로 하고 있는지에 따라 영리조직과 비영리조직으로 분류된다. 기업을 제외한 대부분의 조직이 비영리조직이라고 할 수 있다. 다만 영리조직의 경우에도 공익성 추구 여부에 따라 기업의 경우에는 공기업과 사기업으로 세분된다.

- 기업은 제품이나 서비스를 생산·판매하는 조직시스템으로서 하나의 실체이며 항구적인 존속을 가정하게 된다. 이 같은 기업은 항구적인 존속을 위해서 기업은 사회적 분업에 의한 자신의 역할을 효과적으로 수행해 갈 수 있어야 한다.

- 현대기업은 공통의 목적을 갖고 형성되는 조직체라는 정의에서 알 수 있듯이 공통의 목적을 갖고 있어야 하는데 이는 이익목적, 매출액 증대목적 그리고 고객창조목적 등이다.

연습 문제

1 경영이란 무엇인가?

2 경영학의 학문적 성격은 무엇인가?

3 조직은 어떻게 정의되는가?

4 기업은 어떻게 정의되는가?

5 기업의 다양한 형태를 설명하시오.

참고 문헌

/ Hellriegel, Don, Susan E. Jackson and John W Slocum, Jr., *Managing: A Competency-Based Approach*, 11th ed., Thomson Publishing, 2008.

CHAPTER

02

경영의 역사

경영의 역사

02

학습목표

이 장의 학습목표는 다양한 경영이론의 변화와 흐름을 이해하는 데 목적이 있다. 이를 위해 첫째, 한국 경영학 교육의 흐름을 개관한다. 둘째, 전통적인 경영이론으로 관료제, 과학적 관리, 관리주의적 경영의 관점을 이해한다. 셋째, 행동과학적 관점에 대해서 이해한다. 넷째, 기업경영을 위한 시스템적인 관점과 계량적인 기법들이 경영에 미치는 영향을 알아본다. 다섯째, 현대경영에서의 상황론적 관점에 대해 이해한다. 마지막으로 품질관점의 영향을 설명할 것이다.

EXAMPLE 01 장수기업 천국 일본, 우리나라엔 왜 없나

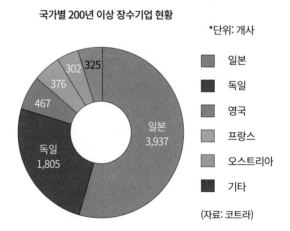

국가별 200년 이상 장수기업 현황

*단위: 개사

- 일본
- 독일
- 영국
- 프랑스
- 오스트리아
- 기타

일본 3,937
독일 1,805
467
376
302 325

(자료: 코트라)

●● 일본 200년 기업 4,000여 개… 한국 100년 기업은 8개에 그쳐

일본은 장수기업의 천국이다. 코트라에 따르면 2012년 기준 200년 이상 장수기업은 일본이 3,937개사로, 전 세계 장수기업 7,212개사 중 54.58%에 달한다.

전 세계를 통틀어 가장 긴 역사를 자랑하는 일본 내 최장수 기업은 서기 578년에 세워진 곤고구미다. 1400년의 역사를 자랑한다.

창업자는 쇼토쿠 태자의 초청으로 백제에서 건너 온 곤고 시게미쓰(한국명 유중광)로, 절과 신사건축을 주로 맡고 있다. 또 여관업을 하는 호시의 창업 시기는 718년이며, 제과업의 도라야쿠로가와는 794년에 문을 연 뒤 명맥을 이어오고 있다.

반대로 우리나라의 100년 기업은 열손가락에 그친다. 재벌닷컴이 국내 2만 2,673개사의 창업 연도를 조사한 결과, 국내 기업 중 창업 80년이 넘은 기업은 28개사다.

특히 100년이 넘은 기업은 고작 8개사뿐이다. 두산(120년)에 이어 올해로 119년이 된 신한은행, '활명수'로 알려진 동화약품도 119년이다. 우리은행(117년), 몽고식품(111년), 서울 광장시장을 운영하는 (주)광장(105년), 인쇄업체 보진재(104년), 성창기업지주(100년)도 포함된다.

☞ 일본 장수기업 특징은 장인정신과 혁신

쿠보타 쇼우이치 호우세이대학원 교수는 명확한 기업이념과 경영원칙을 바탕으로 경영하되, 전통을 거스르지 않는 혁신을 추구하며 시장대응에 나선 것이 일본에 장수기업이 많은 이유로 들었다. 즉 보유한 고유기술과 노하우를 고수하면서도 기술개발과 마케팅을 통해 시대변화에 유연하게 대처한다는 것이다.

실제 1700년 창업한 후쿠다 금속박분공업은 에도시대에 사용된 금박 기술을 응용해 전해동박 기술을 개발, 세계 전화기에 사용되는 전해동박의 40% 이상을 공급한다.

대를 이어 고객, 소비자, 종업원 등 이해관계자와 신뢰관계를 지켜가고, 보수적 자금운영 등으로 내실을 키우는 것도 일본 기업의 장수 비결로 꼽힌다.

☞ 장수기업 한국엔 없는 이유는?

한국에 장수기업이 없는 이유로 △일제강점기 △6.25로 인한 수탈 및 파괴 △사농공상의 유교적 관점으로 인한 기업인 홀대 등을 들 수 있다.

대표적으로 6.25전쟁이 꼽힌다. 전후 남한 제조업은 1949년 대비 42% 파괴됐다. 군사작전에 이용된다는 이유로 도로와 철도, 교량 등 산업시설이 파손돼 경제체제의 기반이 황폐화됐다.

일본의 장수기업으로부터 배워야 할 부분이 많다. 우리도 고유기술을 보유중인 기업을 보호하고, 육성하기 위해 노력해야 한다.

자료 : 아주경제, 2016년 3월 28일

토의문제
장수기업의 의미와 활성화 방안에 대해 토의해 보자.

⠿ SECTION 01   한국의 경영학 교육

01 경영학의 도입기

우리나라에 현재의 경영학 교육에 해당되는 학문이 대학에 도입된 것은 보성전문학교(고려대학교의 전신)와 연희전문학교(연세대학교의 전신)에 성과가 설치된 1910년경인 것으로 보인다(21세기 경영학 교육의 발전방향, 한국경영학회, 2,000). 그리고 1935년경에 경성고등상업학교(서울대학교 경영대학 전신)와 보성 및 연희전문학교 성과에서 경영경제학이란 과목이 개설된 것이 대학에서 경영학 교과목이 정규 교과과정으로 채택된 시초라고 할 수 있다.

▲ 보성전문학교(현, 고려대학교)

▲ 연희전문학교(현, 연세대학교)

1945년 해방이후부터 1950년대 중반까지 기존의 대학은 물론 새로 설립된 여러 대학에서 상업통론 등 상업계 교과목과 함께 경영학총론, 회계학 등 교과목이 개설되었다.

독립된 학과로서 경영학과가 설치된 것은 1955년 초 고려대학교에서이고 교수진은 독일에서 공부한 학자들로 독일경영학을 소개하였다. 그 후 1958~1964년 기간 동안 미국 경제원조의 일환으로 경영학 교육의 도입을 지원하기 위한 체계적인 프로젝트가 미국의 세인트 루이스시 소재 Washington 대학과 한국의 고려대학교와 연세대학 교간에 마련됨으로써 미국의 경영학이 도입되기 시작하였다.

이러한 원조계획에 따라 미국의 경영학이 도입되고 여기에 산업화가 추진되는 과정에서 경영계열 학과 졸업생의 수요가 점차 증대되니 각 대학은 앞다투어 경영계열의 학과를 신설하고 입학정원을 늘리려고 노력하였다. 이렇게 60년대 말까지 대학이 경영계 학과를 설치하고 동시에 대학 내에서는 비교적 대규모 학과로 편제를 정비할 수 있었다.

02 성장기의 경영학 교육(1970~1980년대)

60년대 이후 각 대학은 학과증설과 입학정원의 추가 배정을 위한 노력을 기울인 결과 어느 정도 학생증원이 이루어졌다. 그 후 각 대학은 경영학 교육과 밀접한 관련이 있는 학과의 신설을 허용하기 시작하였다. 신설학과로서는 무역학과와 회계학과를 들 수 있다.

학부에 경영학과 관련 있는 학과를 설치하는 것 이외에도 각 대학은 야간과정인 경영대학원을 설립하여 새로운 차원의 경영학 교육을 실시하기 시작하였다. 경영대학원은 경영학 교육 분야의 교육 수요를 충족시킬 수 있을 뿐만 아니라 학교 재정에도 도움이 되는 특수대학원으로서의 역할을 수행할 수 있었다.

03 경영학 교육의 전문화

1980년대 중반 이후에는 편법적인 증원의 목적보다는 경영학의 전문화 추세에 따라 대학별 특성에 지역적 특성을 접목시킨 경영학 관련학과가 개설되기 시작하였다. 이러한 학과들의 예로는 관광경영학과, 경영정보학과, 호텔경영학과, 보험경영학과, 항공경영학과, 해운경영학과, 수산경영학과, 산업경영학과, 체육경영학과, 세무경영학과, 정보처리학과, 유통학과 등 매우 다양한 형태의 학과들을 들 수 있다.

한편 최근에 경영학 교육에서 중요한 요소는 무엇이 되어야 하는가와 관련하여 조사한 자료(21세기 경영학 교육의 발전방향, 한국경영학회, 2,000)에 의하면 기업에 대한 이해와 기업환경에 대한 이해를 가장 중요한 요소로 들고 있고 그 다음으로 관리에 대한 이해, 기업가 윤리에 대한 이해, 실무에 대한 이해와 경영사에 대한 이해의 순으로 들고 있다.

21세기 경영학 교육에 반영되어야 할 중요사항으로 교수의 경우, 고객중심의 경영활동을 가장 중요한 사항으로 들고 있으며, 학생과 최고경영자의 경우, 경영혁신의 중요성, 환경에 대처하는 신축적인 방법을 다음의 중요요소를 들고 있다. 이는 가르치는 교수와 배우는 학생 그리고 기업의 최고경영자간에는 약간의 시각적인 차이가 있음을 알 수 있다. 21세기 경영학 교육에 반영되어야 할 중요사항에 대해 교수, 학생 그리고 최고경영자의 시각이 <표 2-1>에 나타나 있다.

●● 표2-1 | **21세기 경영학 교육에 반영되어야 할 중요사항**

항목 \ 구분	교수	학생	최고경영자
경쟁에 초점을 둔 논의	4.0	3.7	4.1
범세계적 기업활동의 의미	4.0	4.1	3.8
과학/공학 기술 혁신의 의미	4.0	4.1	4.0
경영혁신의 중요성	4.3	4.4	4.3
환경에 대처하는 신축적 방법	4.2	4.2	4.3
창업행위/기업가정신	3.7	3.5	3.4
환경보전과 지역사회에 기여	3.9	4.0	3.9
인적 자원과 근로조건의 변화	3.7	3.8	3.9
경영자의 리더십/기업의 탁월성	3.9	3.9	4.0
민족성/문화적 특성	3.6	3.6	3.4
고객중심의 경영활동	4.4	4.4	4.6
기업의 제 기능의 통합화	3.9	3.6	3.7
전체평균	3.96	3.94	3.95

자료: 『21세기 경영학 교육의 발전방향』, 한국경영학회, 2000, p.37.

SECTION 02 전통적 경영관점

여기서는 1886년 이후 현재까지 경영 관점이 어떻게 발전되어 왔는지 검토할 것

●● 그림2-1 | **경영관점의 역사**

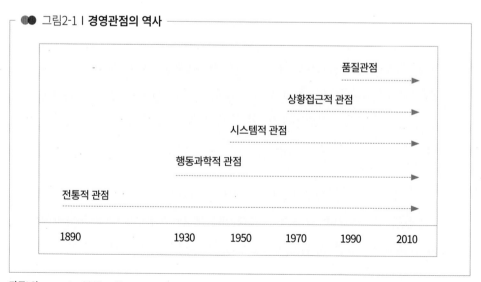

자료: Slocum etc., 2008. p.43.

이다. 조직을 관리하는 데 최고의 방법은 무엇인가라는 문제와 관련하여 경영학자들은 지속적으로 이론들을 개발해 왔고 경영자들은 작업현장에서 이러한 이론들을 적용시켜 왔으며 경영자들의 사고에 영향을 미쳐왔다. <그림 2-1>에서 보는 바와 같이 경영관점의 변화는 전통적 관점, 행동과학적 관점, 시스템적 관점, 상황접근적 관점과 품질 관점으로 크게 나누어 볼 수 있다. 이러한 관점의 차이는 조직에 속한 사람들의 행동, 조직의 중요 목표, 부딪치는 문제의 유형, 이러한 문제를 해결하는 방법 등에서 차이를 보이고 있다. 따라서 이 절에서는 전통적인 관점에 대한 논의가 집중적으로 이루어질 것이다.

01 관료주의적 관리

(1) 관료주의적 관리의 의의

관료주의적 관리(bureaucratic management)는 규칙, 계층제, 명확한 분업, 상세한 절차에 의존한다. 독일 사회 역사학자인 맥스 웨버(Max Weber, 1864~1920)는 관료주의적 관리를 주장하였는데 초기에 미국에서는 널리 인식되지 못하였다. 그는 주로 사회에 직면하는 사회적 경제적 문제들에 관심이 있었는데 관료주의적 관리는 그의 연구의 일부분이다.

▲ 맥스 웨버

관료주의적 관리는 전체 조직이 어떻게 운영되어야 하는지에 대한 청사진을 제공한다. 다음에 설명할 일곱 가지의 특성은 관료주의적 관리를 잘 성명하고 있다.

❶ 규칙(Rules)

작업을 하는 작업자들의 행동에 관한 공식적인 지침으로서 규칙은 목표에 도달하기 위해 필요한 조직을 훈련하는 데 도움을 준다. 규칙을 고수하는 것은 개별적인 관리자 또는 종업원들의 개별적 욕구에 관계없이 절차와 운영의 단일성을 보장하고 조직의 안정성을 유지하는 데 도움을 준다.

❷ 비인간성(Impersonality)

규칙에 의존하는 것은 종업원들을 비인간적으로 대하게끔 유도한다. 즉 모든 종업원들은 매출액 또는 단위당 생산량 같은 규칙과 객관적인 자료에 따라 평가된다. 비록 용어 자체는 부정적인 의미를 가지고 있지만 웨버는 이러한 접근법이 모든 종업원들에 대해 공정성을 보장한다고 믿었다.

❸ 분업(Division of Labor)

분업은 수행해야 할 임무를 더욱 단순화시키고 전문화된 과업으로 나눈다. 이는 인적 자원이나 직무훈련에 효율적으로 활용할 수 있게 한다. 관리자들과 종업원들은 전문성과 개별적 기술에 기초해 주어진 일을 수행한다. 비숙련된 종업원들은 상대적으로 배우기 쉽고 하기 쉬운 일을 하게 된다.

❹ 계층제(Hierarchical Structure)

대부분의 조직들은 피라미드 모양의 계층적 구조를 가지고 있다. 이러한 구조는 각각에 주어진 권한의 양만큼에 따라 직무를 수행한다. 전형적으로 권한은 계층의 가장 높은 곳에서 가장 많으며 낮은 직위는 높은 직위로부터 감독을 받고 지도를 받는다.

❺ 권위구조(Authority Structure)

규칙, 비인간적 감독, 분업, 그리고 계층제에 기초한 시스템은 권위 구조와 직접 연결되어 있다. 계층의 위치가 다름으로 해서 다른 권위를 부여받게 된다. 웨버는 다음과 같은 세 가지 형태의 권위구조를 제시하였다.

- 전통적 권위: 이것은 풍습, 선조, 성별, 출생 순서에 기초한다. 왕의 신성한 권리 그리고 부족 무당 의사의 마술적 영향은 전통적 권위의 예이다.
- 카리스마적 권위: 이것은 리더의 개인적인 자질이나 능력 때문에 일어난다. 카리스마적 리더의 예는 종교적인 지도자에게서 흔히 볼 수 있다. 그러나 흔하지는 않지만 경영자에게서 나타나는 경우도 있다. 현대의 정주영 명예회장은 카리스마적인 권위도 일부분 갖고 있다.
- 합법적(Rational-legal) 권위: 이것은 만들어진 법과 그리고 통일적으로 적용되는 규칙에 기초한다. 상급자들이 조직의 계층에서 상위에 있기 때문에 복종한다. 이 권위는 조직의 규칙을 작업자들이 수용함으로써 발생한다.

❻ 종신경력 위임(Commitment)

관료주의적 관리에서 고용은 종신경력 위임을 의미한다. 전통적으로 산요, 삼성, 엘지, 그리고 도요타와 같은 동양의 기업들은 중요한 작업자들을 종신고용 계약을 기대하고 고용하였다. 일반적으로 평생 경력 위임은 종업원들이 기술적 자질과 수행의 만족이 보장되는 직무 안정을 뜻한다. 조직은 종업원들의 할당된 의무를 만족하게 수행하는 것을 보장하기 위해 직무 안정, 신분보장, 단계적 급여 증가, 그리고 연금을 이용한다. 승진은 종업원들이 더 높은 지위에 필요한 능력이 증명될 때 보장된다. 조직의 수준은 숙련 정도가 높을수록 향상된다고 가정한다.

❼ 합리성(Rationality)

합리성은 가장 효율적인 방법을 이용하는 것을 뜻한다. 관료주의적 관리에서 경영자들은 논리적이고 과학적으로 운영되는데 이는 모든 의사결정이 직접적으로 조직의 목표를 달성하는 것과 직접 연결되어 있기 때문이다. 목표지향적인 활동은 바로 인적자원이나 물적자원을 효율적으로 사용하도록 유도한다.

(2) 관료주의적 관리의 장점과 단점

관료주의적 관리의 장점으로는 효율성과 연관성이다. 관료주의적 관리는 많은 일상적인 일이 잘 수행되었을 때 그 기능이 최고가 되며 낮은 수준의 노동자들은 단순히 규칙과 절차에 따라 작업을 수행하게 된다. 노동의 결과는 조직의 목표를 달성하는 데 필요한 표준화된 품질이어야 한다.

관료주의적 관리의 단점으로는 조직의 효율성을 증가시킬 수 있지만 비효율을 야기시킬 수 있다. 다음의 다섯 가지가 관료주의적 관리의 단점이라고 할 수 있다.

첫째, 엄격한 규칙과 레드 테이프(red tape)이다. 이미 정해진 규칙과 방법들을 엄격히 고집하는 것은 종종 조직의 고객들과 종업원들의 불평을 유발한다. 또한 개인적 자유와 창의성이 말살된다.

둘째, 권위의 보호문제이다. 관료주의적 조직에서 경영자들은 그들의 권위를 확장하고 보호하기 위해 종업원의 생산성 문제를 등한시 할 수 있다.

셋째, 의사결정이 늦다. 거대하고 복잡한 조직은 의사결정의 신속성이 매우 중요하다. 그러나 규칙과 절차를 고집하는 관료주의적 조직에서는 시의 적절하고 효과적인 의사결정을 하기 어렵게 만든다. 또한 레드 테이프(red tape)에 의해 의사결정을 지연시킨다.

넷째, 변화하는 기술과 불일치이다. 진보된 기술은 관료주의적 관리를 부적절하게 만들 수 있다. 기술이 빠르게 진보할수록 종업원들은 그들의 일을 수행하는 데 필요한 정보를 가지고 있는 사람과 바로 접촉할 수 있어야 한다.

다섯째, 전문적 가치와의 불일치이다. 중요한 의사결정을 하기 위해 점점 더 전문가가 필요하고 이들을 고용하게 된다. 전문적 가치는 진보된 지식, 고객들에 대한 봉사, 문제에 대한 혁신적인 해결 등을 포함한다. 종종 그러한 가치는 효율, 질서, 그리고 향상성에 대한 관료주의적 관리와 양립할 수 없다. 관료주의적 권위는 계층적 지위에서 나온다고 주장하지만 현재에 있어서 권위는 개인적 능력과 기술적 지식으로부터 나오는 것이다.

(3) 관료주의적 관리의 평가

모든 관료주의적 관리가 비효율적이고 이익이 없는 것은 아니므로 지금까지 광범위하게 이용된다. 이러한 관리는 ① 많은 표준화된 정보를 가지고 있고 그리고 효율적인 절차 방법을 발견하여야 할 때(신용카드회사, 보험회사) ② 고객이 필요로 하는 것을 알고 있고 거의 변하지 않을 때(운전면허의 발급) ③ 기술이 일상적이고 안정적이어서 종업원들이 기계를 쉽고 빨리 배울 수 있을 때(맥도날드, 버거킹) ④ 조직이 표준화된 제품·서비스를 고객에게 배달하기 위해 많은 종업원의 활동을 통합할 때 효과적으로 활용할 수 있다.

02 과학적 관리

(1) 과학적 관리의 의의

1800년대 후반 제조기업들의 규모가 커지고 더욱 복잡해짐에 따라 모든 관리자들은 직접 생산에 관련된 모든 부분들을 관리하기가 어려웠다. 관리자들은 계획을 수립하고 실행하며 인원을 충원하는 데 많은 시간을 소비하였다. 또한 관리자들은 진보한 생산기술을 따라 잡기 위해 많은 압박을 받고 있었다. 따라서 빠른 산업화와 운영의 효율성을 높이는 운영 전문가가 필요하게 되었다.

❶ 테일러(Frederick W. Taylor)

테일러는 **과학적 관리**(scientific management)라는 선구적인 연구를 하였는데 관료주의적 관리는 광범위한 조직구조와 작업 시스템을 대상으로 본 반면에 과학적 관리는 개인과 기계 및 도구를 대상으로 하였다. 과학적 관리는 소문과 추측에 기초한 것이 아니라 증명된 사실과 관찰에 기초한다. 즉 과학적 관리가 최초로 실험을 통한 과학적으로 연구되었다.

▲ 과학적 관리

미국인 기계 기술자인 테일러는 필라델피아에서 Midvale Steel사에서 현장주임(foreman)으로 일을 하면서 객관적이고 과학적인 기법을 사용함으로써 작업자들의 능률을 높일 수 있다고 믿었다. Bethlehem Steel사에서 경영 컨설턴트로 일했을 때 그는 삽질을 어떻게 과학적으로 할 수 있는지를 제시하였다. 관찰과 실험을 통해 하루의 총 삽질량을 어떻게 증가시킬 수 있는지를 개발하였다. 3년 동안 작업자가 하루 평균 16톤에서 50톤의 삽질을 할 수 있도록 하여 삽질 노동자들을 600명에서 140명으로 감소시켰다. 작업자들의 수입 또한 $1.15에서 $1.88까지 증가하였다.

과학적 관리에서 테일러가 주장한 내용은 다음 세 가지로 요약할 수 있다. 첫째, 과업관리로 과업의 과학적 결정(임금인하 및 조직적 怠業의 근본문제를 해결하기 위한 1일의 공정한 작업량을 과학적으로 결정한다)과 작업 및 제 조건의 표준화(시간-동작 연구(time and motion study)를 이용하여 노동자의 작업을 주요 기본동작으로 분석하여 표준시간을 마련하고, 작업시간이 일정하기 위해서 작업조건도 일정해야 한다)이다.

둘째, 차별적 성과급제로 동일 작업에 대해서 두 종류의 차별적 임금을 설정하여 과업을 달성한 경우 고율의 임금을, 미달성의 경우 저율의 임금을 적용한다. 작업자들이 작업을 왜 하는가라는 문제와 관련하여 이는 경제적인 이유라고 설명하고 있다. 즉 고율의 임금을 받기 위해 작업자들은 일을 열심히 하게 된다는 것이다.

셋째, 과학적 관리법의 원리로 ① 작업방법을 과학적으로 대체·발전한다. ② 작업자의 과학적 선택 및 교육향상이다. ③ 경영자와 작업자간의 친밀한 협동과 업무 분담 등이다.

❷ 길브레스 부부(The Gilbreths)

프랭크(1868-1924)와 릴리안(1878-1972) 길브레스는 과학적 관리에 중요한 공헌을 하

▲ 길브레스 부부

였다. 프랭크는 작업자의 동작을 연구하기 위해 모션 픽처라는 혁신적인 새로운 도구를 이용하였다. 예를 들어 그는 벽돌 쌓는 벽돌공들의 작업을 열여덟 개의 개별적 동작으로 구분하였다.

벽돌 쌓는 과정을 변경함으로써 그는 열여덟 가지의 동작을 다섯 가지로 줄였고 200%이상 작업자의 전체 생산성을 증가시켰다. 오늘날의 산업 기술자들은 프랭크 길브레스의 방법과 테일러의 방법을 결합하여 더 높은 효율성을 위해 직무를 설계한다.

릴리안 길브레스는 주로 산업기술의 인간적인 측면에 관심을 두고 작업자들은 표준화된 하루일과, 정해진 휴식시간과 점심시간을 가져야 한다는 사고를 제시하였다. 또한 위험한 작업 조건에서 작업자를 보호하기 위한 규정을 개발하는 데 영향을 주었다.

❸ 헨리 갠트(Henry Gantt)

테일러의 동료로서 헨리 갠트(1816-1919)는 생산 스케줄링에 대한 통제에 연구를 집중하였다. 그가 만든 Gantt chart는 시각적 계획과 진행 보고서인데 각각의 단계에서 종료일을 설정하고 문서로 완성함으로써 프로젝트를 완성하기 위해 수행되는 작업의 여러 가지 단계를 구별했다.

▲ 헨리 갠트

(2) 과학적 관리의 평가

테일러와 과학적 관리의 지지자들은 현대의 기업들이 그들의 이론을 적용하여 성공을 거둔 업체들을 보고 꿈이 현실로 나타난 것으로 본다. 기업들은 테일러가 구상했던 것보다 더 값싸고 빨리 제품을 완성할 수 있었다. 조직의 관리자는 종업원들에 대한 적합한 훈련과 기술 없이 그들의 직무에 대한 만족을 기대할 수 없다는 그의 생각을 당연하게 인식하였다. 테일러의 작업은 오늘날의 관리자들이 종업원들을 선발하고 훈련하는 과정을 개선시키고 그리고 각각의 과업 수행에 대해 최고의 방법을 찾도록 유도한다.

그러나 과학적 관리가 가져온 문제도 역시 존재한다. 이는 첫째, 작업자를 경제적인 인간관에 의해 다루려고 하였다. 둘째, 인간의 감정적이고 온정적인 면을 등한 시 하였다. 셋째, 표준시간을 통해 업무를 강제하려고 하였다.

03 관리적 경영관점

관리적 경영(administrative management)은 관리자와 기본적인 관리기능에 초점을 둔 20세기 초에 프랑스의 산업학자인 헨리 페이욜(Henri Fayol: 1841~1925)에 의해 주장되었는데 그는 관리자의 개인적인 자질보다 관리 방법이 중요하다는 생각을 가지고 있었다.

▲ 헨리 페이욜

따라서 관리자는 기본 관리기능 즉 계획, 조직, 지휘, 통제를 이해해야 한다는 것과 확실한 관리 원칙을 적용해야 한다고 주장하였다.

다른 전통적 경영관점의 학자들과 마찬가지로, 페이욜은 공식적 구조와 과정을 강조하였는데, 그는 모든 중요한 과업에 적합한 성과가 필요하다는 것을 주장하였다. 다시 말해서 사람들이 함께 작업을 잘 한다면, 그들이 달성해야 하는 것과 조직이 목표달성을 하는 데 도움이 되는 방법도 명확한 정의가 필요하다는 것이다.

페이욜은 14가지의 관리원칙을 개발하였고 관리자들이 이들을 적용하는데 공식적인 훈련이 필요함을 제안하였다. 이 원칙들을 살펴보면 다음과 같다.

- 분업의 원칙(사람들이 더욱 전문화 될수록 그들의 과업을 더욱 효율적으로 한다)
- 권한의 원칙(권한을 가지고 있는 관리자들이 일이 수행되도록 명령하는 것)
- 규율의 원칙(조직의 구성원들은 규칙과 약속을 지킬 필요가 있다)
- 명령통일의 원칙(각각의 종업원들은 혼란을 방지하기 위해 한 사람으로부터 명령을 받는 것)
- 지시통일의 원칙(관리자는 여러 종업원들이 일을 수행하는 노력에 대해 조정해야 하지만 종업원들의 행동에 대해 관리자가 한 사람이 책임을 져야 한다)
- 공동의 선에 대한 개인적인 이해의 희생원칙(개별적 종업원들의 관심은 전체 조직의 관심에 대해 선행해서는 안 된다)
- 보상의 원칙(직무 수행에 대한 보상은 종업원과 사용자 양쪽에 공정해야 한다)
- 집권화의 원칙(관리자는 최종 책임을 져야 하지만 부하가 직무를 수행할 수 있도록 충분한 권한을 줘야 한다)
- 계층의 연결원칙(단일한 권한의 라인은 최고경영자에서 일선 종업원까지 연결되어 있어야 한다)

- 질서의 원칙(자재와 사람들은 적시에 그 장소에 있어야 한다)
- 공평성의 원칙(관리자들은 부하들에게 공정하고 친절해야 한다)
- 안정성과 신분보장의 원칙(높은 종업원 이직률은 효율적이지 않다)
- 솔선수범의 원칙(부하들은 그들의 계획을 수립하고 수행하는 데 자유가 주어져야 한다)
- 팀정신 확립의 원칙(팀정신은 조직의 통일성을 촉진시킨다)

04 전통적 경영이론의 평가

지금까지 설명한 전통적 경영이론의 관점으로 관료주의적 관리, 과학적 관리와 관리적 경영관점 등의 세 가지 분야는 지금까지도 제한적으로 활용되고 있다. 이들의 관점을 서로 비교한 내용이 다음 <표 2-2>에 나타나 있다.

●● 표2-2 I **전통적 경영이론의 비교**

구분	관료주의적 관리관점	과학적 관리관점	관리적 경영관점
관리적 특성	• 규칙 • 비인간성 • 분업 • 계층제 • 권위구조 • 종신경력 위임 • 합리성	• 관리기능의 정의 • 분업 • 계층제 • 권위 • 가장 좋은 한 가지 방법 • 경제적 보상	• 분업 • 명령통일 • 지시통일 • 집권화 • 질서 • 공평성 • 안정성과 신분보장
초점	• 전체조직	• 관리자와 종업원	• 전체조직
이점	• 일관성 • 효율성	• 분명한 구조 • 관리자 역할의 전문성	• 관리규칙
단점	• 엄격성 • 느림(slowness)	• 내부지향 • 관리자의 합리적 행동에 대한 지나친 강조	• 사회적 요구의 경시

SECTION 03 행동과학적 관점

01 서론

1920년대와 1930년대에 미국 등 산업화된 국가들은 급격한 사회와 문화의 변화를 경험하였다. 두 번째 산업혁명인 대량생산이 시작된 것이다. 생산성이 증가함에 따라 미국에서 주 평균 근무일은 70시간에서 50시간 이하로 내려갔다.

대공황 기간 동안 미국 연방정부는 사람들의 삶에 더욱 영향을 주었다. 1933년 프랭클린 루즈벨트 대통령 재임 기간 동안 국가 경제는 땅에 떨어졌다. 정부는 고용을 제공하기 위해 일시적인 작업 프로젝트인 댐, 도로, 공공건물의 건설과 그리고 국립공원의 개선을 시작하였다. 1930년대 동안 의회는 노조 활동을 제한하는 일을 억제하고, 단체교섭을 법률화하고, 노조가 가지고 있는 단체교섭을 관리하는 데 필요한 법률을 제정하였다.

변화와 혁신의 배경에 반해 관리자들은 사람들의 필요, 소중히 여기는 가치, 그리고 원하는 관점을 점차 인식하기 시작하였다. 관리자들은 초기의 전통적 관리 이론가들이 가졌던 사고에 설명하지 않은 무언가가 있는 것으로 인식하기 시작했다. 즉 작업자들은 테일러의 생각과는 달리 항상 그들의 의식적 능력에 따라 수행하는 것은 아니다. 또한 효율적인 관리자들은 항상 페이욜의 열네 가지 원칙을 따르지 않는다. 그러한 전통적 관리관점에서 주장하는 것과 다른 것을 발견함에 따라 관리의 행동적 관점을 주장하는 사람들이 인정받기 시작하였다. **행동과학적 관점**(behavioral viewpoint)은 조직의 인간적 측면을 효율적으로 다루는 데 집중한다. 이 관점의 지지자들은 팀과 조직의 높은 성과를 이끌기 위해 관리자들이 해야 될 일을 어떻게 해야 할지, 어떻게 관리자들이 그들의 부하들을 이끌고 의사소통할 것인지, 그리고 사람들에 대해 그들의 과정을 왜 변경해야 할 필요가 있는지에 관심이 있다.

02 폴렛(Mary Parker Follett)의 공헌

폴렛(Mary Parker Follett, 1868~1933)는 행동과학적 관점에 중요한 공헌을 하였는데 그녀는 경영은 정적인 것이 아니라 계속적인 프로세스라고 믿었으며, 만약 어떤 문제점들이 해결되었다면, 그러한 문제점들을 해결하는 데 사용되는 방법은 새로운 문제

▲ 폴렛

들을 유발시킨다고 믿었다. 또한 문제해결에 종업원들의 참여와 정적인 경영보다는 동적인 경영을 강조하였다.

이러한 두 가지의 생각은 앞에서 설명한 전통적 관점과는 매우 대조된다.

폴렛은 관리자들을 관찰함으로써 관리자들이 어떻게 그들의 직무를 수행하는지를 연구하였다. 관찰들에 기초하여 조화(coordination)가 효과적인 경영에 중요한 영향을 미친다고 결론지었다. 그녀는 관리자들을 적용하기 위한 네 가지 원칙을 개발하였다.

첫째, 조화는 의사결정에 대해 책임 있는 사람들을 직접 접촉할 때 최고로 성취된다.

둘째, 계획수립과 프로젝트 실행의 초기에 조화는 필수적이다.

셋째, 조화는 상황의 모든 요소들을 표현해야 한다.

넷째, 조화는 지속적으로 추진되어야 한다.

폴렛은 행동의 최일선에 있는 사람들이 가장 좋은 결정을 할 수 있다고 믿었다. 다시 말해서 일선 관리자가 생산과업을 조정하는 데 가장 적합한 사람이라고 주장하였다. 그리고 작업자들과의 의사소통을 증가시킴으로써 관리자들은 상위의 관리자들보다 더 나은 의사결정을 할 수 있다는 것이다. 또한 모든 단계에 있는 관리자들은 부하들과 좋은 관계를 유지하여야 한다고 주장하였다. 좋은 관계를 유지하는 한 방법으로 부하들을 의사결정 과정에 참여시키는 것이다.

폴렛은 또한 관리자들은 부서간의 갈등들을 해결하는 데 도움이 되는 방안을 찾아야 한다고 하였다. 갈등을 적절하게 처리함으로써 관리와 생산의 노력을 통합하고 자극할 수 있다. 갈등을 해결하는 한 과정으로 사람들은 다른 사람들의 관점과 그들이 처한 상황을 이해하도록 노력해야 한다고 주장하였다.

03 버나드(Chester Barnard)의 공헌

버나드(Chester Barnard, 1886~1961)는 하버드에서 경제학을 공부하였으나 과학에서 실험과목을 이수하지 못했기 때문에 졸업하지는 못했다. 그는 그 후 AT&T에 입사하여 근무했으며 1927년에 New Jersey Bell사의 회장이 되었다. 버나드는 두 가지 중요한 공헌을 하였는데 이의 내용은 그의 저서인 경영자의 기능(The Functions of the Executive)에 기술되어 있다. 그의 주장은 다음과 같다.

▲ 버나드

첫째, 버나드는 조직을 종업원들의 협력이 필요한 사회적 시스템으로 보았다. 다시 말해서 사람들은 계속해서 다른 사람들과 의사소통을 해야 한다는 것이다. 관리자들의 중요한 역할은 종업원들과 의사소통하는 것이며, 조직의 목표를 달성하는 데 도움이 될 수 있도록 종업원들에게 동기를 부여하는 것이다. 그는 관리자들이 정기적으로 대하는 조직의 외부 사람들과 좋은 관계를 유지하는 것이 성공적인 관리라고 주장하였다. 조직에 의존하는 투자자, 공급업자, 고객, 그리고 다른 외부의 이해관계자들을 강조하고 관리자들이 조직의 외부환경을 조사하고 내부조직이 외부환경과 조화를 이루어야 함을 강조하였다.

둘째, 버나드의 권한수용이론(acceptance theory authority)이다. 이 이론은 종업원들은 자유 의지를 가지고 있고 관리자들의 명령에 따를 것인지는 전적으로 종업원들의 자유의지라고 하였다. 종업원들은 ① 무엇이 필요한지 이해할 때 ② 명령이 조직의 목표와 일치할 때 ③ 명령을 수행함으로써 자신들의 이익이 있을 때 명령에 따른다고 하였다.

04 호오손(Hawthorne) 실험의 공헌

행동과학적 관점이 대표적으로 나타난 것은 1924년과 1933년 시카고의 서부전력 회사(Western Electronic Company)의 호오손 공장에서 수행된 연구의 결과였다. 1924년 12월부터 1927년 사이에 국립연구조사위원회(the National Research Council)는 서부전력 회사와 공동으로 조명과 기타 작업조건이 근로자와 그들

▲ 서부전력회사 호오손 공장

의 생산성에 어떻게 여향을 미치는가에 대한 연구를 실시하였다.

실험집단에 대해 조명을 높이거나 낮추어도 생산성이 향상된다는 사실이 밝혀

지자 조사자들은 이 실험이 실패라고 선언하기 전에 하버드 대학의 엘튼 메이요 (Elton Mayo)에게 이 상황에 대해 조사해 줄 것을 요청하였다.

메이요와 하버드 동료 교수인 Fritz Roethlisberger와 William Dickson은 새로운 실험을 실시하였다. 그들은 여섯 명의 여성을 두 그룹으로 나누어 방에 배치하였다. 그들은 실험집단(experiment group)에 대해 다양한 조건을 변경하였으나 통제집단(control group)에 대해서는 조건을 일정하게 하였다. 다양한 조건에 포함된 것으로는 조명의 변화, 휴식시간의 조절, 작업시간의 단축, 인센티브 급여제도 등이다. 실험집단에 대한 이러한 다양한 변경의 시도는 생산성 변동의 원인을 설명하지 못하였다.

연구자들은 생산성의 증가는 이러한 물리적인 변화에 의해 유발되지 않고 복잡한 감정적인 연계 반응에 의해 결정된다고 결론을 내렸다. 이들은 일반적으로 생산성 향상이 사기, 작업집단의 구성원들 사이의 만족스러운 관계(소속감) 및 효과적인 관리, 즉 인간행위 특히 집단행위를 이해하며, 사기진작, 상담, 지휘, 의사호통과 같은 연간관계 기술을 통해 작업집단에 봉사하는 일종의 관리활동의 사회적 요인 때문이라는 사실을 발견하였다. 이러한 현상은 **호오손 효과**(Hawthorne effect)로서 알려지게 되었다. 즉 기본적으로 사람이 주목받고 있다는 사실에서 유발된다는 것이다.

호오손 연구가 밝혀낸 것은 인간이 사회적이라는 사실이다. 즉 기업 운영은 단지 기계나 방법론상의 문제일 뿐만 아니라 완전한 사회기술체제를 개발하기 위해 이들을 사회체제에 연결시키는 문제라는 것이다. 이상의 실험을 통해 행동과학을 관리에 적용시킬 것을 더욱 강조하게 되었고 경영자에게는 경영이 사회시스템 내에서 이루어지는 것임을 인식시켜 주었다.

05 행동과학적 관점의 평가

행동과학적 관점은 동적인 그룹의 중요성, 복잡한 인간 동기, 그리고 관리자의 리더십 스타일이라는 개념을 강조함으로써 전통적인 이론인 기계적인 관점을 뛰어넘는 것이다. 이 관점은 종업원들의 사회적·경제적 요구, 작업의 양과 질에 대한 조직의 영향을 강조하고 있다. 행동과학적 관점의 기본 가정은 다음과 같다.

첫째, 작업자들은 사회적인 요구에 의해 동기화되고 서로에 대한 유대관계를 통해 자아를 느끼게 된다.

둘째, 작업자들은 금전적 인센티브나 규칙보다는 그들의 동료에 의해 더 영향을 받는다.

셋째, 작업자들은 그들의 요구를 충족시켜주는 관리자의 말을 잘 듣는다.

넷째, 관리자들은 효율성을 높이기 위해 부하들의 참여하에 업무를 잘 조정할 필요가 있다.

물론 이러한 가정들이 항상 실무에 적용되는 것은 아니다. 작업 조건을 개선하고, 관리자들의 인간관계 기술 향상이 항상 생산성을 증가시키는 것은 아니다. 테일러의 신념처럼 작업의 경제적 측면은 작업자들에게 여전히 중요하다. 예를 들어 최근에 노사협상의 중요한 문제는 직무안정과 임금 인센티브이다. 그리고 비록 서로 잘 협력하여 작업을 수행하는 종업원일지라도 임금이 낮으면 이직률과 결근율이 높아진다.

⁞ SECTION 04 시스템 관점

01 시스템의 개념

시스템적 관점을 이해하기 전에 우선 시스템을 정확히 정의하여 보자. 시스템(system)은 '특정목적을 달성하기 위해서 상호 관련된 부분으로 구성된 전체의 집합'이라고 정의할 수 있다. 시스템의 기본 개념은 첫째, 시스템은 투입(input)—변환(transformation)—산출(output)의 과정을 거친다. 둘째, 시스템은 전체적 개념(total concept)이다. 기업과 같은 시스템은 구성인자의 단순한 결합 이상이며 전체로 고찰되어야 한다. 셋째, 목표(goal)로 시스템은 뚜렷한 목표를 가지고 있어야 한다. 넷째, 시스템은 구성인자가 유기적인 구조로 상호관련성(interdependence)을 가지고 있다. 다섯째, 유기성으로, 시스템의 목적을 달성하기 위해 상효작용(interaction)하여야 한다. 여섯째, 개방시스템(open system)으로, 그 시스템이 처한 환경과 정보 또는 자원 등의 교섭이 이루어지고 있다. 일곱째, 경계(boundary)로서 모든 시스템은 그 환경과 구분되는 경계를 가지고 있다. 여덟째, 피드백(feedback)으로, 시스템이 동태적 균형을 이루기 위해 피드백을 가지고 있다. 마지막으로 하위시스템(subsystem)으로, 시스템은 그 아래 하위 시스템을 가지고 있으며, 또한 그보다 큰 상위시스템의 일부분이다.

시스템 관점(system viewpoint)은 투입, 전환 프로세스, 산출, 그리고 피드백의 구조 내에서 그들을 진단함으로써 문제를 해결하는 문제 해결 접근법을 표현한다. 시스템은 개인, 작업그룹, 부서, 또는 조직 전체를 포함 할 수도 있다.

투입(input)은 전환 프로세스에 들어가는 물질, 인간, 자재, 자금, 그리고 정보 자원들이다. 예를 들어 대학에서의 투입은 학생, 교수, 돈, 그리고 건물이 포함된다. 전환 프로세스(transformation process)는 투입을 산출로 변경하는 데 이용되는 기술들로 구성된다. 대학에서 전환 프로세스의 강의, 독해 숙제, 언어 실험, 학기 숙제, 그리고 시험을 포함한다. 산출(output)은 원래의 투입(인간, 물질, 자재, 정보 그리고 회계적 자원들)을 전환 프로세스에 의해 변화된 것이다. 대학에서 산출은 졸업생을 포함한다. 시스템을 효율적으로 운영하기 위해서는 또한 피드백이 제공되어야 한다. 피드백(feedback)은 시스템의 상태와 성과에 대한 정보이다. 대학에서의 피드백의 한 형태는 직업을 가지는 졸업생의 능력이다. 조직에서 피드백은 시장조사, 회계 보고서, 생산기록, 성과 평가 등의 형태를 가질 수 있다. 시스템 관점에서 관리자의 역할은 계획, 조직, 실행, 통제를 통해 전환 프로세스를 촉진하는 것이다.

02 시스템의 유형과 수준

폐쇄형과 개방형의 두 가지의 시스템 형태가 있다. 폐쇄형 시스템(closed system)은 환경과의 상호작용을 제한한다. 몇몇 생산 부서는 연속형 흐름에서 표준화된 제품을 생산하기 위해 폐쇄형 시스템으로 운영한다. 개방형 시스템(open system)은 외부환경과 상호작용한다. 예를 들어 마케팅부서의 관리자는 고객들의 원격 통신 욕구를 만

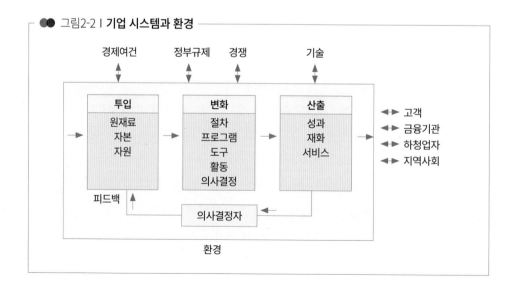

●● 그림2-2 | **기업 시스템과 환경**

족시키기 위해 새로운 제품과 서비스를 개발한다. 그들은 경쟁자들이 무엇을 하는 지를 모니터하고 그리고 낮은 가격에서 더 나은 품질과 서비스를 제공하기 위한 방법을 찾고자 한다.

그러므로 기업으로서의 조직은 목적달성을 위해 기계, 부서, 개인 등으로 구성된 인간-기계시스템이라 할 수 있다. 시스템과 관련된 하위 시스템요소 및 환경이 <그림 2-2>에 나타나 있다.

03 계량적 기법

시스템 관점은 관리자들이 의사결정 이전에 투입, 전환과정, 산출을 조사하는 것을 제안하였으며 관리적 의사결정을 돕기 위해 계량적 기법들을 개발하였다. 계량적 기법들은 네 가지의 기본 특징을 가지고 있다.

첫째, 중요한 초점은 의사결정이다. 의사결정의 해법은 바로 실행된다.

둘째, 대안은 경제적 기준에 기초한다. 비용, 수익과 같은 측정 가능한 기준에 의해 대안이 선택된다.

셋째, 수학적 모델이 이용된다. 수학적 모델을 사용하여 상황은 모형화되고 문제가 분석된다.

넷째, 컴퓨터는 필수적이다. 비용이 많이 들고 시간이 드는 복잡한 과정은 컴퓨터의 활용을 통해 해결한다.

경영에서 사용 가능한 계량적 의사결정 도구들은 지나 40년 동안 급속하게 확장되었다. 오늘날 관리자들은 재고통제 모형, 통계적 의사결정 이론, 선형 계획법, 그리고 복잡한 문제를 해결하기 위한 많은 기법들을 활용하고 있다. 그러한 기법들의 대부분은 컴퓨터에서 실행될 수 있는 소프트웨어의 형태로 되어 있다.

04 시스템적 관점의 평가

시스템 분석과 계량적 기법들은 변환 프로세스, 기술적 계획과 경영의 의사결정에서 중요하게 이용된다. 그러한 기법들은 경영의 인간적 측면을 효율적으로 다루기 위해 사용될 수 있는 상태에까지는 도달하지 못하였다. 행동과학적인 고려사항들과 인간의 가치를 표현하는 변수들은 수학적 모델로 만들기는 어렵다. 이러한 주관적이고 질적인 변수들은 중요하게 고려하여야 하기 때문에 인간의 판단은 경영의사결정의 중요한 부분으로 남아 있을 것이다.

⦂ SECTION 05　상황접근적 관점

01 서론

상황접근적 관점(contingency viewpoint)의 본질은 경영이 외부적 환경, 기술, 그리고 관련된 사람들의 능력의 요구와 일치되어야 한다는 것이다. 그러한 관계는 <그림 2-3>에서 볼 수 있다. 이것은 1960년대 중반에 실제 경영문제들에 대해 전통적인 관점, 시스템적 관점을 적용하는 데 실패한 관리자들과 여러 학자들에 의해 개발되었다. 상황접근적 관점의 옹호자들은 다양한 상황을 다루기 위해 세 가지의 경영 관점을 독립적으로 사용하든지 이들을 결합하여 사용하는 것을 주장한다. 관리자들

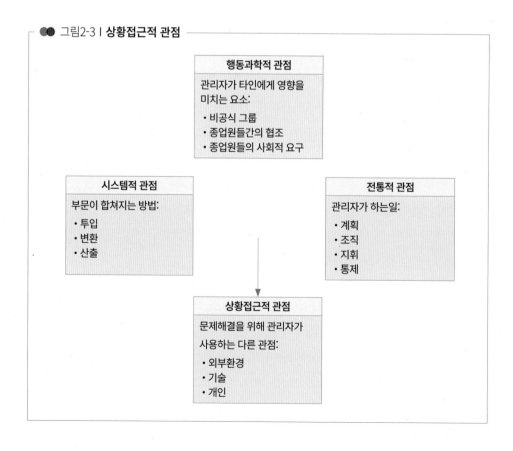

●● 그림2-3 | **상황접근적 관점**

은 주어진 상황에서 어떤 것이 다른 것보다 더 효과적인지를 결정해야 한다. 관리자들은 의사결정을 하기 전에 어떠한 접근법이 가장 성공적인지를 결정할 수 있을 정도로 상황을 완전히 이해하고 진단할 수 있어야 한다. 그리고 관리자들의 의사소통 능력은 실제로 의사결정을 실행하는 데 중요하다.

02 상황접근적 관점의 변수

상황접근적 관점에서 많이 사용되는 상황변수는 <그림 2-4>와 같다. 이 관점의 본질은 경영이 외부환경, 제품·서비스의 배달에 이용되는 기법, 그리고 조직을 위해 작업하는 사람들의 요구와 일치되어야 한다는 것이다.

각각의 상황접근적 관점의 변수들의 상대적인 중요성은 고려하여야 할 경영 문제들의 유형에 달려 있다. 예를 들어 조직구조를 설계하는 관리자는 기업의 외부 환경의 상태와 정보 처리의 요구에 대응되는 상태를 고려해야 한다. 따라서 국세청의 조직구조는 항공사의 조직구조와는 다르다. 국세청은 거의 안정적인 고객들을 가지고 있는데 그들은 세금의 종류에 따라 분기별로 세금납부를 위한 서류를 준비하여야 한다. 가장 바쁜 시기에 질문에 대해 충실히 답해줄 수 있고 세금계산을 위해 임시직의 사람들이 고용될 수 있다. 그러나 이 시기가 끝나면 해고된다. 반면에 항공사들은 많은 경쟁자들이 있고 그리고 항상 즉시 처리해야 하는 정보(항공권 비용, 비행기 수, 그리고 도착과 출발 시간)를 요구하는 고객들에 따라 달라진다. 이렇게 연속적으로 필

●● 그림2-4 | 많이 사용되는 상황변수

조직규모	규모가 증가할수록 조정의 문제도 커진다. 예를 들어 50,000명 종업원 규모에 적합한 조직구조 형태는 50명 규모에서는 비효율적이 될 가능성이 크다.
과업기술의 일상성	조직은 목적을 달성하기 위해 기술을 사용한다. 일상적인 기술은 주문식 또는 대량생산적인 기술에 의해 요구되는 것과는 서로 다른 조직구조, 리더십 유형을 요구한다.
환경의 불확실성	환경의 불확실성 정도는 경영에 영향을 미친다. 안정적이고 예측가능한 환경에서 최선의 경영은 예측가능한 환경에서는 적용하기 곤란하다.
개인의 차이	서로 다른 개인의 차이는 서로 다른 동기부여 방법, 다른 리더십 스타일 그리고 직무설계 방법을 선택하여야 한다.

요한 정보를 처리해야 하기 때문에 임시직이 아니라 정규직원들에 의존해야 한다.

기술(technology)은 조직의 투입을 산출로 전환시키는 데 사용되는 방법이다. 이것은 단순히 기계를 의미하는 것이 아니라 지식, 도구, 기법, 그리고 원재료를 완성된 제품 또는 서비스로 변환시키는 데 이용된다. 기술은 종업원들이 간단히 익히는 기술에서 매우 복잡한 범위까지를 포함한다. 간단한 기술은 작업자들이 단순한 직무를 수행하는 데 필요한 의사결정 규칙을 포함한다. 복잡한 기술은 제한된 정보 내에서 수많은 결정을 해야 하는 직원들에게 필요하다.

조엔 우드워드(Joan Woodward)는 경영의 상황접근적 관점을 개발한 선구자 중의 한 사람이다. 그녀는 영국에서 관리자들이 어떻게 상황접근적 변수들이 결정되는지 그리고 조직이 보다 효과적이기 위해서는 어떻게 구조화되어야 하는지를 연구하였다. 우드워드와 그의 동료들은 1960년대에 성공적인 기업들의 경영원칙들을 추출해내기 위해 100개의 영국 기업들을 연구하였다. 그들은 공통된 경영원칙들을 찾을 수 없었고, 어떠한 경영원칙을 적용한 기업들이 성공적이었는지 발견할 수 없었다. 그 결과는 경영을 성공적으로 하기 위해서는 명백히 하나의 최고의 방법은 없다는 것이다.

대량 생산체제를 운영하는 기업(자동차 산업과 패스트푸드점)들은 관료적 경영을 할 때 보다 효율적으로 운영된다. 수많은 규칙과 공식적 의사소통체제는 표준화된 제품생산을 통제하고 조정하는 데 필요하다. 반면에 소규모의 배치생산과 연속생산체제를 이용하는 기업들은 행동과학적인 접근이 보다 효과적이다. 그리고 연속생산체제를 이용하는 기업들이 행동과학적인 접근과 시스템적 접근을 혼합했을 때 더 효과적이었다. 결론적으로 어느 한 가지 유일한 좋은 방법은 없고 상황에 따라 적절한 경영관점을 선택한 기업들이 그렇지 못한 기업들에 비해 성공적으로 기업을 운영할 가능성이 크다는 것이다.

03 상황접근적 관점의 평가

경영의 상황접근적 관점은 전통적인 접근이 하나의 유일한 최고의 방법이 있다는 것에 반하여 체계적인 접근이 가능하다는 것을 보여 주었다. 상황접근적 관점은 관리자들로 하여금 상황적 차이를 분석하고 이해하며, 조직과 프로세스에 가장 적합한 해결을 선택하도록 하고 있다.

상황접근적 관점에 대한 비판적인 시각은 상황접근적 관점은 전혀 새로운 것이 없다고 주장한다. 즉 단순히 경영의 다른 관점에서 끌어온 것에 지나지 않는다는 것이다. 그러나 상황접근적 관점은 유연하고 원칙이나 기법을 적용하는 데 있어서 다른 접근법으로부터 적합한 것을 취사선택하여 사용하고 있다. 그리고 실제 상황을 적절히 분석하고 나 후 전통적인 행동과학적인 그리고 시스템적인 관점으로부터 중요한 원리를 채택하고 있다.

SECTION 06 품질관점

01 서론

상황접근적 관점을 뛰어넘는 새로운 경영 관점이 품질관점이다. 오늘날의 조직은 동적이고, 규모가 크든 작든, 지역적이든 세계적이든 간에 새로운 도전에 직면해 있다. 조직은 고객과 경쟁자들로부터 높은 품질의 제품·서비스, 정시 배달, 종업원들의 윤리적 행동에 대한 보상 등의 압력을 받고 있다. 높은 품질의 제품·서비스에 대한 고객들의 수요는 가까운 미래에 더욱 요구될 것이다. 품질(quality)은 제품이 기대한 것에 비해 얼마나 가까운지, 그리고 제품규격에 얼마나 가깝고 믿을 만한가로 정의된다. 성공적인 조직의 관리자들은 품질을 잘 인식하고 있고 그리고 높은 품질의 제품·서비스가 경쟁우위와 연계되어 있다는 것을 잘 이해하고 있다.

성공적인 기업이 되기 위해서는 고객들이 원하는 것과 필요를 만족시켜야 한다. **품질관점**(quality viewpoint)은 높은 품질의 제품·서비스를 제공함으로써 고객만족을 달성하는 것을 강조한다. 따라서 품질 관점의 초점은 고객인데 고객들이 궁극적으로 시장에서 품질을 정의한다.

종합적 품질경영(TQM)은 제품 품질의 구현하는 모든 관점의 생산과정을 보증하는 연속적인 과정이다. 품질은 조직내부와 공급업자를 포함하여 모든 구성원들에게 지속적으로 강조되어야 한다. 더욱이 교육훈련, 전략적 계획수립, 제품설계, 경영정보시스템, 마케팅, 그리고 다른 중요한 활동들은 품질 목표를 달성하기 위해서 중요한 역할을 한다.

품질 운동의 아버지는 에드워드 데밍(Edward Deming, 1900

▲ 에드워드 데밍

~1993)이다. 초기에 미국의 관리자들은 그의 생각을 받아들이지 않았는데 제2차 세계 대전 후 일본의 재건을 위해 그의 아이디어를 활용했을 때도 미국에서는 수용되지 못하였다. 그는 일본의 관리자들에게 품질의 평가와 개선을 위해 통계를 어떻게 사용하는지를 가르쳤다.

1951년에 일본은 그를 기념하기 위해 기업 품질에 대한 데밍상을 만들었으며, 이 상은 일본에서 매우 높은 평가를 받고 있다. 이 상을 받은 기업은 해당 연도에 가장 높은 품질 수준을 달성한 기업으로 인식된다.

데밍의 생각과 방법은 다음과 같이 요약할 수 있다.

첫째, 낮은 품질은 받아들여질 수 없다. 결함이 있는 기능, 제품, 그리고 서비스는 용서받을 수 없다.

둘째, 프로세스가 끝난 후가 아니라 프로세스의 중간과정에서 통계적 자료를 수집한다. 초기의 실수는 잡아낼 수 있고 이를 수정하는 데 비용이 적게 든다.

셋째, 과거에 높은 품질을 유지해 왔던 소수의 공급자에 의존해야지 배달된 후 샘플링 검사를 통한 품질검사는 의미가 없다.

넷째, 품질을 높이기 위해 단순히 구호가 아니라 종업원들이 작업하면서 통계적 방법을 사용할 수 있게끔 끊임없는 훈련과 재훈련을 반복해야 한다.

다섯째, 종업원들은 품질을 떨어뜨리는 어떠한 상태들에 대해 자유로이 보고할 수 있는 분위기를 조성해 주어야 한다.

02 품질의 중요성

높은 품질의 제품을 생산하는 것이 그 자체로 끝이 아니다. 높은 품질의 제품과 서비스를 고객들에게 제공하는 것은 여러 가지 기업에 이점을 가져다준다.

(1) 긍정적인 회사이미지

높은 품질의 제품에 대한 명성은 자기뿐만 아니라 다른 회사들에 대해서도 긍정적인 이미지를 만들어 낸다. 이러한 긍정적인 이미지는 기업이 신입사원을 채용할 때 좋은 인적자원을 확보할 수 있고, 새로운 제품의 매출 증가, 다양한 대출업자들로부터 자금획득에 도움이 된다.

(2) 낮은 비용과 높은 시장점유율

향상된 성과는 생산성을 증가시키고 그리고 재작업을 시간과 폐기비용, 그리고 보증비용을 감소시키고 수익을 증가시킨다.

(3) 제품책임의 감소

제품의 제조업체들은 위험한 제품으로 유발되는 손해에 대한 법률적 보상에 직면하고 있다. 불완전한 제품을 생산하는 조직들은 이러한 제품 책임(PL: product liability)을 면할 수 없다.

03 품질관점의 평가

품질관점은 기업이 시장에서 어떻게 경쟁할 것인가를 정하는 전략의 핵심부분이 되어야 한다. 품질의 핵심 전략은 시장에서 그들의 가격 범위 내에서 가능한 최고의 제품을 제공하는 것이다. 따라서 품질은 조직의 문화와 구조의 기본적 구성요소가 되어야 한다. 품질은 최고 경영자로부터 종업원들에게 주어질 수 있는 간단한 프로그램이 아니다. 이것은 조직에 스며들게끔 운영되어야 하고 그리고 모든 구성원들이 생각할 수 있게끔 하는 방법이다.

EXAMPLE 02   180년 역사 P&G, 장수 · 성공 DNA 따로 있었네

글로벌기업 피앤지(P&G)는 질레트, 다우니, 페브리즈, 오랄비, 팸퍼스, 위스퍼, 팬틴, 헤드&숄더 등 우리 생활에 친숙한 브랜드명으로 잘 알려져 있는 생활용품 기업이다.

P&G는 1837년 영국 출신 양초 제조업자 윌리엄 프록터(William Procter)와 아일랜드 출신 비누 제조업자 제임스 갬블(James Gamble)이 합병하며 탄생했다. 현재 P&G는 전 세계 180여 개국에서 총 65개 브랜드의 제품을 판매하고 있다.

● 180년의 역사를 이어온 P&G의 성공비결은 무엇일까.

P&G를 성공으로 이끈 힘은 철저하고 체계적인 '인재관리 시스템'에서 찾을 수 있다. 소비자 만족을 극대화하기 위해선 직원 만족이 전제되어야 한다는 게 P&G의 경영 철학이다. 그래서 직원을 '제1의 자산'으로 확신하고 글로벌인재 양성에 힘쓰는 기업이다. 이로 인해 P&G 출신 인사들은 헤드헌팅 시장에서도 인기가 높다. P&G 출신의 인사들은 다양한 업계에서 리더로 활동하고 있다. 세계적인 제조업체인 제너럴일렉트릭(GE)의 최연소 최고경영자로 GE를 세계최고 기업으로 성장시켰던 잭 웰치가 대표적이다.

● 전직원에게 조기 책임제

P&G가 창사 이래 지켜온 기본 인사 원칙은 신입사원을 채용해 경쟁력 있는 인재로 성장시킨다는 것이다. 직원 성장에 투자를 아끼지 않는다는 의미이기도 하다. P&G는 신입사원의 대다수를 인턴십을 통해 선발한다. 인턴과 신입사원들은 출근 첫날부터 완전한 권한과 책임을 부여받고, 프로젝트의 리더가 된다. 이러한 조기책임제는 P&G가 직원들의 역량에 대해 100% 신뢰하고 있기 때문에 가능한 제도다.

직원들에게 다양한 교육 프로그램 및 업무 기회를 제공하며 내부승진 제도를 통해 리더로 성장하는 기회도 제공한다. 이를 통해 독창적인 기업문화 DNA가 유지되며, 조직 내부에서 경영진으로 성장한 리더들은 P&G의 철학과 문화를 누구보다도 잘 파악한다.

● 전 세계를 누비는 글로벌 인재 양성

P&G는 직원들이 글로벌 리더로 성장하는 것을 중요하게 생각하며 이를 위한 지원을 아끼지 않는다. P&G 직원들에게는 직급이나 연령에 관계없이 본인의 능력에 따라 해외 지사에서 근무할 수 있는 기회가 주어진다. 뿐만 아니라 아시아 지역 본사, 미국 글로벌 본사 등지에서 근무하는 직원들과 매일 이메일, 전화회의, 영상회의 등을 통해 협력함으로써 자연스럽게 글로벌 업무환경에 노출된다.

● '행복한 직원'이 기업의 핵심경쟁력

P&G는 직원들이 보다 업무에 집중할 수 있는 근무환경을 조성하기 위해 다양한 복리후생 프로그램을 운영하고 있다. 오전 8~10시 사이에 출근하고, 출근시간에 따라 퇴근시간을 탄력적으로 선택할 수 있는 탄력근무제가 대표적이다. 직원이 자율적으로 근무시간을 결정함으로써 개인 일정과 업무시간을 자유롭게 조정할 수 있게 한 것이다.

직원이 더 집중할 수 있는 근무시간을 스스로 선택하면 기업의 생산성 향상에도 도움이 되기 때문이다. 이 외에도 일주일에 한번 집에서 근무할 수 있는 재택근무제, 남녀 모두 최장 1년까지 사용이 가능한 육아휴직제, 직원들의 스트레스 해소를 위한 전문 심리 상담 서비스 등도 직원들 사이에서 인기가 높다.

　P&G는 직원들이 일과 삶의 균형을 찾고 직원 가족들의 행복을 도모하기 위한 다양한 제도를 운영하고 있다.

자료 : 헤럴드경제, 2017년 5월 12일

토의문제
성공적인 기업경영을 위한 인재관리에 대해 토의해 보자.

⋮ 요약

- 경영관점의 변화는 전통적 관점, 행동과학적 관점, 시스템적 관점, 상황접근적 관점과 품질 관점으로 크게 나누어 볼 수 있다. 이러한 관점의 차이는 조직에 속한 사람들의 행동, 조직의 중요 목표, 부딪치는 문제의 유형, 이러한 문제를 해결하는 방법 등에서 차이를 보이고 있다.

- 전통적 경영이론의 관점으로 관료주의적 관리, 과학적 관리와 관리적 경영관점 등의 세 가지 분야는 지금까지도 제한적으로 활용되고 있다.

- 행동과학적 관점은 동적인 그룹의 중요성, 복잡한 인간 동기, 그리고 관리자의 리더십 스타일이라는 개념을 강조함으로써 전통적인 이론인 기계적인 관점을 뛰어넘는 것이다. 이 관점은 종업원들의 사회적 경제적 요구, 작업의 양과 질에 대한 조직의 영향을 강조하고 있다.

- 시스템 분석과 계량적 기법들은 변환 프로세스, 기술적 계획과 경영의 의사결정에서 중요하게 이용된다. 그러한 기법들은 경영의 인간적 측면을 효율적으로 다루기 위해 사용될 수 있는 상태에까지는 도달하지 못하였다. 행동과학적인 고려사항들과 인간의 가치를 표현하는 변수들은 수학적 모델로 만들기는 어렵다. 이러한 주관적이고 질적인 변수들은 중요하게 고려하여야 하기 때문에 인간의 판단은 경영 의사결정의 중요한 부분으로 남아 있을 것이다.

- 상황접근적 관점의 본질은 경영이 외부적 환경, 기술, 그리고 관련된 사람들의 능력의 요구와 일치되어야 한다는 것이다.

- 품질 관점은 높은 품질의 제품·서비스를 제공함으로써 고객만족을 달성하는 것을 강조한다. 품질 관점의 초점은 고객인데 고객들이 궁극적으로 시장에서 품질을 정의한다.

**연습
문제**

1 한국 경영학 교육의 흐름을 설명하시오.

2 전통적인 경영이론으로 관료제, 과학적 관리, 관리주의적 경영의 관점을 설명하시오.

3 행동과학적 관점에 대해서 설명하시오.

4 기업경영을 위한 시스템적인 관점과 계량적인 기법들이 경영에 미치는 영향을 알아보시오.

5 현대경영에서 상황론적 관점에 대해 설명하시오.

6 품질관점의 영향을 설명하시오.

**참고
문헌**

/ 신유근, 「윤리경영와 경영교육」, 한국경영학회, 1991.

/ Hellriegel, Don, Susan E. Jackson and John W Slocum, Jr., *Managing: A Competency-Based Approach*, 11th ed., Thomson Publishing, 2008.

03

경영자와
기업가정신

CHAPTER

03

경영자와 기업가정신

학습목표

이 장의 학습목표는 다음과 같다.

첫째, 기업을 경영하는 경영자와 기업가는 누구인가? 둘째, 불확실한 기업환경 하에서 기업을 잘 이끌어서 시장에서 이기기 위해서는 경영자는 어떠한 자질과 전문성을 지녀야 하는가? 셋째, 기업가정신은 어떻게 개발될 수 있으며, 경영능력이 기업가 성공에 어떠한 공헌을 하고 있는가? 넷째, 성공적으로 기업을 설립 및 운영하고자 할 때 경영자가 해야 할 역할이나 점검해야 할 핵심적인 사항은 무엇인지를 알아보고자 한다.

EXAMPLE 01

난 경영자가 아니라 기업가, 기행 일삼는 버진그룹의 리처드 브랜슨 회장

"넌 감옥에 가거나 백만장자가 될 거야."

선생님에게서 이런 말을 들었던 소년은 수십 년 후 전 세계 주목을 받는 기업가이자 억만장자가 됐다. 그의 이름은 리처드 브랜슨(Richard Branson). 버진(Virgin)그룹의 회장이다.

거대한 비즈니스 제국 '버진'을 세운 그는 일반 기업가와는 다른 독특한 비즈니스 모델을 구축해 왔다. 버진이라는 하나의 브랜드 아래 음반, 항공, 철도, 미디어 등 온갖 분야 기업체를 뒀다. 기업을 세우고 나면 실질적인 경영은 다른 인재에게 맡기고 자신은 계속해서 새로운 사업을 벌였다. 이제 우주여행 사업까지 추진 중인 그의 도전은 끝날 줄을 모른다.

브랜슨은 꽤 유복한 집안에서 태어났지만 난독증을 앓았기 때문에 학업 성적이 좋을 수가 없었다. 하지만 부모의 격려를 받으며 자란 덕분에 뭐든지 할 수 있다는 자신감과 도전 정신으로 가득했다. 학교를 중퇴하고 16세 때 스튜던트(Student)라는 잡지를 창간하며 비즈니스 세계에 첫발을 들여놓은 그는 이후 음반산업에 뛰어들었다. 획기적인 첫 성공은 직접 차린 마노(Manor) 스튜디오에서 나왔다. 이곳에서 녹음한 마이크 올드필드(Mike Oldfield)의 데뷔 앨범 '튜블러 벨스(Tubular Bells)'가 히트를 치면서 성공으로 가는 발판이 마련된 것이다.

이후 브랜슨은 1984년 버진 애틀랜틱(Virgin Atlantic) 항공사를, 1999년 버진 모바일(Virgin Mobile)을, 이후 호주 항공사 버진 블루(Virgin Blue)와 미국 항공사 버진 아메리카(Virgin America)를 성공시키면서 '버진 제국'을 수립해 나갔다. 이후 끊임없이 사업을 확장한 결과 현재 버진 브랜드를 달고 있는 기업의 수는 400여 개에 달한다.

버진그룹 회장인 브랜슨이 경영 일반에 개입하는 사례는 드물다. 한마디로 브랜슨은 경영자라기보다는 기업가이자 투자자인 벤처캐피털리스트에 가깝다. 버진그룹은 전 세계에서 다양한 사업 아이디어를 받은 뒤 사업 타당성 등을 조사해 투자 여부를 결정한다. 투자가 결정된 회사는 버진 브랜드를 달고 브랜슨과 그룹 차원에서 제공하는 경영전략 등을 지원받는다.

브랜슨은 자신이 경영자가 아니라 기업가라는 사실을 잘 알았다. 자신은 새로운 시장을 발견해 사업을 시작하고 조직을 건설하는 기업가이지 사업을 관리하고 꾸준히 성장하게 만드는 경영자로서는 소질이 없다는 점을 직시한 것이다. 그래서 브랜슨은 새 기업을 만들고 그 회사가 안정적으로 돌아가게 되면 유능한 경영자를 영입해 회사 운영을 맡겼다. 그리고 자신은 또 새로운 사업을 찾아 떠났다.

창업자인 브랜슨 자신은 버진 브랜드 그 자체다. 그는 버진 브랜드를 선전하기 위해 온갖 기행을 벌여 왔다. 2002년 뉴욕 타임스스퀘어에서 버진 모바일의 사업 제휴를 발표하며 휴대전화로 중요 부위만 가린 채 나타났다. 가리는 것 없이 모든 것을 투명하게 보여주는 기업이라는 점을 알린다는 취지였다. 콜라 시장에 뛰어들었을 때는 코카콜라에 도전한다는 걸 보여주기 위해 탱크까지 동원했다. 미국 뉴욕 맨해튼 타임스스퀘어에 탱크를 몰고 들어가 코카콜라 광고에 가짜 대포를 쏘는 장면을 연출한 것이다. 이런 기행들을 통해 브랜슨은 버진이라는 이름을 사람들의 뇌리에 각인시키고, 브랜드에 톡톡 튀는 색채를 입혔다.

어떤 기업가는 죽는 순간까지 기업을 운영하면서 자신이 빠지면 이 기업이 돌아가지 못할 것이라고 믿는다. 때로는 그런 믿음이 짐이 된 나머지 쉽게 죽지도 못한다. 하지만 브랜슨은 당장 자신이 죽어도 버진그룹이 잘 굴러갈 거라고 말한다. 버진이라는 브랜드를 낳은 걸로 자신에게 주어진 중요한 임무는 끝났다고 말한다. 경영자로서 기업의 모든 것을 통제하려는 욕구를 버린 덕분에 브랜슨은 앞으로 나아갈 수 있었다.

자료 : 매일경제, 2016년 12월 13일

토의문제
경영자와 기업가의 공통점과 차이점에 대해 토의해 보자.

기업을 경영하는 사람을 경영자 또는 기업가라고 한다. 오늘날 기업이 직면하고 있는 경영환경은 매우 불확실하고 변화무쌍하므로 환경에 적응하지 못하는 기업은 도태되고 만다. 따라서, 불확실한 경영환경에 기업이 적응하여 기업목표를 달성하여 이윤을 지속적으로 창출하기 위해서는 예전과는 달리 경영자의 역할이 매우 중요하다.

경영자는 주어진 자원을 효율적으로 관리하고 사용하여 목표한 이윤을 달성하여 주주에게 적정한 배당금도 지급하고 종업원에게는 만족스러운 보수를 지급하여 기업가치를 유지 및 성장시킬 책임이 있기 때문에 전문경영인으로서 자질과 전문성(프로페셔널 정신)을 지니고 있어야 한다. 오늘날 대부분의 기업이 자본과 경영이 분리된 주식회사형태를 지니고 있는 것도 이러한 경영의 전문성이 더욱더 고도화되고 있기 때문이다.

오늘날 기업이 직면하고 있는 환경의 특성은 시장이 매우 경쟁적이며 고객의 원하는 것이 다양하고 복잡하고 글로벌화되고 있다는 점이다. 이러한 환경 속에서 기업이 생존하기 위해서는 경영자는 환경이 주는 기회요인과 위협요인을 정확히 인식하고 이에 대응하기 위한 우리 기업의 강점과 약점을 정확히 평가하여 기업의 경쟁력을 유지하고 증대할 수 있는 핵심역량을 적정히 관리할 수 있는 능력을 지니고 있어야만 한다. 따라서, 경영자는 미래를 정확히 바라볼 수 있는 예측능력이 있어야 하며, 자신의 기업을 정확히 진단할 수 있고 객관적으로 사물을 통찰할 수 있는 역량이 필요하다. 또한 종업원이 기업을 위해 열심히 일할 수 있는 조직분위기를 조성하고 이끌 수 있는 리더십뿐만 아니라 과감하게 불확실한 미래를 개척할 수 있는 창의성과 모험정신까지도 갖추는 것을 요구하고 있다.

오늘날 모든 기업은 시장을 얼마나 장악하느냐에 따라 승부가 난다. 시장을 장악하기 위해서는 무엇보다도 경쟁기업에 비하여 먼저 신기술과 신제품을 개발하여야 한다. 새로운 것을 개발하기 위해서는 창의성과 모험정신을 발휘하여야 한다. 빌게이츠가 하버드 대학교를 뛰쳐나와 마이크로소프트(주)를 세우지 않았다면 어떤 결과가 왔을까. 빌게이츠는 훌륭한 연구원이나 교수가 될 수 있었겠지만 도스(DOS)와 윈도우(WINDOWS)로 컴퓨터 소프트웨어 시장을 석권하지는 못했을 것이다. 모든 여건이 완비된 상태에서 사업을 시작할 수 있는 사람은 없다. 성공은 스스로 만들어가는 것이며 그 원동력 이 바로 모험정신이다.

SECTION 01   기업가와 기업가정신

경제활동의 주체 중에서 국민경제의 부가가치를 창출해 내는 생산주체는 기업이며 이러한 기업을 이끌어 가는 사람들을 기업가 또는 경영자라고 한다. 기업의 흥망성쇠는 국가경제에 중대한 영향을 미친다. 즉, 기업의 경쟁력은 국가의 경쟁력을 좌우한다고 하여도 과언이 아니다. 이처럼 기업의 경쟁력이야말로 기업 그 자체뿐만 아니라, 기업의 종업원, 고객 나아가서는 국가의 장래에 엄청난 영향을 미치는 중요한 경제주체이다. 따라서, 오늘날 기업이 직면하고 있는 환경여건은 미래를 예측할 수 없을 정도로 불확실하기 때문에 기업을 이끌어 가는 기업가 또는 경영자의 역할이 그 어느 때보다 막중하다. 이처럼 국가경쟁력의 원천이 되는 기업가는 어떠한 사람이며, 오늘날과 같은 치열한 국제경쟁 환경 하에서 기업가로서 역할을 충분히 소화해 내기 위한 기업가의 자질과 기업가로서 갖추어야 할 기업가정신이 무엇인지를 알아보는 것이 본 장의 핵심내용이다.

01 기업가

기업가(Entrepreneur)는 기업을 이끌어 가는 사람으로서 경영자(Manager)와 유사한 개념으로 보고 있지만 엄밀한 의미에서는 약간의 차이가 있다. 넓은 의미에서 경영자란 기업조직뿐만 아니라 모든 조직을 이끌고 관리하며 책임을 지는 조직의 관리자, 지도자이며, 기업가는 기업목표를 달성하기 위해 기업조직을 관리하는 사람으로서 사업가(Businessman)와 유사한 개념이다. 경영자는 조직관리자로서, 대기업의 관리자인 회장, 사장뿐만 아니라, 조직 내의 부서장이나 관리본부장, 구멍가게의 주인, 노동조합장 및 대학총장들도 경영자라고 볼 수가 있다. 그러나 기업가란 경제학자인 슘페터(Joseph Schumpeter)가 기업가정신의 본질은 혁신에 있다고 말한 바와 같이 새로운 사업 활동의 창출, 신제품·신기술의 개발, 신생산공정의 도입 등의 창의성을 발휘하고 미래지향적인 혁신을 지속적으로 추구하는 조직관리자일 뿐만 아니라, 조직운영에 책임을 지는 오너(Owner) 내지는 투자자로서의 책임도 있는 사업가이다.

또한 광의의 의미에서 기업가 영역에는 투자자 또는 자본가도 포함시킬 수 있는데 일반적으로는 투자자(자본가)는 주식투자 등과 같은 투자로 투자수익 획득을 목적으로 하는 투자행위를 하는 사람만을 지칭하고 기업가는 기업을 관리하고 책임지며 기업목표를 달성하기 위해 여러 기업 활동을 의사결정하는 관리자로서 기업가와 투자자는 구분하고 기업가를 경영자와 유사하게 보는 것이 일반적인 개념이다[1]

이러한 기업가들은 처음에는 가족이나 친지들을 중심으로 소규모적인 가족사업(가업사업 등)이나 중소사업단위를 경영하다가 점차 사업영역을 확대하여 대기업의 기업가로 변신하게 된다.

02 창업기업가 또는 벤처창업가

창업기업가는 새로운 아이디어를 가지고 신규사업에 참여하거나 개척하여 기업설립을 열정적으로 추진하는 사업가를 말하며 흔히 요즈음 유행하는 벤처창업가도 여기에 속한다. 오늘날과 같이 불확실한 미래와 시장여건하에서 새로운 사업을 개척한다는 것은 많은 위험과 모험이 상존하고 있다. 따라서, 이러한 벤처창업에 투입되는 자본을 모험자본 또는 벤처자본이라고 한다. 불확실하고 치열하게 경쟁적인 시장여건하에서 자본, 조직, 인력 면에서 취약한 벤처창업가들이 성공적으로 기업을 창업하는 것은 여간 어려운 일이 아니다. 창업에 성공하기 위해서는 시대에 앞서가는 상상력과 아이디어로 사업의 비전을 제시하여야 하며, 창업에 대한 강한 자신감과 추진력 그리고 집념과 인내력이 절대로 필요하다. 이러한 요소들이 기업창업을 성공적으로 이끌 수 있는 기업가정신이다.

03 경영자

기업의 **경영자**(manager)란 기업가를 포함하여 기업조직을 관리하는 사람들로서 회장, 사장, 재무부장, 사업본부장, 영업과장 등 기업목표를 달성하기 위하여 기업이 보유하고 있는 물적·인적·지적자원을 계획하고, 지휘하며 통제하는 사람들을 말한다. 이러한 경영자들은 지위와 사업성격에 따라서 관리범위상의 차이는 있지만 기업목표를 달성하기 위하여 경영프로세스(계획 → 조직 → 지휘 → 통제)를 수행하는 점에서 공통점이 있다. 기업조직을 효율적으로 수행하고 관리범위를 명확하게 규정하여 통제를 효과적으로 하기 위해 기업의 경영층은 일반적으로 계층적 구조를 지니고 있다. 물론 오늘날에는 급격한 시장변화에 신속하게 적응하고 효율성과 성과지향의 경영체제를 구축하기 위하여 팀워크 위주의 경영자구조로 많은 변신을 하고 있지만 경

---

1) 이규상, "열정적인 지도자의 경영학원론", 대경, pp.79-80.

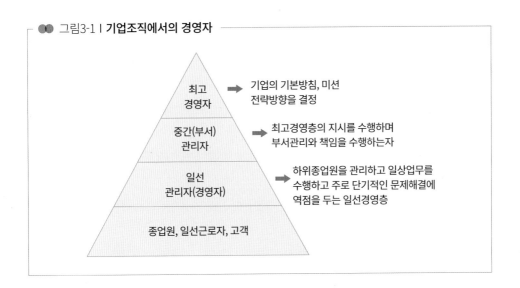

그림3-1 | **기업조직에서의 경영자**

영자구조의 골격은 그대로 유지하고 있다.

<그림 3-1>에서 최고경영자는 조직 계층상 맨 상위에 있는 상위 경영층으로서 일명 CEO(Chief Executive Officer)라고 불린다. 상위 경영자는 주로 전략적 의사결정(strategic & policy planning & decision making)을 수행하는데 이들의 업무량은 상대적으로 적지만 확률적이고 미래지향적인 의사결정이 많다. 즉, 기업의 전략적 위치결정, 전략수단과 대안 결정 등 기업의 나아갈 방향과 주요 자원배분에 대한 의사결정 영역을 취급한다. 중간경영자(관리자)는 상하위간의 업무를 조정하고 통제하는 것이 주요 업무로서 주로 전술적 의사결정(tactical planning & decision)을 수행하는 관리자들이다. 이들의 업무량은 최고경영층과 일선관리자와 중간정도 영역이다. 한편, 일선관리자들은 현장업무가 효율적으로 이루어지기 위해 현장 종업원이나 근로자들에 대한 일상적 관리와 통제(operational planning, decision making, control)를 주요 업무로 하는 사람들이다. 업무처리 현장에서 수행되는 일선업무가 보다 효율적으로 수행될 수 있는 일선현장을 감독하고 통제하는 것이 주요 관리활동이다. 이들의 업무는 상대적으로 업무량이 많지만 업무의 성격은 단순하다.

⋮ SECTION 02 성공적인 기업가가 되기 위한 소양과 특성

60~70년대만 하여도 경영환경이 오늘날처럼 변화무쌍하지는 않았다. 그 당시만 하여도 기업가들은 좋은 생산시설과 조직체계를 잘 갖추고 성실하게 기업을 운영하면 큰 문제없이 기업을 이끌 수가 있었다. 그러나 오늘날과 같이 다국적화된 시장여건과 기술혁신이 급격하게 이루어지며 고객의 요구조건이 다양한 상황에서는 유형 설비자산보다는 기업가의 창의성과 기업이 보유하고 있는 지적자산의 가치여부가 기업의 성장과 생존을 판가름하는 경우가 허다하다. 따라서, 기업이 경쟁력을 갖추고 창업에 성공하기 위해서는 기업가는 남다른 능력과 노력을 구비하지 않으면 안 된다. 기업이 생존하기 위해서 기업을 이끌어 가는 기업가가 지녀야 할 소양 내지는 특성은 다음과 같이 크게 인적 특성, 기술적 특성 그리고 경영능력을 들 수 있다.

01 인적 특성

(1) 지속적인 개척정신과 노력: 변화관리와 혁신경영능력

기업가정신(entrepreneurship)이란 태어나면서 갖추어진 능력이 아니라 노력에 의하여 창출되는 것이 일반적이다. 태어나면서 기업가정신을 지닌 사람은 없다. 지속적인 정보수집노력에 의거하여 시대를 앞서나가는 사고를 끊임없이 하여 새로운 아이템을 찾아내고 사업에 성공한다는 집념과 믿음 그리고 인내는 기업가의 핵심요건이다. 성공한 기업인들은 사업의 성공에 대한 자신의 믿음을 확신시키고 사업에 대한 노력과 집념을 지속적으로 불사르기 위해 자기 나름대로 철학을 세우고 실

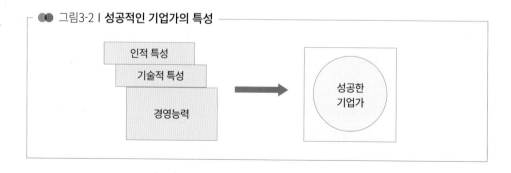

●◑ 그림3-2 | **성공적인 기업가의 특성**

천하기 위해 부단하게 노력해 왔다. 이러한 남과 다른 지속적인 개척정신과 부단한 노력이 변화관리와 혁신경영을 유인하여 조직목표를 달성할 수 있는 것이다.

다음은 기업개혁을 위한 하버드 대학교의 존 코터 교수 등이 주장하는 변화관리의 8단계 내용이다.

▣ 기업 개혁을 유도하기 위한 변화관리의 8단계

제1단계: 긴박감 조성
　　　　시장 및 경쟁상황 조사
　　　　위기, 잠재적 위기, 주요 기회 등을 인식하고 토론한다.

제2단계: 강력한 변화 추진구심체 구축
　　　　변화 노력을 이끌기에 충분한 힘을 가진 집단을 구성한다.
　　　　그 집단이 하나의 팀으로 협동 작업을 할 수 있도록 격려한다.

제3단계: 비전 창조
　　　　변화 노력을 이끄는 데 도움이 되는 비전을 창조한다.
　　　　비전 달성을 위한 전략을 개발한다.

제4단계: 비전 전달
　　　　새로운 비전과 전략을 전달하기 위해 가능한 모든 수단을 사용한다.
　　　　　변화 추진구심체의 예증을 통해 새로운 행동을 교육한다.

제5단계: 구성원이 비전에 따라 행동하도록 임파워먼트 추진
　　　　변화에 대한 장애물을 제거한다.
　　　　비전에 악영향을 미치는 시스템이나 구조를 변경한다.

제6단계: 단계적 성과를 위한계획수립 및 실현
　　　　가시적인 성과 향상을 위한 계획을 수립한다.
　　　　성과 향상을 실현한다.

제7단계: 달성된 성과 향상의 통합과 후속 변화의 창출
　　　　증진된 신뢰를 이용해서 비전에 맞지 않는 시스템, 구조, 정책을 변경
　　　　비전을 수행할 수 있는 인력을 고용, 승진, 개발한다.

제8단계: 새로운 접근방법의 제도화

기업의 성공과 새로운 행동 간의 연관성을 명문화한다.

리더십의 개발과 그 계승을 확실히 하는 수단이 개발한다.

다음은 세계적으로 성공한 기업가들이 사업에 대한 성공을 위해 새로운 신조들이다.[2]

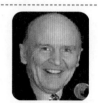

"훌륭한 경영인은 새로운 비전을 창출하고 구체화하며 자기 것으로 만들고, 이를 완성하기 위해 열렬히 그리고 끊임없이 추진하는 사람이다"

▶ GE의 창업가이자 회장, 잭 웰치(Jack Welch)

"끊임없이 새롭게 생각함으로써 새로운 아이디어가 나오고 이것이 기업이 도태되지 않고 성장할 수 있는 원동력이다. 다라서 경영자들에게는 미지의 세계를 탐구하는 끊임없는 개척정신이 필요하다."

▶ IBM의 창립자, 토마스 왓슨(Thomas J. Watson)

"항상 변화하라. 받을 수 있는 모든 교육을 받고 무엇인가를 하라. 한곳에 머물러 있지 말고, 일을 만들라. 시간을 잘 활용하고 싶다면, 먼저 무엇이 가장 중요한지를 알아야 하고 그 다음에는 자신이 가진 모든 것을 바쳐야 할 정도로 노력을 끊임없이 기울여야 한다."

▶ Chrysler의 회장, 리 아이아코카(Lee Iacocca)

"대부분의 사람들은 성공하기 직전에 포기하는 경향이 있다. 이들은 게임의 마지막 순간에 포기한다. 따라서 아무리 어려운 역경에 봉착하더라고 끝까지 밀고 나가는 인내력이 기업을 운영하는 경영자에게는 중요한 자질과 소양이다."   ▶ EDS의 창립자, 로스 페로(Ross Perot)

"인내하는 것보다 더 큰 성공요소는 없다. 인내력을 심지어 자연의 힘도 극복할 수 있다."

▶ Exxon Mobil의 창립자, 존 록펠러(John D. Rockefeller)

---

2) 매일경제신문, 2000년 3월.

"사업에 대한 지속적인 열의와 노력은 남녀 할 것 없이 성공의 가장 중요한 요소이다."

▶ Hilton Hotel의 창립자, 콘라드 힐튼(Conrad Hilton)

상기의 세계적인 기업가들의 경영신조나 경영철학을 보면, 기업가 내지는 경영자들이 갖추어야 할 자질 중에서 중요한 것은 새로운 것을 끊임없이 추구하고 변화를 두려워하지 않는 개척정신과 새로운 것을 구체화시키고 현실화시켜서 사업의 성공으로 이끄는 인내와 노력을 손꼽고 있다. 따라서, 기업가들이 갖추어야 할 가장 중요한 요소 중 하나는 개척정신과 노력임은 틀림없는 사실이다.

(2) 기업가 경험과 경륜(Careers): 지식경영능력의 핵심

진정한 기업가들은 한 사업에서 터득한 경험을 절대로 간과하지 않고 다른 사업에 진출하고 개척하는 발판으로 활용한다.

기업가정신 그 자체가 기업가 경험이다. 수익이나 성장만을 위하여 사업을 경영하기보다는 자신의 기업을 또 다른 사업분야나 모험사업분야에 진출하거나 경영하기 위한 도약판 내지는 출발점으로 활용하는 과정을 반복하는 기업가정신 원리를 일명 통로원리(Corridor Principle)라고 한다. 이 원리는 하나의 사업 개시는 또 하나의 통로 내지는 골목길로 들어가는 것과 유사하다는 데에서 명명되었다. 자신의 경험을 여타 사업의 진출발판으로 십분 이용할 줄 아는 사업가들이 신규 사업분야(통로)로 들어갈 때, 이들은 새로운 사업분야에 진출할 수 있는 또 다른 새로운 통로를 지속적으로 찾게 된다. 만약 이들이 첫 번째 사업영역(통로)에 들어가지 않으면 다른 사업영역을 결코 경험할 수 없게 된다. 일단 이들이 통로를 찾는 길(방법)을 터득하게 되면, 이들은 이 분야를 **지속적으로 탐색하는 전문적인 기업가**(Serial Entrepreneurs)로 변신하게 된다.

지속적으로 탐색하는 전문적인 기업가(Serial Entrepreneurs)란 인생을 살아가는 동안에 여러 유형의 사업을 찾아내고 기업을 경영하는 기업인을 의미한다. 이러한 유형의 기업인들은 쉴 새 없이 새로운 사업분야를 찾아내고 개척하며 기업경영을 천부적으로 좋아하는 평생경영인 스타일을 지니며, 시장에 신제품 출하를 지속적으로 하기를 좋아한다. 또한 이들은 **돈버는 것**(수익성) **자체에 목적을 두기보다는 새로운**

사업의 창출 자체에 목적을 두는 경우가 많다. 이러한 통로원리를 실증연구 한 로버트 론스타트의 연구에 의하면, 수많은 창업기업가들은 하나의 기업 창업에 그치지 않고 창업과 사업 경험을 발판으로 여러 사업에 손을 대고 있음을 보여 주고 있다.[3] 1차 창업자들은 사업경험을 토대로 사업기회를 학습하게 되고 2차 창업을 하게 되며 새로운 이익을 얻게 된다. 이러한 연속적인 창업은 신규창업에 비하여 심리적 부담감이 감소하고 창업관련지식도 증대되어 그만큼 창업이 용이해진다. 1차 창업의 성공여부와 관계없이 새로운 사업기회가 발견되면 이를 추구하는 것이 기업가의 생리이다.

한 사업 수행에서 축적된 경험과 노하우에 활용하여 새로운 사업을 개척하는 것이 진정한 사업가이며 지식경영인이다. 현대는 지식경영시대라고 한다. 예전에는 기업경영을 하는 데 공장이나 생산시설과 같은 물적자본이 중요한 경영자산이었지만 오늘날에는 이러한 물적자본보다는 창의적인 사업 아이디어나 사업에 대한 특정한 지식이나 경험 및 회사의 고유 브랜드와 같이 눈에 보이지 않는 인적자본이나 기업가치(일명 지식자본 내지는 지식자산이라고 함)가 보다 중요하고 훨씬 가치가 있다. 이러한 지식자산을 효율적으로 관리하여 기업의 경쟁력에 활용하는 경영을 지식경영이라고 한다. 따라서 오늘날과 같이 하드웨어보다는 눈에 보이지 않는 소프트웨어를 중시하는 지식경영시대에 있어서 경영자가 기업경영에서 획득한 경험과 노하우는 대단히 중요한 자산이며 이를 새로운 가치창출에 활용하는 경영자만이 진정한 경영인이고 기업가인 것이다.

(3) 성취욕구(목표달성 욕구): 변화리더의 조건

기업가가 지녀야 할 중요 인적 특성 중 하나는 성취욕구이다. 치열한 경쟁적 상황에서 사업에 성공하거나 기업을 성공적으로 이끌기 위해서는 무엇보다도 당해 사업분야에서 제일이 되겠다는 성취욕구가 중요하다. 성취욕구가 강한 기업가들은 자신들의 목표달성에 대한 강한 책임의식을 느끼며, 스스로 어려운 목표를 설정하고 설정된 목표를 달성하기 위해서 치밀한 계획과 실행방안을 강구하고 성과에 대한 통제 내지는 점검을 치밀하게 수행한다.

데이비드 맥클리랜드(David McCleland)는 인간 욕망을 크게 권력욕구, 친화적 욕구 그리고 성취욕구로 분류하고 있다. 기업가들은 불확실한 미래 기업 상황에서 설정된

---

3) Robert Ronstadt, "The Corridor Principle," *Journal of Business Venturing 3*, 1988, pp.31−40.

목표를 달성하기 위해서는 끊임없이 노력하여야 하며 이들의 노력성과 정도에 의거하여 사업의 성공여부가 결정되기 마련이다.

또한 기업가들은 비록 달성하기 어려운 도전적인 목표라 하더라도 어떠한 접근방법으로 달성이 가능한지를 스스로 사업경영을 통하여 터득하게 되며, 일단 설정한 목표가 달성되면 새로운 목표를 끊임없이 설정하여 성취하려는 노력을 지속하여야 한다.

20세기 경영의 아버지라고 일컫는 피터 드러커 교수는 경영의 첫 번째 과업을 조직의 목표를 달성하는 것으로 말하고 있다. 조직의 목표를 달성하는 과업은 그 조직이 영리조직인가 아니면 비영리 조직인가에 따라 다르다. 각각의 과업들은 서로 비슷하다. 그러나 경제적 성과를 달성하는 것은 오직 기업만의 특수한 사명이며 목표인 것이다. 만일 기업을 정의하고자 한다면, '경제적 성과 달성을 목적으로 하는 존재'가 될 것이다. 기업 이외의 모든 조직들, 예를 들면 병원, 교회, 대학, 또는 군대에 있어 경제적 측면은 제약조건으로 한다. 하지만 기업에 있어서는 경제적 성과 달성이 존재 이유이자 목표인 것이다.

경영의 두 번째 과업은 조직의 생산성을 높이는 것이다. 기업이 보유하고 있는 오직 단 하나의 진정한 자원은 바로 사람이다. 모든 조직은 인적 자원을 더욱 생산적으로 만듦으로써 성과를 달성할 수 있다. 그러므로 작업의 생산성을 높이는 것은 모든 조직의 본질적인 기능이다.

경영의 세 번째 과업은 조직의 사회적 책임을 이해하는 것이다. 기업은 근로자와 경영자들에게 일자리를 제공하거나 혹은 주주들에게 배당을 나누어주기 위해서라기보다는 고객에게 재화와 용역을 제공하기 위해 존재한다. 병원은 의사와 간호사를 위해 존재하는 것이 아니라 병이 완치되기를 소망하는 환자들을 위해 존재한다. 심리적으로도, 지리적으로도, 문화적으로도 그리고 사회적으로도 조직은 지역사회의 한 부분이다. 이처럼 경영자라면 기업의 나아갈 방향이나 사명 등과 같은 조직목표를 분명하게 설정하고 이를 성취하고자 하는 욕구와 노력을 반드시 갖추어야 할 것이다.

(4) 독립심(사업의 독자경영야심): 자아신뢰감을 기반으로 기업의 핵심가치 형성요인

기업가들은 다른 사람들로부터 끊임없는 독립을 추구한다. 대부분의 기업가들은 규모가 크고 잘 정비된 조직(관료화된 조직)에 만족하지 않고 변화를 추구하는 경향이 강하다. 기업가들은 자신의 능력에 남달리 강한 자신감과 신뢰감을 보이는 내적 속성을 지니고 있다.

처음부터 기업을 설립한 기업가들은 드물다. 대부분의 기업가들이 처음에는 어느 정도 조직규모도 있는 기업에 입사하여 그 기업조직에 적응하며 특정 사업분야를 익히게 된다. 그러나 기업가정신이 강한 사람들은 변화와 모험을 좋아하고 스스로 독립적으로 새로운 사업을 경영하고자 하는 독립심이 강하기 때문에 독립하여 새로운 사업분야를 개척하게 된다. 이러한 독립심은 실패를 두려워하지 않고 이를 수용하고 소화해 낼 수 있는 자신에 대한 강한 자신감 내지는 자아 신뢰감 없이는 실행될 수가 없다.

세계적인 컴퓨터 바이러스 백신회사를 설립하여 성공한 CEO 안철수는 **기업의 핵심가치는 기업 구성원의 공통된 가치관이자 신념이며 존재이유**라고 설명하고 있다. 핵심가치가 분명하게 정립되고 신념화된 기업은 조직의 발전뿐만 아니라 개개인에게 유무형의 성취감을 줄 수 있으며 지치지 않는 발전을 가능하게 한다. 또 이상적인 핵심 가치는 생계수단 이상의 가치를 개개인에게 줄 수 있으며, 기업이 위기에 처할지라도 그것을 극복할 수 있는 영원한 힘이 된다. 회사는 개개인이 모여서 이루어진 조직이다. 그런데 개인이 가지고 있는 가치관이나 인생의 목적은 저마다 다르고 그 방향도 다르다. 회사가 영속적으로 발전하려면 이 방향을 조절하여 같이 한 목소리로, 한 지점을 향해 나갈 수 있게 맞추는 작업이 필요하다. 이러한 방향을 제대로 잡는 데 꼭 필요한 것이 핵심가치이다. 기업은 사람과 같이 살아있는 유기체이며, 사람이 나름대로 가치관을 가지고 살아야 조화로운 삶을 살 수 있는 것처럼 기업도 뚜렷한 가치관이나 독자적인 신념을 지녀야만 생명을 이어간다. 가치관을 가진 사람이 존재의 의미에 충실할 수 있듯이 기업도 타 기업이 흉내낼 수 없는 기업 나름대로의 독특한 가치관 내지는 신념이 있어야 그 기업의 존재의미에 충실할 수 있다.

■ **자아 신뢰감**(Self-Confidence): 오늘날과 같이 불확실한 환경에서 새로 기업을 창업하는 데는 많은 불확실한 요인들이 내재되어 있기 때문에 기업창업 그 자체가 모험이며 위험을 감수하는 행위이다. 이러한 모험에 뛰어들기 위해서는 사업수행에 대한 강한 자신감과 자신에 대한 신뢰감이 없이는 결코 사업을 성공적으로 이끌 수가 없다. 이러한 자아 신뢰감 내지는 자신감은 자신에 대한 강한 믿음으로서 이는

사업수행에 있어서 위험을 극복하고 사업을 성공적으로 이끌 수 있는 원동력이다. 새로운 사업을 개척할 경우에는 성공할 수도 있지만 실패할 수도 있다. 실패에 대한 두려움 때문에 사업을 시작하지 못한다는 것은 경영자로서 자질이 없다. 실패를 두려워하지 않고 상업성공의 발판으로 삼을 수 있는 강한 자신감과 독립심이야말로 기업가로서 성공할 수 있는 중요한 자질이라고 볼 수가 있다.

다음은 이에 대한 세계적인 기업가들의 일언이다.

* 세계적인 패션의류전문회사인 갭(Gap)회사의 밀라드 드렉슬러(Millard Drexler) 회장은 경영자들은 위험을 감수하지 않고 회사를 운영할 수 없다고 단언하고 있다.

* JC페니회사의 창립자인 JC 페니(J.C. Penny)회장이 회사를 운영하면서 자신이 느꼈던 점에 진술한 말을 요약하면 다음과 같다. "내가 처한 모든 문제에 감사한다. 나는 한 문제를 극복하고 나면 자신이 더욱 강해지는 것을 느끼고 앞으로 극복해야 하는 문제들을 더 잘 대처할 수 있게 된다. 나는 어려움 속에서 성장했다."

* 페더럴익스프레스회사의 창립자인 프레데릭 스미스(Frederick Smith)회장의 경영신조는 "실패에 대한 두려움은 시도하지 못하는 이유가 될 수 없다" 이다.

* 세계적인 유통전문회사인 월마트회사의 창립자인 샘 월튼(Sam Walton)회장은 훌륭한 경영자가 되기 위한 조건으로 다음과 같이 한마디로 꼽고 있다. "훌륭한 기업가는 종업원들의 자존심을 부추기기 위해 열심이어야 한다. 자신에 대한 믿음을 가진 사람들이 성취할 수 있는 것은 대단히 크다."

* 나이키회사의 창립자인 필립 나이트(Philip Knight)회장은 미국이 겪는 어려움은 우리가 너무 많이 실수를 해서가 아니라, 실수를 너무 하지 않기 때문이라고 단언하고 있으며 실수에 대한 수용능력과 이에 대한 적절한 대처능력을 중시하고 있다.

* 소니회사의 아키오 모리타회장도 "실수를 두려워하지 말라. 그러나 똑같은 실수를 다시 하지 않도록 하라"로 단언하고 있다.

* 애플컴퓨터회사의 존 스컬리(John Sculley)회장은 "내 자신의 실수로 얻는 것이 성공에서 배우는 것보다 많다는 것을 안다. 만약 자신이 실수를 하지 않는다면, 충분한 기회를 갖지 못했다는 것이다"라면서 역시 실수와 위험에 대한 감수능력을 중시하고 있다.

* 포드자동차회사의 창립자인 헨리 포드(Henry Ford)의 명언 중에는 "실패는 이성적으로 다시 시작할 수 있는 기회이다"라는 말이 있다.
* 레이 크록(Ray Kroc), 맥도날드 회장은 "부유할 때 원칙을 가지기는 쉽다. 중요한 것은 가난하고 어려울 때 원칙을 가지는 것이다" 라고 했다.

02 전문적인 지식과 능력(기술적인 역량 또는 기술개발능력)

기업가들은 자신들이 경영하는 사업과 관련하여 때로는 특출한 사업역량을 발휘하고 있다. 가령, 자동차 판매회사를 경영하는 기업인(딜러)들은 회사 문을 열기 전에 이미 자동차 판매전략과 대고객 서비스에 대해서 상당히 많은 정보나 지식을 알고 있어야 많은 자동차를 팔 수가 있다. 이러한 전문적인 지식과 능력은 특히 성장속도와 기술혁신이 빠르게 진행되는 컴퓨터산업분야에서는 더욱더 중요하다.

데이비드 필로와 제리 양이 세계 최대의 인터넷 검색엔진인 야후(Yahoo)의 소프트웨어와 데이터베이스를 개발하기 시작한 것은 스탠포드 대학에서 전자공학 박사과정을 수료하는 시점이었다. 박사과정학생 신분으로서, 그들은 자신들이 좋아하고 관심 있는 모든 웹사이트를 체계적으로 추적하는 것부터 이 시스템 개발을 시작하였다. 그들이 작성한 사이트 리스트는 주체할 수 없을 정도로 많아져 이러한 사이트 리스트를 보다 효율적으로 검색하고 편집할 수 있는 검색엔진의 필요성을 느끼게 되었다. 이들은 모든 인터넷 사이트를 분류하고 정리할 수 있는 소프트웨어와 재료를 체계화하는 검색엔진인 야후를 개발하게 되었다. 만약에 이들이 소프트웨어와 데이터베이스 구축에 대한 전문적인 지식이 없다면, 아무리 인터넷 사이트를 효율적으로 검색할 수 있는 검색엔진의 필요성을 느꼈더라도 야후를 개발하지 못했을 것이다. 훌륭한 기업가가 되기 위해서는 성취욕구나 자신감만으로는 되지 않고 이를 뒷받침할 수 있는 전문적인 지식이나 능력이 수반되어야 한다.

03 경영능력: 전문경영인이 되기 위한 능력

창업에 성공하기 위해서는 단순히 자신감이나 노력만으로 되지 않는다. 경영자로서 전문적인 능력으로 보유하고 있어야만 창업에 성공을 거둘 수도 있고 전문경영인도 될 수가 있다. 성공한 기업가는 여타 기업가들이 간과하는 시장기회를 발견할 줄 알며, 발견한 기회를 어떻게 잘 개발하고 활용할 것인가를 알고 있는 사람들이다. 이들은 스스로 시장흐름에 어떻게 대처할 것인가를 잘 터득하고 있다. 이러한 의미에서 이들은 혁신적이고 창조적이라고 볼 수 있다. 시장의 변화방향을 보다 정확하게 예측하여 다른 사람들이 대처하기 전에 먼저 시장변화에 대처하고 준비한다. 때로는 기업가들이 신제품을 개발할 능력을 보유하기 때문에 성공한다고 하지만 최근의 기업가에 대한 사례연구에서 보면 항상 그렇지는 않다. 기업가로서 성공여부는 시장에 완벽한 신제품의 출하능력보다는 고객요구에 부응하는 고품질의 제품 및 서비스를 어떻게 적시에 제공하는가에 더 관련되는 경우가 많다. 이에 대해서 미국의 유명한 아이스크림 제조회사를 성공적으로 이끌었던 벤 코헨과 제리 그린필드의 성공사례를 소개하면 다음과 같다.

이들은 1978년 펜실베니아주에서 벤과 제리라는 아이스크림을 제조하여 5달러에 판매하기 시작했다. 판매량을 증대시키기 위해서 기존의 아이스크림과 다르다는 것을 고객들에게 주지시키는 차별화전략을 추진하였다. 즉, 아이스크림에 과일을 첨가한 슈퍼 프리미엄 아이스크림을 고안하여 폭발적인 매출신장을 기록하였다.

이처럼 새로운 아이디어를 사업에 구체화시키는 철저한 계획화능력과 고객이 무엇을 원하는지 정확하게 예측할 수 있는 경영능력이 이들의 사업을 성공으로 이끌 수 있는 첩경이 되었다.

또한 미국기업의 경우 신규사업의 60% 내지는 70% 정도는 10년 정도는 유지될 수 있지만, 모든 신규 사업이 성공하는 것은 아니다. 매년 수많은 기업가들이 사업을 중단하고 벤처 기업가들 중 상당수가 자금압박을 받고 있는 것으로 나타나고 있다. 기업의 경영능력을 평가하는 전문신용평가기관에 의하면 수많은 부도기업들의 경영부실이 되는 주요 요인으로서, 경영자들의 경영능력미비와 노력 부족을 꼽고 있다. 창업 시에는 주당 60시간 이상 사업에 전력하는 것이 사업성공의 첩경이라고 말하고 있다. 대개의 경우, 경영자의 리더십부재는 매출감소와 사업쇠퇴의 주요 요인으로 작용하고 있다.

한편, 기업운영에 실패한 기업가로부터 나타나고 있는 공통적인 특징 중의 하나

는 기업확장에 대한 치밀한 계획과 준비를 소홀히 하고 있다는 점이다. 이들은 자신
들의 역할이 기업환경과 조직변화에 적절하게 변화해야 한다는 점을 간과하는 경
우가 허다하다. 즉, 조직규모가 커짐에 따라 경영관리범위도 커지므로 기업관리는
기업가 혼자로는 불가능해지고 팀조직에 의거할 수밖에 없고 이에 따라서 경영관
리스타일도 이에 맞도록 상황적응적이어야 한다. 기업가들은 처음에는 기업창업자
에서 출발하지만 점차로 규모가 큰 경영관리자, 조직운영자로서의 역할을 충분히
수행해야 하므로 이에 맞는 리더로 변신해야 하고 팀조직에 의해 조직이 운영될 때
에는 서로 다른 역할 수행에 적절한 능력이 요구되고 있다.

(1) 전략수행능력

오늘날 급속도로 변화하는 기업환경에서 기업이 생존하기 위해서는 주어진 자
원을 적재적소에 투입하여 성과를 극대화하여야 한다. 이처럼 제한된 자원을 선택
하여 이익을 극대화할 수 있는 사업기회에 집중하여 투자하는 선택과 집중원리에
입각하여 경영하는 것을 전략경영이라 한다. 기업가들이 성공하기 위해서는 무엇보
다도 먼저 사업기회를 적시에 잘 포착하고 이러한 기회를 실제로 잘 활용할 수 있
는 능력이 절대로 필요하다. 기회와 행운은 기업성공을 위한 중요한 필요조건이지
만, 기회와 행운을 잘 활용하기 위한 치밀한 전략수행능력이야말로 기업성공에 대
단히 중요하다. 미국에서 경영전략을 성공적으로 수행하여 기업을 급속도로 성장시
킨 대표적인 기업가(CEO)들의 경영전략수행의 특성은 다음과 같다.

① 시장점유율을 높일 수 있도록 최상의 품질을 지닌 제품과 서비스 창출능력
② 경쟁기업들보다 먼저 시장에 신제품과 서비스를 출하하고 선점할 수 있는 능력
③ 시장평균 이상의 가격수준에 부응하는 제품 및 서비스 창출능력
④ 연평균 20 % 이상 수익을 증대시킬 수 있는 신제품 및 서비스창출능력
⑤ 연평균 30 % 이상 수익을 증대시킬 수 있는 신규 고객 창출능력
⑥ 기업의 지리적인 시장망을 확대시킬 수 있는 고도의 판매역량을 극대화할 수
  있는 마케팅관리 능력
⑦ 기업의 재무적 통제능력
⑧ 기업의 장기목표를 실행가능한 전략과의 연계능력

상기 내용들은 실제로 성공한 기업가들이 수행한 전략들이지만 이러한 전략들

을 기업창업초기부터 목표로 삼을 필요는 없다. 이러한 전략들은 기업가들이 행하는 일상적인 경영활동과정 중에서 자연스럽게 표출되는 경우가 허다하다. 상기의 전략수행능력들은 기업을 확대하고 성장시킬 수 있는 경영능력으로서, 기업가들은 밤낮을 가리지 않고 지속적으로 활동해야 달성될 수 있다. 따라서, 고객을 만족시키고 기업목표를 달성시키기 위해서는 보다 분명하고 구체적인 계획의 수립과 더불어 발생가능한 상황에 효율적으로 대처할 수 있는 다양한 접근방법과 의사결정을 터득하는 것이 대단히 중요하다.

(2) 계획화와 경영관리능력

예기치 못한 상황이 발생할 경우 계획수정은 불가피하며 기업경영활동에서 이러한 예기치 못한 상황은 빈번하게 발생되기 마련이므로 적절한 경영계획 수립능력과 편성된 계획의 관리능력은 대단히 중요하다. 성공한 기업가들의 80% 이상이 스스로 경영계획을 편성하고 있으며 계획기간은 주로 3년이다. 편성뿐만 아니라 편성된 계획의 효율적인 관리가 중요한데 이를 위해서는 계획을 실제로 실행하는 스탭(임원)진의 역할이 중요하다. 대체로 성공한 기업가들은 월별 또는 분기별로 계획대비 실적에 의거한 경영보상과 연계되어 있으며, 또한 종업원에 대해서도 계획에 대비한 보다 효율적이고 정확한 직무성과평가기준을 마련하는 것도 중요하다. 계획대로 실제로 실적이 이루어지는 것은 아니지만 구체적이고 면밀한 계획수립과 이러한 계획이 수행되도록 하는 관리능력여부는 기업의 성장에 중요한 영향을 미치는 것은 주지의 사실이다. 특히, 연륜이 적은 기업일수록 계획수립에 참고할 만한 정보미비로 예기치 못한 시장변화에 계획수립과 관리가 대단히 중요하지만, 적절한 경영계획수립과 관리가 상대적으로 어렵다.

야후의 기업확장계획 편성사례

① 창업 초년도 계획: 기업인프라(기업기반을 다지기 위한 자본, 기술 그리고 인적자원) 구축에 투자
② 창업 차년도 계획: 시장확보를 위한 광고전략에 투자
③ 창업 차차년도 계획: 매출증대를 위한 판매촉진과 마케팅관리에 투자

(3) 팀워크능력

　성공한 기업가들은 대단히 부지런하고 과업지향적이다. 그러나 효과적인 팀워크가 결성되지 않고는 기업성장에는 한계가 있다. 기존의 피라미드식 계층적 조직은 하위관리자의 능력은 무시한 채 상위관리자의 지휘 및 통제중심의 조직이었다. 시장의 경쟁정도가 심하지 않고 소비자의 요구수준이 다양하지 않는 과거에는 이러한 조직이 효율적으로 움직였다. 그러나 오늘날과 같이 기업이 직면하고 있는 시장이 글로벌화되고 소비자의 요구수준이 다양하고 정보통신기술의 급속한 발전과 더불어 신제품·신기술 개발압력이 큰 경쟁적인 환경에서는 하위관리자나 타 부서의 협조를 무시하는 기존의 관료조직은 적응력이 떨어진다. 시장변화에 적절히 대처하기 위해서는 부서나 하위관리자를 막론하고 창조적인 아이디어와 능력을 집중시켜야 한다. 따라서, 오늘날 기업조직은 과거의 계층중심의 피라미드조직에서 팀별 조직으로 전환되고 있다. 이러한 조직변화로 경영자들은 과거에는 잘 짜여진 관료조직 내에서 위임받은 권한과 책임을 행사하면 자신의 소임을 다 하는 것이지만, 오늘날 팀별 조직에서는 상황변화를 즉각 파악하고 상황변화에 잘 대처할 수 있도록 최적의 팀워크를 구축할 수 있는 능력을 보유하고 있어야 한다.

　이러기 위해서는 조직 구성원의 능력과 자질을 평소에 잘 파악하고 있어야 하며, 구성원들간의 친밀도, 소집단 형성여부 등에 대해서 늘 주목하고 있어야만 필요할 때 적시에 팀을 구성할 수 있고 관리할 수 있다.

(4) 리더십과 의사소통능력

　오늘날과 같이 급박하게 변하는 상황에서는 피라미드식 경직화된 조직보다는 팀 위주의 탄력적인 조직형태가 적합할 경우가 많다. 이처럼 조직이 신축적이고 유동성이 많을수록 부서 간 또는 개인 간의 의사소통채널이 그 어느 때보다 빈번하게 이루어져야 한다. 원활하고 신뢰를 바탕으로 한 의사소통여부는 조직목표달성에 중요하다. 조직구성원의 창의력과 능력이 최대한도 발휘될 수 있도록 하기 위해서 조직이 탄력적으로 변할 때 조직부서간 구성원간 의사소통상의 여러 문제점과 갈등이 더 많이 발생한다. 따라서, 의사소통상의 갈등과 문제점들을 적절히 해소하기 위해서는 그 어느 때보다도 경영자의 리더십이 요구된다. 의사소통상의 갈등과 문제점들을 해소하는 데는 단순한 조정과 지시나 권위로는 해결되지 않고 부서와 조직구성원이 이해하고 납득해야 한다. 이러기 위해서 조직의 각 부서와 구성원들이 조직목표와 경영자의 경영전략과 방침 등을 충분히 이해하고 자율적으로 따를 수 있는 신뢰관계가 형성되어야 한다. 경영자는 조직 내의 의사소통의 핵심적 리더로서 자질을 갖추어서 부서나 구성원이 자신의 능력과 창의력을 충분히 발휘하고 조직목표에 기여할 수 있도록 해야 한다. 오늘날 초일류 기업이 되기 위해서는 경영자는 종업원이 자율적으로 성과를 달성할 수 있도록 리더십을 발휘하여야 한다. 이를 위해서는 부서간 내지는 종업원간 갈등을 치유할 수 있는 신뢰를 바탕으로 한 인간관계와 의사소통채널을 구축하여야 한다.

SECTION 03 기업가정신과 창업

01 기업가정신의 의의와 구성요소

슘페터(J.A Schumpeter, 1934) 이후 기업가정신은 본격적으로 연구되기 시작하여 다양하게 정의되고 사용되어 왔다. 이러한 연구 방법들은 크게 4가지, 즉 경제학적, 사회문화적, 심리학적, 경영학적 접근 방법으로 분류할 수 있다.

경제학적 접근방법은 기업가의 행동이 경제에 미치는 영향을 다루고 있다. 대표적으로 슘페터는 기업가정신을 기존의 경제적 균형을 파괴하는 요소로 보았다. 그 후 경제학 및 산업정책론적 입장에서 기업가정신은 노화된 사회 경제의 갱신, 사회 경제의 새로운 성장력 제고 등 핵심요인으로 주목받고 있다.

사회문화적 접근 방법은 기업가의 출현을 사회문화적 토대 위에서 관찰하며, 사회문화적 요소가 기업가정신의 특징을 부여하는 결정적 요인이라고 보는 관점이다. 한발 더 나아가 기업가정신을 자본주의 사회를 탄생시키고 발전시킨 원동력으로 간주한다.

심리학적 접근방법은 기업가정신 자체에 대한 연구보다는 기업가의 심리적 특징이나 행동을 행동과학적으로 접근하는 방식이다. 즉, 기업가는 남들과 다른 특징을 가지고 있다는 것을 전제로 기업가와 경영자 사이의 특성을 비교하는 연구가 대부분이다. 하지만 이러한 방식은 특정 기업가 개인에 대한 연구이지 기업가정신에 대한 연구는 아니기 때문에 학문적 방법이라 볼 수 없으며 실패한 방법으로 간주한다.

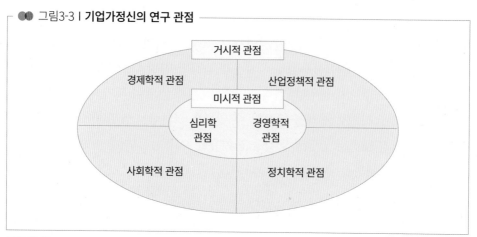

●● 그림3-3 | 기업가정신의 연구 관점

출처: 김진수, 2012, p.51.

마지막으로 경영학적 접근 방법은 조직 이론적(Managerial Approach) 접근을 의미한
다. 기업가정신을 기업가의 개인적 현상에 국한하지 않고 조직내부의 구성원들이나
하부 부서 또는 조직 전체 수준의 경영활동 및 성과를 포함하는 조직현상으로 접근
하는 연구방법이다. 기업가 개인 차원의 기업가정신과 조직 차원의 기업가정신을
비교해 정리해보면 <표 3−1>과 같다.

밀러(Miller)는 기업가적 특성으로 혁신성, 위험감수성, 진취성을 강조하였다. 이후
코빈과 슬레빈(Covin & Slevin), 자라(Zahra), 그리고 제닝스와 럼프킨(Jennings & Lumpkin)과 같

●● 표3-1 | 개인차원의 기업가정신과 조직차원의 기업가정신

구분		개인차원의 기업가정신	조직차원의 기업가정신
차이점	개념 정의	개인적 기질, 특성, 행동, 역할에 초점	조직과정, 전략적 특성, 조직 구성원행동, 사내 벤처링 창출과정
		미래예측과 위험감수의지, 기회포착, 창조적 혁신자, 불확실성 인내	조직혁신, 위험감수, 경영관리과정, 전략적 지향성, 기업가정신은 어떤 조직에서든지 가능한 경영과정
	연구 대상	기업가, 설립자, 창업가	벤처기업, 신규창업기업, 대기업, 사내벤처팀과 구성원
공통점	과정	혁신성, 위험감수성, 진취성, 생산적 요소의 새로운 조합을 발견하고 촉진하는 활동으로 기업가와 기업 조직의 새로운 조합을 수행하는 활동	
	결과	새로운 가치 창출, 기존 시장의 창조적 파괴, 시장불균형상태의 해소, 신조직 탄생, 생존, 성장	

출처 : 이춘우(1999), 조직앙뜨라프러뉴십의 역할과 조직성과, 서울대학교 박사학위 논문.

●● 표3-2 | 기업가정신 구성차원의 개념적 정의

차원	개념적 정의
혁신성 (innovativeness)	새로운 제품과 서비스, 그리고 프로세스 개발을 목표로 한 실험과 창조적 프로세스를 통한 새로운 것을 기꺼이 하려는 마음
위험감수성 (risk taking)	예측 가능한 결과의 조직 없이 실행하는 의사결정 활동, 위험을 감수하는 벤처프로세스에서 구체적인 지원의 몰입을 포함하는 실행
진취성 (proactiveness)	미래 수요를 예측하고 기회를 포착하는 통찰력을 가진 진취적 특성
자율성 (autonomy)	개인이나 팀이 독립적으로 움직이는 기업가적인 감각, 조직의 관료주의를 탈피하여 새로운 가치와 아이디어를 추구하는 기업가적인 독립성
경쟁적 공격성 (competitive aggressiveness)	시장에서 경쟁사를 압도하기 위해 직접적이고 집중적으로 경쟁하려고 하는 성향

출처 : Dess and Lumpkin(2005); Covin and Slevin(1991); Lumpkin and Dess(1996); Miller(1983)

은 학자들이 기업가정신에 대한 연구를 진행시켜 왔으며, 기업가정신의 구성개념을 다양하게 제시하였다.

02 창업의 의의

창업은 협의의 창업과 광의의 창업으로 구분하여 정의할 수 있다. 먼저 협의의 창업은 새로운 기업조직을 설립하여 경영활동을 수행하는 것을 의미한다. 제조업의 경우 독립된 기업실체를 설립하여 경영활동을 수행하는 것이다. 한편 광의의 창업은 새로운 제품을 생산하거나 서비스를 제공할 목적으로 기업조직을 설립하거나 사업부 또는 사내 팀 조직 등으로 새로운 경영활동을 수행하기 위해 다각화하거나 변신하는 것도 포함하는 개념이다.

창업의사결정은 보통 위험이 따르는 불확실성하에서 이루어지는 것이 특징이다. 창업시에는 다양한 종류의 자원이 필요하다. 창업은 본래 위험부담의 속성을 지니고 있는데 이는 불확실성과 위험에서 의사결정이 이루어지는 과정을 거치기 때문이다.

03 창업의 동기

창업의 동기는 다음과 같다. 첫째, 경제적 동기는 이윤동기라고도 하는데 이는 돈을 벌기 위해서 즉, 이윤을 추구하기 위해 창업을 하는 경우가 이에 해당된다.

둘째, 개인적 동기는 자아실현 동기로 개인의 자아를 실현하고자 하는 의도, 즉 개인적 동기에서 창업을 하는 것이다.

셋째, 사회적 동기는 사회적 책임을 구현하는 것으로 자신의 능력을 발휘해 기업을 성장시키고 사회적 책임을 다해 사회에 봉사하려는 의도에서 창업이 이루어지는 것이다.

넷째, 전략적 동기로 새로운 사고나 개념을 상업화 등 개인의 생각이나 아이디어를 상업화하려는 모험정신의 발현이 동인이 되어 창업을 하게 되는 경우를 말한다.

04 창업의 요소와 창업전략

창업의 요소는 다음 세 가지로 구성된다. 첫째, 창업자(start-up entrepreneur)로 창업과정을 주도하는 주체로서 창업계획을 세우고 이에 따른 위험을 부담하며 창업과정이 성공적인 기업경영으로 이어지도록 하는 책임을 맡게 되는 것이다. 둘째, 창업아이디어(business idea) 로 구체적인 사업아이디어로서 창업을 통해 어떤 제품이나 서비스를 고객에게 제공할 것인가에 관한 사업 내용을 의미한다. 마지막으로 창업자원(business resources)으로 창업아이디어를 구체적인 상품이나 서비스로 변환하는 데 필요한 자본, 기술, 기계 또는 설비, 재료 및 부품, 건물 등과 같은 자원이 필요하다.

창업전략은 신설창업전략과 기존 기업인수전략으로 나눌 수 있다. 이들의 정의, 장점, 단점은 다음과 같다. 첫째, 신설창업전략(starting a new business)은 간단히 기업가가 새로운 기업을 설립하는 것을 의미하며 이 전략의 장점은 제품 및 서비스, 입지, 설비, 공급자 등과 관련된 의사결정이 자유롭고 기존 기업과 비교해 볼 때 법률조항 및 설립절차 등이 훨씬 용이한 측면이 있다. 반면에 단점은 자금조달 및 신용확보가 곤란하고 경영활동을 효과적으로 지원할 조직구조설계가 쉽지 않다. 또한 경쟁기업이 대상지역에 이미 진출한 경우 충성도 높은 고객 및 유능한 종업원을 확보하기가 어렵다.

둘째, 기존기업 인수전략(purchasing an established business)은 기존 기업을 인수하여 사업을 시작하는 것으로 이 전략의 장점은 인수대상 기업에 대한 철저한 분석과 함께 세심한 주의를 기울여 인수하게 되면 상당히 많은 혜택을 누릴 수 있다. 반면에 단점은 인수대상 기업을 잘못 선정하는 경우 나쁜 평판 및 이미지, 낡은 설비, 쓸모 없게 되어 버린 재고품, 불리한 계약 등을 부담할 가능성도 존재한다. 따라서 본인에 상황에 적합한 전략을 채택하는 것이 필요하다.

05 창업의 과정

창업의 과정의 첫 번째 단계는 창업 아이디어 개발단계로 창업의 성패를 좌우하는 출발점으로 소비자의 충분한 구매욕구 즉, 소비자를 만족시킬 수 있는 사업아이디어를 발굴하는 것이다. 기존 제품이나 서비스의 탐색으로 다른 기업에서 적용하는 제품 및 서비스를 그대로 또는 변형시켜 자사에 알맞게 응용시켜 보는 아이디어 탐색법이 있고, 새로운 제품이나 서비스의 탐색으로 기존제품으로 소비자의 욕구를 충족시키지 못할 경우 기존제품을 변형하든지 새로운 제품이나 서비스를 탐색하는 방법이 있다.

두 번째 단계는 사업 타당성 분석 단계로 사업아이디어를 평가할 기준을 마련, 구체적인 사업계획을 수립하는 기초 아이디어를 선별해야 한다. 이를 위해 시장분석 (market analysis)으로 예상매출액과 같은 목표시장의 크기 및 제품에 대한 수요 추이, 성장잠재력 등을 분석하는 방법, 제품분석 (product analysis)으로 제품 품질, 특정 제품의 경쟁우위, 대체품, 제조가능성, 시설 능력 등을 평가하는 방법 그리고 수익분석으로 시장분석과 제품분석을 바탕으로 아이디어의 경제적 가치와 예상되는 위험을 종합적으로 분석하는 방법 등이 있다.

세 번째 단계는 창업전략의 선택 단계로 일단 기초 아이디어가 사업성 있는 것으로 판명이 되면 사업계획서 작성 이전에 창업전략을 선택하는 것이다.

마지막 단계는 구체적인 사업계획 수립 단계로 사업전체의 성패를 결정하는 중요한 단계로서 새로이 창업할 기업의 전체상을 그려보는 것이다. 사업개요, 시장현황, 생산 및 판매계획, 설비투자, 인력 및 조직계획, 재무계획, 일정계획 등 사업추진의 각 단계별로 고려해야 할 모든 사항을 미리 예상해 보는 것이 필요하다. 개인기업으로 설립할지 혹은 법인기업, 즉 주식회사로 설립할 경우 상법에 정하는 법률적 절차를 빠짐없이 챙겨야 한다. 개인사업자와 법인 사업자의 특성을 비교한 것이 <표 3-3>에 나와 있다.

● 표3-3 | 개인사업자와 법인사업자 특성 비교

구분	개인기업	법인기업
설립절차	사업자등록만으로 간편하게 설립	정관작성 및 법인설립 등기절차
경영책임	단독 무한 책임	형태 및 출자에 따른 유한책임
의사결정	개인에 의한 신속한 의사결정	이사회 등 다수 공동결정체제
자본조달	개인의 전액출자로 조달 한계	다수의 출자자로 자본조달 가능
이윤분배	개인 독점	출자자 지분에 의한 분배
세제상 차이	소득세 과세(6-35%) 대표 자본인 급여/퇴직금 불인정 장부기장 등 상대적으로 덜 엄격	법인세과세(10-20%) 대표자 급여/퇴직금 인정 회계의 투명성, 엄격성 요구
기타	대외 신용도 취약	대외 신용도 유리

EXAMPLE 02   시총 세계 Top 10 오른 텐센트의 성장비결은?

글로벌시총 상위 10개 기업 중 유일한 아시아 기업...내부 경쟁 시스템과 생태계 조성 전략으로 급성장

아시아에서 시가총액이 가장 큰 기업은 어디일까? 아쉽게도 삼성전자가 아니다. 중국 최대 인터넷업체인 텐센트다. 블룸버그에 따르면, 4월 6일 텐센트 시가총액은 2,780억 달러로 글로벌 상장기업 중 시가총액 10위를 차지했다. 1위부터 9위까지는 애플, 구글, 마이크로소프트, 아마존, 페이스북 등 모두 미국기업이다.

최근에는 전자상거래업체인 알리바바도 텐센트에 밀리는 추세다. 이렇게 텐센트의 독주체제가 굳어진 것은 중국판 카카오톡인 위챗 덕분이다. 바야흐로 소셜네트워크서비스(SNS)의 시대가 아닌가. 특히 중국은 페이스북을 사용할 수 없기 때문에 위챗이 반사이익을 얻고 있다. 위챗의 모멘트 기능을 이용해서 사소한 일상이나 뉴스를 공유하는 사람이 많기 때문이다. 중국에서 지하철을 타면 대부분의 승객이 스마트폰으로 위챗을 보고 있다.

위챗 사용자 수는 2013년 초 2억 명에 미치지 못했으나 지난해 말에는 8억 9,000만 명으로 급증했다. SNS, 게임 및 광고사업 호조에 힘입어 텐센트 실적도 좋아졌다. 지난해 텐센트는 매출액 1,519억 위안(약 25조 2,000억원), 순이익은 414억 위안(약 6조 9,000억원)을

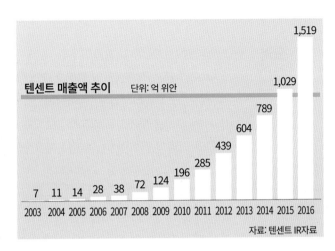

텐센트 매출액 추이   단위: 억 위안

2003	2004	2005	2006	2007	2008	2009	2010	2011	2012	2013	2014	2015	2016
7	11	14	28	38	72	124	196	285	439	604	789	1,029	1,519

자료: 텐센트 IR자료

기록했다. 각각 전년대비 48%, 42% 증가한 수치다.

텐센트가 폭발적으로 성장한 비결은 무엇일까? 중국 유명작가 우샤오보가 쓴 [텐센트전]에서는 텐센트의 성공 비결을 7개로 요약한다. 그 중 가장 눈에 띄는 것은 내부 경쟁 시스템과 생태계 조성 전략이다. 내부 경쟁 시스템은 텐센트 혁신의 가장 큰 비결이다. 인터넷 시대에 가장 혁신적인 제품은 모두 예상치 못한 곳에서 시작됐다. 기존의 대형 인터넷기업들은 새로운 흐름을 찾는 데 실패하고 몰락하는 경우가 많았다. 야후가 대표적이다. 하지만, 텐센트는 달랐다. 계속해서 QQ시우(아바타), QQ공간(미니홈피) 및 위챗 같은 메가 흥행을 터뜨리며 텐센트의 지속적 상승을 가능케 했다. 이 핵심 제품들은 모두 최고 경영층의 결정에 의해서가 아니라 조직 하부에 있는 일선 개발부서에서 개발이 추진된 제품이다. 또한 제품 개발안이 통과되면 제품 개발은 반드시 제안을 낸 팀이 담당했다. 서로 치열하게 아이디어를 내고 경쟁할 수밖에 없다.

다음은 생태계 조성 전략이다. 텐센트가 중국 최대 인터넷업체로 거듭날 수 있었던 이유는 설립 초기부터 SNS를 기반으로 한 생태계 구축을 염두에 두고 사업을 했기 때문이다. 메신저, 아바타, 미니홈피 그리고 정점을 찍은 위챗이 이를 증명한다. 2013년부터 마화텅은 '모든 것을 연결'하고 모든 산업에 인터넷을 접목시키는 '인터넷 플러스' 전략을 제창하기 시작했다. 지금 텐센트는 중국 신경제를 대표하는 기업으로 성장했다. 앞으로 텐센트를 이해하지 않고서는 중국 신경제의 미래도 알 수 없다.

자료 : 중앙일보, 2017년 4월 29일

토의문제
기업의 장기적인 생존과 성장을 위해 어떤 전략이 필요한지에 대해 토의해 보자.

⋮ 요약

- 기업가란 새로운 사업 활동의 창출, 신제품·신기술의 개발, 신생산공정의 도입 등의 창의성을 발휘하고 미래지향적인 혁신을 지속적으로 추구하는 조직관리자일 뿐만 아니라, 조직운영에 책임을 지는 오너(Owner) 내지는 투자자로서의 책임도 있는 사업가이다.

- 기업의 경영자란 기업가를 포함하여 기업조직을 관리하는 사람들로서 회장, 사장, 재무부장, 사업본부장, 영업과장 등 기업목표를 달성하기 위하여 기업이 보유하고 있는 물적·인적·지적자원을 계획하고, 지휘하며 통제하는 사람들을 말한다.

- 기업이 생존하기 위해서 기업을 이끌어 가는 기업가가 지녀야 할 소양 내지는 특성으로 인적 특성(지속적인 개척정신과 노력, 기업가 경험과 경륜, 성취욕구, 독립심), 전문적인 지식과 능력, 그리고 경영능력(전략수행능력, 계획화와 경영관리능력, 팀웍능력, 리더십과 의사소통능력)을 들 수가 있다.

- 독자적인 사업을 영위하기 위해서는 기업가정신을 발현한 창업을 하여야 한다. 창업이 성공적이기 위해서는 사업계획이 분명하여야 한다. 이러한 사업계획은 아이디어를 실제 현실에 적용할 수 있도록 치밀하고 단계적으로 짜여야 한다.

**● 연습
  문제**

■ 경영환경이 기업 활동에 어떠한 영향을 미치는가?

② 기업을 경영하는 경영자는 누구인가?

③ 기업가정신은 어떻게 개발될 수 있으며, 경영능력이 기업가 성공에 어떠한 공헌을 하고 있는가?

④ 성공적인 기업가가 되기 위해서는 어떻게 해야 하는가?

⑤ 기업가정신을 개발 또는 함양하기 위한 기업조직 특성은 무엇인가?

⑥ 창업이란 무엇인가? 동기와 절차는 무엇인가?

**● 참고
  문헌**

/ 이규상, "열정적인 지도자의 경영학원론," 대경, pp.79-80.

/ Robert Ronstadt, "The Corridor Principle", *Journal of Business Venturing*, 3, 1988, pp.31−40.

04

경영의사결정

경영의사결정

학습목표

이 장의 학습목표는 경영활동에서 빈번하게 일어나는 의사결정을 규명하기 위해 첫째, 의사결정이 무엇인지 이해하고 둘째, 확실성, 위험과 불확실성 등 의사결정이 이루어지는 환경에 대해 파악하며 셋째, 문제와 해의 유형에 따른 일상적인 의사결정, 적응적 의사결정 및 혁신적 의사결정에 대해 설명하며 넷째, 기업이 수립한 목표가 의사결정에 어떻게 영향을 미치는지 알아보고 마지막으로, 의사결정 모형으로 합리성 모형, 제한된 합리성 모형 및 정치적 모형에 대해 기술할 것이다.

EXAMPLE 01

이랜드, '모던하우스' 7천억 원에 매각…
재무구조 개선 '화색'

　　이랜드그룹이 이랜드리테일의 홈&리빙 사업부인 모던하우스를 매각하기로 최종 결정했다.

　　이랜드는 아시아 최대 사모투자펀드인 MBK파트너스에 모던하우스 지분 100%를 임대료 선급분 포함 약 7,000억 원에 매각하기로 최종 합의하고 이달 안에 영업양수도 본 계약을 체결한다고 21일 밝혔다.

　　이랜드 고위 관계자는 "모던하우스는 최근 크게 성장 중인 라이프스타일숍 형태를 국내에 최초로 선보여 시장에서 확고히 자리 잡은 리딩 브랜드"라면서, "이번 매각 결정은 막바지 재무구조 개선에 박차를 가하고 있는 이랜드와 유통사업에 입점시킬 유력 콘텐츠를 찾는 MBK파트너스의 니즈가 맞아떨어지면서 최종적인 결정을 이끌어 낼 수 있었다"고 밝혔다.

　　모던하우스는 지난 1996년 런칭해 현재 이랜드리테일 유통점을 중심으로 전국에 63개의 매장을 통해 연매출 3천억 원을 올리고 있다. 수년 전부터 외국계 라이프스타일숍들이 국내에 지속적으로 진출하고 있는 상황에서도 탄탄하고 확고한 경쟁력을 바탕으로 업종 내 리딩 브랜드 자리를 확고히 지켜 왔다.

그동안 여러 전략적 투자자와 재무적 투자자들로부터 매각에 대한 러브콜을 받아온 것도 모던하우스의 경쟁력을 단적으로 보여준 예이다.

한편 모던하우스 매각 이후에도 이랜드와 MBK 파트너스의 상호 협력은 계속된다. MBK 파트너스는 현재 이랜드리테일 유통점에 입점해 있는 모던하우스를 향후 10년 동안 영업 유지를 할 수 있도록 요청했고, 이랜드는 이를 수용했다.

이랜드 입장에서도 고객 충성도와 집객 요소가 높은 모던하우스를 지속적으로 매장 내 콘텐츠로 둘 수 있기 때문에 상호 윈-윈 구조를 만들어 가면서 지속적인 시너지를 낼 수 있을 것으로 기대하고 있다. 특히 모던하우스가 향후에는 임차점포로서 장기간 안정적으로 상당한 임차료를 납부하게 되면서 이랜드리테일의 수익성에도 도움이 될 것으로 보인다.

● 시장의 유동성 우려 단번에 해소 가능 할 것

이랜드는 지난해 연말부터 티니위니 매각 및 유휴 부동산 매각 등을 진행하여 재무구조 개선 작업을 진행 중인데, 이번 모던하우스 매각 자금이 들어오는 7월 중에는 부채비율이 200% 내외까지 떨어질 것으로 예상된다.

무엇보다도 이번 모던하우스 매각 대금은 그룹이 1년 동안 벌어들일 수 있는 현금영업이익(EBITDA) 수준으로 시장의 유동성 우려를 단번에 해소할 수 있을 것으로 판단된다. 특히 티니위니와 모던하우스 단 2개 브랜드 매각만으로 1조 6천억 원을 거둬들여 이랜드가 그동안 키워 온 콘텐츠에 대해 다시 한번 경쟁력을 인정받게 될 것으로 보인다.

● 외식 사업 매각은 철회, 그룹 패션·유통 사업과 시너지 강화해 갈 것

최초, MBK 파트너스와는 모던하우스 외에 이랜드그룹의 외식 사업부도 같이 사업양수도 하는 것으로 협의가 시작됐으나, 이번 거래에서는 모던하우스만으로 거래대상을 제한해 진행하기로 했다.

현재 다수의 인수 희망자들이 외식 사업부에 대해 인수 희망을 보이고 있으나, 이랜드에서는 외식 사업부의 기업가치를 더 키워가는 방향으로 선회했다. 모던하우스 매각만으로 재무구조 개선 효과를 충분히 얻었을 뿐만 아니라 외식 사업부를 지속적으로 유지해서 그룹 내 주력사업인 패션과 유통사업에 결합해 크게 시너지를 낼 수 있다고 판단했기 때문이다.

● 기업구조 개편 통해 리테일 우량회사로 탈바꿈 후 상장 적극 추진

한편 현재 동부증권을 통해 진행 중인 프리IPO는 이번 모던하우스가 매각됨에 따라 일부

구조를 변경해서 진행한다. 이랜드 고위 관계자는 "이랜드리테일 상장과 지주사 체계 완성 등 기업 구조 선진화 방안도 강력하게 추진 중"이라면서 "그룹이 새롭게 도약하기 위한 체계를 갖추는 원년이 될 것"이라고 밝혔다.

자료 : 스타데일리뉴스, 2017년 5월 21일

토의문제

이랜드 그룹이 새롭게 도약하게 된 이유를 기업의 의사결정유형의 관점에서 토론해 보자.

SECTION 01 의사결정 정의

기업의 관리자나 종업원들은 각자의 일을 수행하는데 있어 수많은 의사결정을 해야 한다. 특히 경영관리자에게 있어서는 의사결정이 매우 중요한 과업이다. 의사결정 과정은 문제를 정의하고(예컨대, 전자산업은 경쟁이 매우 치열하고 최근에 수요가 하락하고 있다는 등), 정보를 수집하며(예컨대, 손실에 대한 재무보고서의 작성), 대안을 규명하고 평가하며(예컨대, 재고관리를 개선하고 새로운 마케팅 캠페인을 시작함), 그 후에 대안을 선택하게 된다. 이를

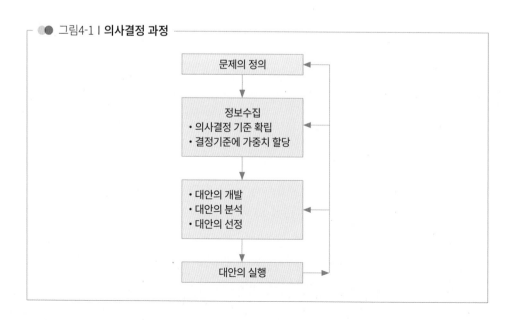

그림4-1 I **의사결정 과정**

그림으로 나타내면 <그림 4-1>과 같다.

이 과정을 자세히 살펴보자. 우선 문제의 정의 단계는 의사결정을 내려야 하는 조건을 탐색하는 과정이다. 이 단계에서는 의사결정 환경에 대한 탐색이 지속적으로 이루어진다. 예컨대, 공장의 생산 담당책임자는 매일의 작업폐기물에 대한 보고서를 검토하고 품질관리에 문제가 없는지 확인한다. 영업담당책임자는 주 거래처를 정기적으로 방문하여 제품·서비스에 대한 문제점이나 새로운 요구가 없는지를 파악한다.

여기서 의사결정 문제가 존재하려면 첫째, **현재의 상태**와 미래의 **바람직한 상태** 간에 차이가 존재하여야 한다. 현재 상태와 미래의 바람직한 상태를 비교할 때 의사결정자의 주관적인 판단이 의사결정과정에서 도외시 될 수 없다. 이는 어떤 한 가지 현상에 대해 어떤 사람은 문제가 있다고 생각하기도 하지만 다른 사람은 문제가 없다고 생각할 수도 있기 때문이다.

의사결정 문제가 존재하기 위한 두 번째의 조건으로는 현재 상태와 미래의 바람직한 상태간의 차이를 인식하고 있는 의사결정자가 이 **문제를 해결하려는 동기**가 있어야 한다. 많은 경우 이러한 차이를 인식하면서도 이를 해결하고자 하는 동기가 없기 때문에 문제를 그냥 덮어두려는 경우가 발생된다. 마지막으로 현재 상태와 미래 상태 간에 차이가 존재하고 이 문제를 해결하려는 동기가 있더라도 이 문제를 해결할 수 있는 **능력과 자원**이 필요하다.

둘째, 정보의 수집단계에서는 의사결정의 기준(decision criteria)을 정하고 결정기준에 가중치를 할당하는 부분이 포함되어야 한다. 예를 들어 테니스 라켓을 구매하려고 한다면 의사결정 기준으로 가격, 품질 등이 있을 수 있고 가중치를 60 대 40으로 정할 수 있다.

셋째, 대안의 개발, 분석 선정단계에서는 여러 가지 행동대안이 개발되고 각 대안이 의사결정 기준에 따라 분석되고, 그 대안 중에서 선택단계에서는 문제해결에 가장 적합한 대안을 선택하는 과정이 포함된다.

넷째, 대안의 실행단계에서는 결정에 영향을 받을 사람들에게 결정을 이해시키고, 그들이 결정에 몰입하게 하는 것을 말한다. 만일 결정을 실행해야 할 사람이 결정과정에 참여했다면 그저 무엇을 하라고 지시받는 사람에 비해서 더욱 열심히 그 결정을 지지하는 경향이 있다.

마지막으로 의사결정의 효과를 평가하는 단계이다. 이 단계는 문제가 해결되었는지 아닌지를 확인하기 위해서 의사결정의 결과를 평가하는 것이다.

의사결정 과정은 위와 같이 문제의 정의에서 시작하여 바람직한 대안의 선택에 이르기까지의 여러 단계들로 구성되어 있는데 이러한 단계들의 활동은 서로 연결되어 있으며, 어느 한 단계로부터 다음 단계로 진행할 수도 있고 그 이전의 단계로 되돌아갈 수도 있다.

SECTION 02 의사결정 환경

01 의사결정 환경

기업의 관리자나 종업원들이 의사결정을 할 때 환경요소들을 고려하여야 한다. 특히 통제하기 어려운 환경요소들로는 신기술의 출현, 시장에 진입하려는 새로운 경쟁자의 출현, 새로이 정해지는 법규나 정치적인 변화 등을 들 수 있는데, 이러한 다양한 환경 요소들은 의사결정에 많은 영향을 미치게 된다.

의사결정이 이루어지는 환경은 크게 확실성, 위험과 불확실성으로 구분할 수 있다. 이러한 구분은 연속된 것인데 이는 <그림 4-2>를 보면 잘 이해할 수 있다.

만일 환경 요소들의 잠재적인 영향을 확실하게 알고 있는 상황이라면 의사결정은 **확실한 상황하의 의사결정**(decision-making under certainty)이 된다. 그러나 정보가 애매모호하거나 믿을 수 없다면 **위험한 상황하의 의사결정**(decision-making under risk)이 된다. 보통 사람들은 확실한 신념을 가지고 의사결정할 수도 있고 또는 직관이나 판단을 기초로 주관적으로 의사결정할 수도 있다. 만일 거의 정보를 가지고 있지 못하거나 전혀 가지고 있지 못하다면 **불확실한 상황하의 의사결정**(decision-making under uncertainty)이 된다. 이러한 불확실성 때문에 의사결정자는 확실한 결정보다는

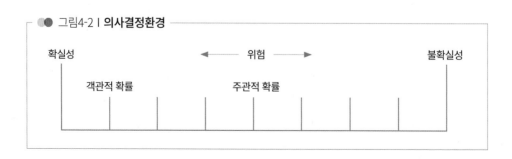

●● 그림4-2 | **의사결정환경**

확실성   ←   위험   →   불확실성

객관적 확률   주관적 확률

단지 합리적인 추정(reasonable guess)만을 할 수 있을 뿐이다.

02 확실성

확실성(certainty)은 문제에 대한 정보를 충분히 가지고 있고, 대안의 해결책이 확실하고, 각 해결의 결과가 명확한 상황을 의미한다. 확실성의 상황은 미래에 발생할 상황이 각 의사결정 대안별로 단 하나이고 그 확률 값은 1이며, 이때의 성과는 분명하게 알 수 있다. 미래에 발생할 상황이 알려져 있고, 그에 따른 성과가 확실한 경우에 의사결정자는 단지 최적의 대안을 계산하고 선택하면 되는 것이다. 선택의 기준은 최소의 비용이 될 수 있다. 예컨대 성능과 운영비용에 있어서 비슷한 두 개의 기계 장비가 있다고 가정하자. 그런데 이 두 기계장비 중에서 하나의 가격이 다른 것보다 저렴하다고 할 때, 나머지 다른 조건에서 차이가 없다면, 경영자는 보다 저렴한 가격의 기계 장비를 구입하는 결정을 하게 된다. 이는 확실한 상황하의 의사결정의 예이다.

대부분의 중간경영자, 최고경영자 그리고 다양한 전문직에 종사하는 사람들은 확실한 상황하에서 의사결정하지 않는 경우가 많다. 이들이 부딪히는 환경은 확실한 경우가 거의 없다는 것이다. 그러나 제일선의 관리자들은 거의 매일 확실한 상황이나 거의 그와 유사한 상황하에서 의사결정을 하게 된다. 예를 들어, 어느 공장에서 긴급한 생산스케줄에 맞추기 위해 10명의 작업자들에게 네 시간의 연장 작업을 지시하였다고 하자. 일선관리자는 일인당, 시간당 추가작업비용만 알고 있다면 이들의 총 추가작업비용을 확실하게 계산할 수 있다. 또한 이들의 일인당, 시간당 생산량을 알고 있다면 10명의 작업자가 네 시간 동안 일한 총생산량을 확실하게 예상할 수 있다.

03 위험

위험(risk)은 개개인이 문제를 정의하고, 어떤 현상의 발생 가능한 확률을 알고 있고, 대안을 확인할 수 있으며, 바람직한 성과를 가져오는 각각의 확률도 알고 있는 상황을 의미한다. 일반적으로 위험은 확실한 상태와 매우 불확실한 상태의 중간에 놓여있는 경우를 말한다.

확률(probability)은 어떤 현상이 일어날 빈도수가 비교적 장기간에 걸쳐 알려지는 경우를 의미한다. 가장 잘 알려져 있는 예는 동전을 던지는 경우이다. 우리가 비교적 많은 횟수를 통해 앞면이 나타날 확률이 50%이고, 뒷면이 나타날 확률이 50%인 것을 알고 있다.

유사한 의사결정 상황하에서 이용 가능한 정보의 양과 질은 개개인별로 다양하게 나타날 것이다. 정보의 형태, 양, 신뢰성은 위험의 정도에 영향을 주고, 의사결정자는 성과를 판단하는 데 객관적 확률이나 주관적 확률을 이용할 수 있다.

(1) 객관적 확률

객관적 확률(objective probability)은 과거의 경험이나 현재의 관찰치 중에서 일부의 표본을 추출하여 구한 확률분포인데, 객관적인 사실에 기초하여 특정한 결과가 나타날 확률을 의미한다. 이 확률에 대한 신뢰도는 관찰치나 표본추출의 수에 의해 결정된다. 일반적으로 표본 추출의 수가 많을수록 불확실성은 줄어들고, 적을수록 커지게 된다. 예를 들어, 생명보험회사에서 생명보험에 가입한 고객이 몇 년 동안 생존할지 판단할 수 없으므로 생명보험에 가입한 특정수의 고객을 추출하여 특정 기간 동안 생존한 연수로 객관적 확률을 계산할 수 있다. 이와 같이 객관적 경험이나 표본 추출을 통하여 구한 확률이 미래에도 계속 유효하다고 볼 수 있을 때에 한하여 이 확률은 객관적인 것으로 간주될 수 있다.

(2) 주관적 확률

주관적 확률(subjective probability)은 개인적인 판단과 신념을 기초로 하여 구체적인 결과가 발생할 가능성을 의미한다. 다시 말해서, 의사결정자가 과거에 경험을 쌓은 바가 전혀 없기 때문에 단지 그의 판단이나 신념에 의존해야 하는 경우이다. 물론 의사결정자의 판단은 과거 경험을 토대로 형성되지만, 이러한 판단 과정은 과학적이지 못하다. 의사결정자의 판단은 일반적으로 주관적인데, 이 판단에 이르는 과정 자체는 객관적이고, 공식화되어야 한다. 주관적 확률은 의사결정자가 미래에 현상이 발생할 상대적 빈도수를 보고 최선의 판단을 내리는 것이다.

사례를 들어보면 American Greeting Cards사의 최고경영자는 컴퓨터 세대인 젊은 이(n 세대)들이 직접 카드를 만들 수 있는 컴퓨터를 쇼핑몰이나 대형매장에 배치하였다. 그 후에 이 컴퓨터를 이용한 카드판매가 성공했는지 조사해 본 결과 카드를 직접 만드는 시간(시작에서 끝날 때까지 8분에서 10분 소요)과 구입비용에 대해서 그렇게 만족하지 못하고 있는 것으로 나타났으며 장년층 고객은 컴퓨터를 이용해 카드를 거의 구입하지 않은 것으로 나타났다. 신세대들이 컴퓨터를 이용하여 카드를 구매할 것이라는 주관적인 확률을 기초로 판단한 의사결정은 실패한 것으로 나타났다.

04 불확실성

불확실성(uncertainty)은 개개인이 의사결정 단계에서 대안이나, 이 대안의 결과가 나타날 확률에 대한 정보를 가지고 있지 못한 상황을 말한다. 실제로, 대부분의 의사결정자들은 문제를 정의할 수 없고, 대안들을 규명할 수 없으며, 가능한 결과도 예측하지 못하는 경우가 있다. 불확실성의 특징은 문제의 정의나 대안에 대한 정보가 없으므로 애매모호하고 매우 비일상적이다.

많은 최고경영자, 다양한 전문가, 특히 연구개발에 종사하는 사람 및 시장조사자나 전략 수립자 등은 불확실한 상황하에서 의사결정하게 되는 경우가 많다. 따라서 이러한 불확실성을 감소시킬 수 있는 방법으로 다음과 같은 것들을 들 수 있다.

(1) 불확실성의 인식 감소

이는 의사결정자가 의식적 또는 무의식적으로 불확실성을 인식하지 않으려는 경우 발생한다. 이 경우 의사결정환경에 대해 아무리 많은 정보를 제공한다 하더라도 불확실성은 감소되지는 않는다.

의사결정자가 불확실성을 인식하지 않으려는 행동은 다음 네 가지의 경우에 일어난다. 첫째, 불확실성을 무시하는 것이다. 이는 일반적으로 인간은 불확실하거나 모호한 것을 싫어하기 때문에 의사결정환경에서 불확실한 부분을 그냥 무시하는 것이다. 둘째, 불확실한 상황을 확실한 상황으로 어느 정도 바꿈으로써 불확실성의 인식을 감소시킬 수 있다. 셋째, 지연이다. 즉 의사결정을 단순히 지연시킴으로써 그에 포함되어 있던 불확실한 요소 중의 일부가 해결되는 경우도 있다. 넷째, 불확실성의 흡수이다. 의사결정을 위한 정보가 수집되고 이를 실제로 이용할 부분이 전달되는 과정에서 원래 포함되어 있던 불확실성이 감소되어 마치 좀 더 정확해지는 것을 말한다.

(2) 불확실성의 모형화

이는 불확실성을 무시 또는 회피하는 방법 대신 불확실성을 인식하고 이를 설명하고 파악하려는 시도를 의미한다.

(3) 의사결정 대안의 생성과 검사

이는 의사결정자가 취할 수 있는 행동대안이 불확실할 때 적절한 대안을 개발하는 것이다. 이러한 대안들을 개발할 때 여러 부류의 사람들을 함께 참가시켜 의사결정 대안을 설정하도록 촉진하는 방법을 브레인스토밍(brainstorming)이라고 한다.

(4) 좀 더 완전한 정보의 취득

좀 더 완전한 정보를 취득함으로써 불확실성을 감소시킬 수 있다. 이 때 정보 획득에 드는 비용을 고려하여 이 비용을 쓸 가치가 있는지 검토하여야 한다.

SECTION 03 의사결정 유형

의사결정환경은 확실성, 위험과 불확실성으로 나눌 수 있음을 앞에서 설명하였다. 의사결정 유형을 구분하기 위해서는 이외에도 문제의 유형과 해의 유형을 정의할 필요가 있다. 이를 하나씩 설명해 보자.

01 의사결정 유형의 분류기준

(1) 문제의 유형

경영자나 종업원들이 부딪치는 문제의 유형은 일반적으로 알려지고 잘 정의된 것에서부터 비일상적이고 애매한 것에 이르기까지 매우 다양하다. 은행창구의 직원이 하루의 입출금이 맞지 않을 경우에 생기는 문제는 일반적으로 알려지고 잘 정의된 문제이다. 반면에 연구개발에 종사하는 직원의 신제품개발을 위한 문제는 비일상적이고 애매한 문제이다.

(2) 해의 유형

해의 유형 또한 알려지고 잘 정의된 것에서부터 경험하지 못하거나 애매한 것까지 다양하다. 은행창구 직원이 하루 동안의 잔고 계산이 틀릴 경우 모든 거래내역을 체크하여 빼먹은 것이 있는지 확인할 수도 있고 또한 그날 거래된 모든 현금을 다시 계산하여 문제의 해를 찾을 수도 있다. 반면에 연구개발에 종사하는 직원이 새로운 아이디어를 내어 신제품을 완성했을 때 이를 기업이 개발하여야 하는지 혹은 사장시켜야 하는지는 매우 애매모호하다고 볼 수 있다. 왜냐하면 신제품이 시장에 성공적으로 소개되기 위해서는 여러 요인들이 작용하는데, 기업 내부적으로는 성공할 것으로 판단하였다고 할지라도 시장에서는 실패하는 경우도 있기 때문에, 기업들이 이를 투자해야 하느냐 혹은 투자하지 말아야 하는가는 매우 어려운 의사결정이라고 볼 수 있다.

02 의사결정 유형

이상의 세 가지 기준을 통해 의사결정의 유형을 분류해보면 일상적 의사결정 (routine decision making), 적응적 의사결정(adaptive decision making), 그리고 혁신적 의사결정 (innovative decision making)으로 나눌 수 있다. 이는 <그림 4-3>과 같이 나타낼 수 있다.

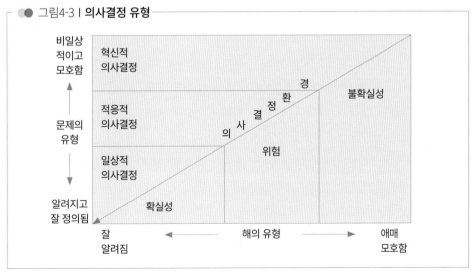

그림4-3 | **의사결정 유형**

자료: Slocum, et al, 2008, p.260.

(1) 일상적 의사결정

일상적 의사결정은 의사결정환경이 확실하고, 문제의 유형도 잘 정의되어 있으며, 해의 유형도 잘 정의되어 있는 경우의 의사결정이다. 해는 이미 세워진 표준운영절차 혹은 규칙에 따라 결정된다. 항공사에서 표를 예약을 하는 경우 컴퓨터 시스템이 잘 구축되어 있기 때문에 이 시스템을 활용하면 잘 해결할 수 있다. 빌딩청소, 종업원의 임금지불, 고객의 주문에 따라 제품을 포장하고 선적하는 것 등은 일상적 의사결정에 대한 좋은 예이다.

(2) 적응적 의사결정

적응적 의사결정은 위험한 상황하의 의사결정환경이고, 문제의 유형도 잘 알려져 있지 못하며, 해의 유형도 역시 잘 알려져 있지 못한 때 할 수 있는 의사결정이다. 적응적 의사결정은 과거의 일상적 의사결정 관행을 수정하거나 개선할 때도 적용할 수 있는 의사결정이다.

과거의 관행을 끊임없이 개선하는 지속적 개선(continuous improvement)은 최근에 관리기법으로 등장한 종합적 품질경영(TQM; total quality management)에서 매우 중요한 개념이다. 지속적인 개선은 매년 작은 개선이 계속적으로 꾸준하게 일어나는 결과를 가져오는 일련의 적응적 의사결정을 의미한다. 지속적인 개선은 개선을 찾기 위해 기술적, 조직적 그리고 관리적 과정에 대한 진단을 지속적으로 하는 것이 필요하다. 해가 거듭될수록 기업의 제품들이 점점 좋아지고 더 신뢰할 수 있으며 더 싸지는 결과가 지속적으로 나타나는 것이다.

지속적인 개선은 보다 나은 품질의 제품·서비스를 고객에게 제공하고, 효율성을 개선하며, 고객에 대한 빠른 반응을 기업의 목표로 수립했을 때 달성될 수 있다. 지속적인 개선은 다음과 같은 역할을 수행할 수 있다. 첫째, 새로운 제품·서비스를 통해 고객에게 전달되는 가치를 증가시킨다. 둘째, 실수, 실패, 결점과 낭비를 줄인다. 셋째, 고객 변화와 기대에 대한 반응 속도를 높인다. 넷째, 모든 자원을 사용하는 데 있어서 생산성과 효과성을 향상시킨다.

(3) 혁신적 의사결정

혁신적 의사결정은 불확실한 상황하의 의사결정으로, 문제가 비일상적이고 해도 애매모호한 경우의 의사결정을 의미한다. 혁신의 정도가 큰 의사결정을 위해서는 다수의 전문가로 팀을 구성하고 이를 추진하는 데 몇 년을 소요할 수도 있다. 왜냐하면, 혁신적인 의사결정은 일반적으로 과거와의 강력한 단절을 의미하기 때문에 이러한 결정은 적응적 의사결정과는 달리 순차적인 결과로 일어나지 않는다. 또한 이러한 의사결정은 급변하고 불완전한 정보에 기반을 두고 있기 때문에 문제가 충분히 정의되거나 이해되기 전에 결정되는 경우도 있다. 혁신적 의사결정을 하기 위해서는 의사결정자는 문제를 올바르게 정의하여야 하며 앞선 행동이 후행하는 의사결정에 중요한 영향을 미칠 수 있음을 고려하여야 한다.

03 의사결정 스타일

경영자들의 의사결정 스타일은 두 가지 차원을 기준으로 설명할 수 있다. 첫째 개인들의 생각하는 방식(way of thinking)이다. 경영자들 중에는 정보를 처리하는 방식에 있어서 더욱 합리적이고 논리적인 경향의 사람들이 있다. 합리적 유형은 순서에 입각해 정보를 살피고, 의사결정을 하기 전에 그 결정이 논리적이고 일관성이 있는지 확인한다. 또 다른 경영자는 창의적이고 직관적인 경향이 있다. 이 유형은 정보를 어떠한 순서에 의해 처리하지는 않지만 전체적인 시각으로 보는 편이다.

또 다른 차원은 개인의 모호성에 대한 관용(tolerance for ambiguity)이다. 경영자들 중에는 모호성에 대해 참지 못하는 경우가 있다. 즉, 낮은 관용을 나타낸다. 이러한 유형은 모호성을 최소화하기 위해 정보를 구조화하는 방식에 있어서 일관성과 순서를 요구한다. 반면에, 어떤 경영자들은 높은 모호성을 참아낼 수 있고 같은 상황에서 많은 사고를 처리해 나갈 수 있다. 이러한 두 가지 차원을 그림으로 그리면 네 가지의 의사결정 스타일로 구분할 수 있다.

표4-1 | **의사결정 스타일**

모호성에 대한 관용	높음	분석적	개념적
	낮음	지시적	행동적
		합리적	직관적
		생각하는 방식	

- **지시적 스타일**(directive style): 이러한 의사결정자는 모호성에 대해서는 참지 못하고 생각하는 방식에 있어서는 합리적이다. 이들은 효율적이며 논리적이다. 지시적 유형들은 빠른 의사결정을 하고 단기적인 것에 집중한다. 이들이 빠르고 효율적으로 의사결정하는 것은 종종 최소한의 정보를 가지고 적은 대안을 이용하여 의사결정을 하는 경향이 있다.

- **분석적 스타일**(analytic style): 이러한 의사결정자는 지시적 유형들보다 모호성에 대해서는 상당히 관용, 즉 참을성이 많은 경우이다. 이들은 의사결정을 하기 전에 더 많은 정보를 원하고, 지시적 스타일보다 더 많은 대안들을 고려한다. 분석적인 의사결정자는 독특한 상황에 적응하고 대처하는 능력을 가진 주의 깊은 의사결정자의 특징이 있다.

- **개념적 스타일**(conceptual style): 이러한 의사결정자는 그들의 시야를 매우 넓히려 하고 많은 대안을 구하려는 경향이 있다. 그들은 장기적인 것에 집중하고 문제에 대한 창조적인 해결책을 찾는 데에 매우 능숙하다.

- **행동적 스타일**(behavioral style): 이러한 의사결정자는 다른 사람들과 함께 일을 잘 한다. 그들은 주변의 성취에 대해 염려하고 다른 사람들의 제안을 받아들인다. 또한 갈등을 회피하려는 경향이 있지만 의사소통을 하기 위해 미팅을 자주 갖기도 한다. 다른 사람들에게 받아들여지는 것이 이러한 스타일에서는 매우 중요하다.

SECTION 04 목표와 의사결정

01 목표가 의사결정 과정에 미치는 영향

위험과 불확실한 상황하에서의 의사결정은 기업이 수립한 목표와 직접 관련되어 있는데 이는 두 가지의 관점에서 설명할 수 있다. 첫째, 의사결정 과정은 수립된 목표를 달성하는 데 더 나은 방법을 찾는 계기가 된다. 둘째, 의사결정 과정은 새로운 목표를 찾거나, 현재의 목표를 수정하거나 또는 과거의 목표를 버리기 위해 노력하는 계기가 되는 것이다.

목표는 종업원, 경영자, 그리고 조직에 이를 달성하기 위해 명령하고 의미를 제공하는 데 중요한 역할을 한다. 적응적 의사결정이나 혁신적 의사결정에 도움이 되기 위해서 목표를 수립하는 것이 중요하다. 관리과정에서 첫 단계인 계획과정(planning)은 가능한 새로운 목표, 수정된 목표를 규명하고 기존에 수립된 목표를 달성하기 위한 더 나은 방법을 찾는 단계이다.

02 목표의 본질

목표(goal)는 달성되어야 할 결과를 말하며 의사결정이나 행동이 추구하여야 하는 방향을 제시한다. 구체적인 목표는 바람직한 결과의 질과 양을 규정한다. 목표는 목적, 표준, 쿼터 등과 같이 의미가 비슷하게 사용되지만 목표는 바람직한, 달성할 가치가 있는 결과나 산출을 정한다.

목표는 장기(몇 년)에 걸쳐 달성될 수도 있고 단기(몇 분, 몇 시간, 며칠, 몇 달)에 걸쳐 달성될 수도 있다. 조직의 목표 중에서 생존, 성장, 수익성과 같은 목표는 장기적으로 지속되는 목표들의 예이다. 반면에 부서나 프로젝트팀의 단기적인 목표는 짧은 기간 동안의 지속적인 관리나 종업원의 관심을 필요로 한다. 생산목표, 인적자원, 마케팅이나 재무적 목표는 일반적으로 매년 혹은 매 분기별로 바뀌게 된다.

03 목표수립의 이유

목표를 수립하면 이점이 있는데 이는 다음과 같다.

첫째, 목표는 개인이나 조직이 의사결정이나 노력에 초점을 맞추는 데 기여한다. 어떤 회사의 최고경영자는 "성공한 모든 사람들은 목표를 세우는 데 익숙한 사람들이다. 당신이 목표를 수립했다면 기회를 가지고 있는 것이다. 보이지 않는 과녁을 향해 활을 쏠 수는 없는 것이다. 반드시 화살을 쏘기 위한 초점을 가져야만 한다"라고 말했다. 조직의 관점에서 목표는 구성원들 모두가 이해하고 이를 달성하기 위해 일하는 동기를 제공한다.

둘째, 목표는 계획과정을 지원한다. 문제와 경쟁자를 진단한 후에, 관리자들은 일반적으로 그들의 계획수립 과정의 한 부분으로써 목표를 수립한다.

셋째, 목표는 사람들에게 동기를 부여하고 보다 나은 성과를 가져오기 위해 자극한다. 명확하고 구체적인 목표는 생산성을 증대시키고 작업의 질을 개선시킨다.

넷째, 목표는 성과 평가와 통제를 위한 하나의 지표가 될 수 있다. 옛말에 "당신이 지금 가고 있는 곳을 모른다면, 당신은 결코 거기에 언제 도달할지 모를 것이다"라는 말이 있다.

목표를 수립하고, 이 목표의 달성을 위한 노력, 그리고 필요한 경우 이 목표를 수정하려는 행동을 통해 얻을 수 있는 이익이 기업 내의 관리자나 종업원들에게만 한정되어 있는 것은 아니다. 이는 어느 곳에도 적용될 수 있는데, 예를 들어 어느 학생이 이번 학기 중에 특정과목에 대해서 B를 받는 것이 목표지만 첫 번째 시험에서 D를 받았다. 이 결과는 지금까지의 노력에 대해 반성하게 되고 다음 시험에서 잘하기 위한 강력한 인센티브를 제공하게 되고, 이 같은 결과가 다시 일어나지 않도록 노력할 것이다. 이러한 유형의 평가와 행동은 목표를 성취하는 방법에 대해 스스로를 통제할 수 있게 한다.

04 일반적 목표와 운영적 목표

일반적 목표(general goals)는 질적인 언어로 표현되는데, 의사결정을 위한 넓은 방향을 제공한다. 예를 들어 한국 대학의 일반적 목표는 학생들을 교육시키고, 연구하며, 사회에 봉사하는 것이다.

반면에 **운영적 목표**(operational goals)는 양적인 언어로 표현되는데 누구를 위해, 구체적으로 주어진 기간 내에 얻을 수 있는 것을 나타낸다. 다이어트 센터에서는 살을 빼고자 하는 사람들이 세 달 이내에 10Kg을 줄인다는 것을 운영적 목표로 수립한다. 이와 같이 운영적 목표는 양적인 단위(10Kg)를, 누구를 위해(나), 측정 가능한 시간단위(3개월)로 구체화하는 것이다.

05 이해관계자의 역할

기업과 관련 있는 다양한 이해관계자(예컨대 고객, 주주, 공급자, 정부 등)는 목표수립에 영향을 주게 되는데, 이 영향은 목표수립과 수정 과정에 반영된다. <그림 4-4>에서 보는 것처럼 관리자나 종업원들이 목표를 수립할 때 당면하는 수요, 제약, 대안을 선택하는 데 이해관계자들은 중요한 역할을 하게 된다.

수요(demand)는 조직이 어떤 특정한 의사결정을 하고, 특정한 목표를 달성하는 데 영향력 있는 이해관계자들에 의해 표현되는 요구 수준이다. 조직 내의 이해관계

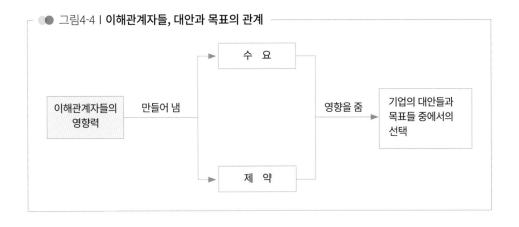

그림4-4 | **이해관계자들, 대안과 목표의 관계**

자들은 그들의 부서, 조직의 전체 목표 또는 목표를 성취하기 위한 수단에 대해 항상 동의하지는 않는다. 기업의 최고경영자가 한 해의 재무적인 목표를 수립했으나 이사회에서 반대할 수도 있다. 기업의 모든 자원을 동원하여 목표는 달성하였으나 기업의 이익이 떨어졌을 때, 이사회는 주주들의 협조를 얻어 최고경영자를 퇴진시킬 수도 있는 것이다.

제약(constraints)은 목표수립, 의사결정, 취할 수 있는 행동 등에 대한 한계를 설정한다. 기업에서의 제약요소는 두 가지를 들 수 있는데 이는 법과 윤리이다. 영업실적이 계속 줄고 있는 한 사원이 공직자에게 리베이트를 주어 계약을 성사시킨다면 이는 합법적이라고 볼 수는 없다. 마찬가지로 뇌물을 받고 어떤 제품을 터무니없이 낮은 가격으로 고객에게 넘겨주었다면 이는 윤리적이라고 볼 수 없다.

선택(choice)은 조직과 개인이 자유롭게 취할 수 있는 목표와 대안들이다. 어떤 컴퓨터회사에서 이미 개발된 컴퓨터 칩과 소프트웨어를 생산하지 않고 그 대신에 PC를 조립하는 데 필요한 부품들을 외부에서 조달하기로 결정하였으며 그 결과 배달비용을 줄였다. 이는 고객과의 관계를 더욱 가까이 할 수 있는 선택을 한 것이다.

이와 같이 기업이 목표를 수립하는 데 선택할 수 있는 범위는 전적으로 이해관계자들의 영향력에 의존하게 된다. 기업외부 이해관계자들의 영향력이 상대적으로 낮을 때는 기업들이 목표를 수립하는 데 선택의 범위가 넓다. 그 기업들은 시장에서 선도적인 위치에 있으며, 인적자원, 기술, 그리고 재무자원이 매우 풍부하다. 반대로 영향력 있는 이해관계자들이 존재할 때에는 기업이 목표를 수립할 때 선택의 여지가 매우 좁다.

SECTION 05 의사결정 모형

여기서는 의사결정을 둘러싸고 있는 환경에 대해 세 가지 의사결정 모형들을 설명하고자 한다. 이들은 합리적 모형, 제한된 합리성 모형과 정치적 모형이 그것이다. 이 모형들은 다양한 의사결정 과정들을 설명하는 데 매우 유용하다.

01 합리적 모형

(1) 합리적 모형의 정의

합리적 모형(rational model)은 개개인이나 팀이 그들의 의사결정이 논리적이고 잘 정화된 것이며, 실행가능성을 높이기 위해 반드시 따라야 하는 일련의 절차들을 기술하고 있다. 합리적 의사결정은 제한된 상황 내에서 목표가 최대한 달성되도록 하며 의사결정의 수단(어떻게 목표를 잘 달성할 수 있는가)을 강조하지 목적(목표 그 자체)을 강조하지는 않는다.

<그림 4-5>는 합리적 의사결정 모형의 과정인 일곱 가지 단계를 보여주고 있다. 문제의 정의와 진단에서 환류와 통제 단계까지이다. 일상적인 의사결정을 할 때 또는 확실하거나 위험이 낮은 상황에서 이러한 단계를 따르게 된다.

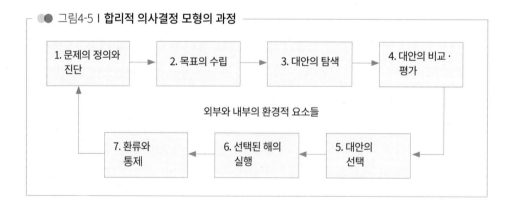

● 그림4-5 I **합리적 의사결정 모형의 과정**

(2) 합리적 모형의 단계

단계 1: 문제의 정의와 진단

관리자나 종업원들이 문제를 정확히 파악하지 못하고, 문제의 원인을 찾지 못한다면 효과적인 의사결정은 이루어질 수 없다. 문제의 정의와 진단은 세 가지 과정을 포함한다. 첫째, **인식과정**(noticing)은 다양한 내/외부 환경요소들을 확인하고 조사해서 어떠한 문제에 영향을 미치는지 결정하는 것을 말한다. **해석과정**(interpreting)은 인식된 영향력을 계산하고 어느 것이 실제 문제의 원인인지를 결정하는 것을 말한다. **통합과정**(incorporating)은 현재의 목표나 바라는 목표에 대해 상호 관련된 해석을 말한다. 만일 인식하고, 해석하고, 통합하는 과정이 부정확하다면 결국 제대로 된 해를 찾을 수 없을 것이다.

단계 2: 목표의 수립

문제를 정의한 후에 이를 해결하기 위한 구체적 목표를 수립할 수 있다. 예를 들어, 최고 경영자가 제조비용이 많이 든다는 것을 문제로 정의하였다면 이는 실제 문제로 나타난 결과일 뿐이다. 실제 문제는 불량 자재가 제조 과정에 들어갔거나, 작업자의 품질관리가 제대로 이루어지지 않은 등 여러 가지 가능성이 있을 수 있다. 경영층은 눈에 보이는 문제를 해결하기 위해 부서장에서부터 작업자까지 조직의 다양한 계층에 대해 상위목표와 하위목표들을 수립할 수 있다. 또는 경영층은 눈에 보이지 않는 문제이더라도 그 문제를 해결하기 위해 상위목표와 하위목표를 수립할 수도 있다. 어쨌든 두 경우 모두 목표는 바람직한 결과로 나타낼 수 있어야 하는데 구체적으로 무엇이 언제까지 달성되어야 하는지를 명확히 하는 것이다. 불확실한 상황 아래서는 정확한 목표를 수립하는 것이 극히 어렵다. 이 경우에는 대안을 찾고, 그 대안들을 비교·평가하여야 한다. 그리고 대안들 중에서 가장 효과가 있는 것을 선택해야 한다.

단계 3: 대안의 탐색

목표를 달성하기 위해서는 반드시 대안을 찾아야만 한다. 이 단계에서는 추가적인 정보를 수집하고, 창조적으로 생각하고, 전문가에게 조언을 구하고, 조사를 실시하는 것을 포함한다. 그러나 어떤 경우, 목표에 도달하기 위한 구체적 대안이 없는 것처럼 보일 때도 있고, 목표의 수정이 필요할 때도 있을 것이다. 또한 해결방안을 찾는 데 보다 더 긴 시간이 필요할 수도 있을 것이다. 그리고 최종 결과는 스트레스를 유발하기도 하고 실망스럽기도 하며 목표를 다시 검토할 수도 있을 것이다.

단계 4: 대안의 비교와 평가

대안을 규명한 후에 대안들을 비교·평가해야만 한다. 이 단계는 기대된 결과를 예상하고 각 대안의 상대적 비용을 계산하는 단계이다.

단계 5: 대안의 선택

의사결정은 일반적으로 규명된 대안 중에서 선택을 하는 것이다. 그러나 해결책을 선택하는 것은 합리적 의사결정 과정 중 단지 하나의 단계에 지나지 않는다. 많은 관리자들은 최근에 대학졸업자가 업무를 지시 받았을 때 단지 하나의 해결책만을 제시하는 것에 대해 불만을 가지고 있다. 몇 가지 대안들을 비교·평가하기보다는 관리자는 단지 제시된 대안을 받아들이거나 거부할 수 있을 뿐이다. 대안들 중에서 선택을 바로 할 수 있을지라도 그 문제가 복잡하거나 애매하거나 또는 높은 위험이나 불확실성을 가지고 있을 때에는 어려움에 직면하게 될 것이다.

단계 6: 선택된 대안의 실행

선택된 대안이 언제나 성공적이지는 못하므로 기술적으로 올바른 의사결정이 되기 위해서는 대안의 실행에 책임을 지고 있는 사람들로부터 받아들여지고 지원되어야 한다. 만약 선택된 대안이 몇몇의 이유 때문에 실행되지 않는다면, 다른 대안이 고려되어야만 한다.

단계 7: 환류와 통제

선택된 대안을 실행하였다고 그것이 바람직한 목표를 자동적으로 달성하는 것은 아니다. 반드시 실행 활동들을 통제하고 결과를 평가하는 환류로 이어져야 한다. 만족할 만한 결과가 나타나지 않은 경우에는 수정 활동이 필요할 것이다. 이는 전체적인 의사결정 과정을 다시 시작하거나 반복할 수도 있게 된다.

02 제한된 합리성 모형

(1) 제한된 합리성 모형의 정의

제한된 합리성 모형(bounded rationality model)은 ① 최상의 목표나 대안보다 차선을 선택하거나 ② 대안에 대한 정보가 제한적이거나 ③ 의사결정의 결과에 영향을 주는 내·외부 환경 요인들에 대한 정보가 부적절하거나 통제되어 있는 경우를 의미한다.

1950년대에 경영학자인 허버트 사이몬(Herbert Simon)이 제시한 제한된 합리성 모형은 합리성의 한계를 강조하고 있고, 대부분의 의사결정자들이 그때그때 적절한 의사결정을 하는 현상을 기술하고 있기 때문에 의미가 있다. 또한 이 모형은 정확히 같은 정보를 가지고 있음에도 불구하고 왜 다른 의사결정을 하는지 그 이유를 설명할 수 있다.

(2) 만족된 의사결정

받아들일 만한 목표나 대안을 선택하는 행동을 만족이라 한다. 받아들일 만한 목표는 최상의 목표보다 논쟁의 여지도 적고, 보다 안전하고, 그리고 목표를 달성하는 데 보다 쉬울 수 있다. 만족된 의사결정에 영향을 주는 요소로 <그림 4-6>에서 보듯이 제한된 탐색, 부적합한 정보와 정보처리 편의가 있다.

그림4-6 | **제한된 합리성 모형**

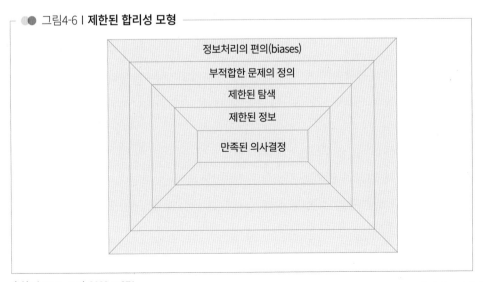

정보처리의 편의(biases)

부적합한 문제의 정의

제한된 탐색

제한된 정보

만족된 의사결정

출처: slocum, et al, 2008, p.271.

(3) 제한된 탐색(limited search)

의사결정자들은 적당하다고 생각하는 해를 찾을 때까지 대안들을 검토한 후 답을 찾기 위하여 제한적인 탐색을 한다. 예를 들어 대학의 4학년 학생들이 졸업 전에 취직을 하려고 할 때 모든 가능한 직업을 전부 고려할 수는 없다. 즉 취직에 필요한 정보를 모두 다 수집한 경우 이미 정년의 나이가 될는지도 모른다. 제한된 합리성 모형은 어느 정도 받아들일 만한 직업을 찾았다면 정보탐색을 중단한다는 것이다. 심지어 합리적 의사결정모델일지라도, 대안들의 시간, 에너지 비용을 확인하고 계산하는 데는 비용이 들게 된다는 것을 인식해야 한다.

(4) 부적합하거나 잘못 해석된 정보

제한된 합리성은 부적합한 정보를 가지고 있고, 통제할 수 없는 사건들이 의사결정의 결과에 영향을 미친다고 주장한다. 소비자들이 자동차 가격 인상에 대해 저항이 커지자 Honda와 Toyota의 경영진은 자동차 가격을 낮추는 것이 문제를 해결한다고 보고, Honda의 Civic에 대해 디스크 브레이크 대신에 비용이 싸게 드는 드럼브레이크를 새롭게 장착하고, 뒷좌석 시트에 소비자들이 느끼지 못하는 싼 섬유커버를 씌웠다. Toyota의 경우도 Corolla에 대해 범퍼에 페인트칠을 생략하고 싼 시트를 깔았다. Honda나 Toyota의 경우 적절한 정보도 없이 이러한 결정을 하였으며 소비자가 이의를 제기하자 바로 결정을 바꾸었다.

(5) 정보처리 편의(bias)

정보처리 시 편의가 발생하기 때문에 제한된 합리성 모형에 따라 의사결정을 하는 경우도 있다. 이러한 편의가 발생하는 다섯 가지의 예는 다음과 같다.

첫째, **유용성의 편의**는 특정한 사건에 대해 잘 기억하는 사람들은 그 사건이 발생하는 빈도수를 과대평가하는 것이다. 즉 자동차 사고를 크게 당한 사람은 그런 사고가 자주 일어난다고 생각하는 것이다.

둘째, **선택적 인식의 편의**는 사람들은 종종 보고 싶어 하는 것에 대해 그들이 실제로 본 것이라 믿는다는 것이다. 사람은 그들의 관점에 맞추어 정보를 수집하며 그에 맞지 않는 정보는 무시하게 된다.

셋째, **구체적 정보의 편의**는 생생하고 직접적인 경험이 추상적인 정보보다 더 유용하다고 믿는 것이다. 어떤 사람의 경험이 통계적 증거보다 더 중요할 수도 있다.

넷째, **소수**(小數) **법칙의 편의**는 사람들이 어떤 소수의 사건이나 경우를 많은 표본의 대표로 보는 것이다.

다섯째, **도박자의 잘못된 판단의 편의**는 기대하지 않은 유사한 사건들을 보는 것이 사람들로 하여금 보지 않은 사건이 일어났다고 강한 신념을 갖게 하는 경우를 의미한다. 예를 들어 동전을 던져 아홉 번 연속적으로 앞면이 나타났다면 다음에는 뒷면이 나타날 확률을 50%보다 더 클 것이라고 생각하는 것이다.

03 정치적 모형

(1) 정치적 모형의 정의

정치적 모형(political model)은 조직 내·외부의 힘 있는 이해관계자들의 특정한 이익과 목표의 관점에서 의사결정을 하는 과정을 나타낸다. 이 모형을 고려하기 전에 먼저 힘이라는 단어를 정의하는 것이 필요하다. **힘**(power)은 개인, 부서, 팀, 조직의 의사결정과 목표에 영향을 주거나 통제를 할 수 있는 능력을 말한다. 힘을 가지고 있다는 것은 첫째, 문제를 정의하고 둘째, 목표를 선택하고 셋째, 대안들을 검토하고 넷째, 수행할 대안을 선택하고 다섯째, 행동하고 성공하는 데 영향을 주고 통제를 할 수 있다는 것이다.

정치적 모형에 의한 의사결정과정은 힘 있는 이해관계자 집단, 목표의 선택과 대안의 탐색 등 세 가지 요소들에 의해 영향을 받는다. 그 관계를 나타내면 다음 <그림 4-7>과 같다.

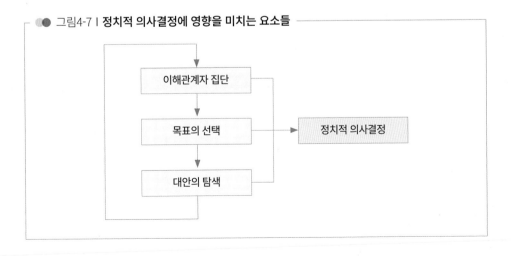

● 그림4-7 | **정치적 의사결정에 영향을 미치는 요소들**

(2) 문제의 정의

정치적 모형에서 내·외부의 이해관계자들은 그들의 이해관계를 고려하여 문제를 정의하려고 한다. 즉 그 집단의 이익을 대변하기 위해 힘을 갖추려 하는 것이다. 정치적 의사결정에서 어떤 일들이 잘못되어 갈 때, 한 사람 또는 그 이상의 개인들이 문제의 원인으로서 지목 당하게 된다. 이러한 경우를 희생양(scapegoat)이라 하는데 이는 문제에 대해 책임이 없거나 또는 부분적인 책임이 있는 개인이나 부서를 비난하는 것을 말한다. 개인이나 단체들은 긍정적인 이미지를 유지하거나 영향력을 보호하기 위하여 희생양을 고르게 된다. 예를 들어 어느 기업에서 폐기물 처리 등과 같은 환경문제에 대해 처리하는 비용 등을 이유로 법을 어기고 소홀히 다루어져서 소비자들로부터 고발을 당하고, 국가로부터 어떤 제재를 받게 되었을 경우 이를 담당하는 기술자를 희생양으로 삼아 문제를 해결하려고 시도하였다면 이 경우가 해당된다.

(3) 목표의 선택

정치적 모형은 이해관계자들 사이에서 이해관계가 상충될 가능성을 인식하고 이해관계자들 중에서도 상대적으로 더 영향력이 있는 이해관계자에 의해 목표가 선택될 수도 있다는 것을 보여주고 있다. 가끔 뛰어난 승자도 나타나지 않지만 힘이 어떤 한 이해관계자에게 집중된다면 기업의 우선적인 목표는 이 이해관계자의 목표에 의해 영향을 받을 수도 있다.

반면에 여러 이해관계자들 간에 힘의 균형이 존재한다면 의사결정과정은 교섭과 타협에 의해 진행될 수도 있다. 동시에 힘과 상충된 목표를 가지고 있는 이해관계자들 사이에서 밀고 당기는 일들이 일어난다. 힘의 균형이 대화와 타협을 이끌어내기도 하지만 어떤 경우 난국에 빠지기도 한다. 어쨌든 조직은 원하는 목표를 달성하기 위해 어느 정도 충분한 힘을 가지고 있어야 한다.

(4) 대안의 탐색

어떤 목표나 그 목표를 성취하기 위한 수단은 윈-루즈(win-lose) 상황을 만들 수 있다. 다시 말해서 이해관계 대립으로 나의 이익은 너의 손실이 되고, 너의 이익은 나의 손실이 되는 경우이다. 이러한 상황은 이해관계자들이 그들의 이익을 위해 정보를 왜곡하거나 선택적으로 정보를 취하게 된다. 이러한 행동은 적응적 의사결정이나 혁신적 의사결정을 하는 능력을 제한하게 된다.

조직 내에 있는 이해관계자들은 정보를 힘의 원천으로 간주하고 그 정보를 적재적소에 활용한다. 합리적 의사결정 모형은 모든 타당한 정보를 공개할 것을 요구한다. 그러나 정치적 모형에서 정보는 이해관계자에 의해 활용될 수 있다. 이렇게 정보는 상황에 따라 다른 역할을 함으로써 의사결정에 영향을 미칠 수 있다.

정치적 의사결정에서 이해관계자들이 사용하는 전략 중의 하나는 제3자의 임명(co-optation)이다. 이는 조직의 안정과 생존에 대한 위협을 회피하기 위한 방법으로 새로운 제3의 이해관계자를 대표로 전략적 의사결정과정에 참여시키는 것을 의미한다. 그 한 예로 회사가 돈을 차입하고자 할 때 회사의 이사회에 은행임원을 참여시키는 것이다.

EXAMPLE 02   잘 익은 '멜론' 맛도 못 본 SKT

2013년 '멜론' 서비스하는 로엔 매각 … 음원주 1위로 급성장

"최근 4차 산업혁명의 수혜주로 음원주가 각광을 받으면서 시장 1위 멜론을 서비스하는 로엔 엔터테인먼트가 주목을 받고 있다. 시장점유율은 물론, 실적까지 급성장하며 주가도 호조를 보이고 있다.

반면 로엔의 옛 주인이었던 SK텔레콤은 콘텐츠 확보는 물론, 차익 실현에도 실패하며 현실적 이익과 미래 성장성 등 두 마리 토끼를 모두 놓쳤다는 지적이 나온다.

24일 한국거래소에 따르면 로엔 주가는 지난해 10월 25일 장중인 최저가인 6만 4,300원에서 꾸준히 상승하며 지난달 3일에는 장중 9만 1,400원으로 최고가를 찍었다. 최근에는 8만 원 후반대로 다소 하락했지만 숨고르기 차원이라는 것이 업계의 해석이다.

지난해 1월 카카오가 로엔을 인수한다고 발표했을 때 무려 1조 8,700억 원에 이르는 인수 금액을 놓고 과도한 금액이 아니냐는 우려도 많았다. 하지만 최근 실적만 놓고 보면 기우였던 것으로 보인다. 로엔의 올 1분기 매출액은 1,336억 원으로 모회사인 카카오 매출의 30%를 차지했다. 특히 카카오 1분기 영업이익의 약 53.8%는 로엔에서 나왔다. 영업이익의 절반 이상을 책임진 것이다. 시가총액만을 놓고 봐도 이미 인수가액을 훌쩍 뛰어넘었다. 현재 로엔의 시총은 약 2조 2,000억 원으로 코스닥 업체 가운데 5위다.

당초 로엔 매각 당시인 2013년 SK텔레콤은 선택을 강요받았다. 공정거래법 지분 규제에 따라 1,300억 원을 주고 로엔의 지분 100%를 인수하거나 보유주식을 전량 팔아야 했다. SK텔레콤은 인수 대신 매각을 선택했다. 당시 로엔의 주가는 1만 4,000원 정도로, SK텔레콤은

약 2,600억 원에 로엔 지분을 넘겼고 로엔을 인수한 홍콩계 사모펀드는 2년 반만에 카카오에 로엔을 팔아 무려 1조 2,000억 원에 달하는 시세차익을 올렸다.

SK텔레콤은 현재 NHN벅스는 물론, 소리바다와 포괄적 사업 제휴를 모색 중인 것으로 알려지고 있다. 경쟁사인 KT와 LG유플러스가 이미 지니뮤직(옛 KT뮤직)과 손잡고 발 빠르게 움직이고 있는 것에 반해 SK텔레콤 입장에서는 로엔의 부재가 뼈아프기만 하다.

현재 로엔은 음원은 물론, 드라마 및 SNS 동영상 제작에까지 발을 넓히며 카카오의 콘텐츠 공급자 역할로 자리를 굳히고 있어 향후 카카오의 신규 사업에서 핵심 역할을 담당할 것으로 전망된다.

권윤구 동부증권 연구원은 "카카오와의 시너지가 지속되고 있고 CJ E&M의 드라마 제작 자회사 스튜디오 드래곤과 함께 동영상 콘텐츠 제작을 본격화할 계획"이라면서 "업계 최고의 경쟁력을 지닌 파트너들과 신규 사업 진행함에 따라 안정성과 성장성을 동시에 확보했다"고 진단했다.

자료 : 아시아경제, 2017년 5월 24일

토의문제

SK텔레콤이 콘텐츠 확보는 물론, 차익 실현에도 실패하며 현실적 이익과 미래 성장성 등 두 마리 토끼를 모두 놓쳤다는 지적을 의사결정의 관점에서 토의해 보자.

· 요약

- 의사결정 과정은 문제를 정의하고, 정보를 수집하며, 대안을 규명하고 평가하며 그 후에 대안을 선택하는 여러 단계들로 구성되어 있다. 이러한 단계들의 활동은 서로 연결되어 있으며, 어느 한 단계로부터 다음 단계로 진행할 수도 있고 그 이전의 단계로·되돌아갈 수도 있다.

- 기업의 관리자나 종업원들이 의사결정을 할 때 환경요소들을 고려하여야 한다. 의사결정이 이루어지는 환경은 크게 확실성, 위험과 불확실성으로 구분할 수 있다.

- 확실성(certainty)은 문제에 대한 정보를 충분히 가지고 있고, 대안의 해결책이 확실하고, 각 해결의 결과가 명확한 상황을 의미한다. 확실성의 상황은 미래에 발생할 상황이 각 의사결정 대안별로 단 하나이고 그 확률 값은 1이며, 이때의 성과는 분명하게 알 수 있다.

- 객관적 확률(objective probability)은 과거의 경험이나 현재의 관찰치 중에서 일부의 표본을 추출하여 구한 확률분포인데, 객관적인 사실에 기초하여 특정한 결과가 나타날 확률을 의미한다.

- 주관적 확률(subjective probability)은 개인적인 판단과 신념을 기초로 하여 구체적인 결과가 발생할 가능성을 의미한다.

- 불확실성(uncertainty)은 개개인이 의사결정 단계에서 대안이나, 이 대안의 결과가 나타날 확률에 대한 정보를 가지고 있지 못한 상황을 말한다.

- 의사결정의 유형을 문제의 유형과 해결책의 유형을 기준으로 분류해 보면 일상적 의사결정(routine decision making), 적응적 의사결정(adaptive decision making), 그리고 혁신적 의사결정(innovative decision making)으로 나눌 수 있다.

- 경영자들의 의사결정 스타일은 개인들의 생각하는 방식(way of thinking)과 개인의 모호성에 대한 관용(tolerance for ambiguity)의 두 가지 차원을 기준으로 지시적 스타일(directive style), 분석적 스타일(analytic style), 개념적 스타일(conceptual style), 행동적 스타일(behavioral style)로 구분할 수 있다.

- 목표(goal)는 달성되어야 할 결과를 말하며 의사결정이나 행동이 추구하여야 하는 방향을 제시한다. 구체적인 목표는 바람직한 결과의

질과 양을 규정한다.

- 수요(demand)는 조직이 어떤 특정한 의사결정을 하고, 특정한 목표를 달성하는 데 영향력 있는 이해관계자들에 의해 표현되는 요구 수준이다.
- 제약(constraints)은 목표수립, 의사결정, 취할 수 있는 행동 등에 대한 한계를 설정한다. 기업에서의 제약요소는 두 가지를 들 수 있는데 이는 법과 윤리이다.
- 선택(choice)은 조직과 개인이 자유롭게 취할 수 있는 목표와 대안들이다.
- 합리적 모형(rational model)은 개개인이나 팀이 그들의 의사결정이 논리적이고 잘 정화된 것이며, 실행가능성을 높이기 위해 반드시 따라야 하는 일련의 절차들을 기술하고 있다.
- 허버트 사이몬(Herbert Simon)이 제시한 제한된 합리성 모형은 합리성의 한계를 강조하고 있고, 대부분의 의사결정자들이 그때그때 적절한 의사결정을 하는 현상을 기술하고 있기 때문에 의미가 있다.
- 정치적 모형(political model)은 조직 내·외부의 힘 있는 이해관계자들의 특정한 이익과 목표의 관점에서 의사결정하는 과정을 나타낸다.

● 연습
문제

1 의사결정이란 무엇인가?

2 의사결정환경에서 확실성이란 무엇을 의미하는가?

3 의사결정환경에서 위험이란 무엇을 의미하는가?

4 객관적 확률과 주관적 확률은 어떤 차이가 있는가?

5 일상적 의사결정, 적응적 의사결정과 혁신적 의사결정의 차이를 설명하시오.

6 목표의 의미는 무엇이고, 의사결정에 어떤 영향을 미치는가?

7 수요, 제약과 선택은 무엇을 의미하는가?

8 합리적 모형의 단계들을 설명하시오.

9 제한된 합리성 모형을 설명하시오.

10 정치적 모형을 설명하시오.

● 참고
문헌

/ Hellriegel, Don, Susan E. Jackson and John W Slocum, Jr., *Managing: A Competancy-Based Approach*, 11th ed., Thomson Publishing, 2008.

기업환경

기업환경

학습목표

이 장의 학습목표는 경영주체가 경영객체(프로세스)를 운영하는 데 부딪치는 환경을 규명하기 위해 첫째, 외부경영환경의 주요 요소들을 규명하고 이들이 조직에 어떻게 영향을 미치는지 알아보고 둘째, 과업환경의 역할과 이들이 의사결정에 미치는 영향을 이해하고 셋째, 조직에 직접적으로 영향을 미치는 다섯 가지 요소들을 규명하고자 한다.

EXAMPLE 01   "기존 자동차 · 석유산업 2030년엔 무너진다"

120년 역사의 자동차 산업과 160년 역사의 석유산업이 10여 년 후 붕괴(collapse)할 것이라는 전망이 나왔다. 미국 캘리포니아 주 소재 싱크탱크 리싱크엑스가 15일 발간한 '2020~2030년 운송수단을 재고하다' 보고서에서. 보고서의 결론은 '내연기관 자동차가 2020년을 정점으로 하락하기 시작해, 2030년 완전히 사라진다'는 것이다. 국제신용평가사 무디스와 미국 유명 시장조사 전문기관 IHS 오토모티브 소속 전문가들도 보고서 작성에 참여했다.

미국 싱크탱크 리싱크엑스 보고서
엔진식 차 2020년부터 수요 하락
2030년엔 전기 자율차 60% 차지
차 소유할 필요 사라져 타격 심각

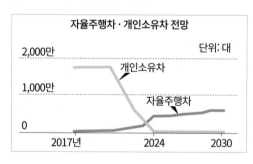

전기 · 전자공학 분야 가장 유력한 학술지
를 발간하는 국제전기전자기술자협회 운영 공학 매체(IEEE 스펙트럼)도 이 보고서를 소개했다. 연구진은 2030년경이면 자율주행 기능을 갖춘 전기자동차가 전체 자동차 판매 대수의 60%를 점유할 것이라고 예측했다. 주행 거리를 기준으로는 도로에 다니는 자동차의 95%는 자율주행 전기차라고 전망했다. 자동차 산업 패러다임이 크게 달라지는 기점은 2021년이다. 보고서의 공동저자인 토니 세바 미국 스탠퍼드대 교수는 "페이스북 · 스마트폰 보급 등의 예에서 보면, 기술 변화가 특정 시점을 넘어서는 순간 갑자기 시장 수요가 급격히 증가하면서 일상에 확산한다"며 자율주행차의 경우 이 시점을 2021년으로 예상했다.
이는 미국자동차기술학회(SAE)가 규정한 '레벨5(Level 5)급 자율주행차' 구현이 가능한 시점이 2021년이기 때문이다. 레벨5급 자율주행차란 주행 시 운전자 도움을 전혀 받지 않고 100%

자동차가 스스로 주행할 수 있는 수준의 자율주행차를 뜻한다.

이 시점이 되면 보고서는 소비자들이 자동차를 소유할 필요가 사라진다고 봤다. 차량을 소유하는 비용과 비교할 때, 카셰어링(carsharing) 서비스를 이용하는 것이 ▶금융비용을 90% 줄일 수 있고 ▶차량 유지비용을 80% 절약하고 ▶자동차 보험료를 90% 덜 내고 ▶연료비를 70% 아낄 수 있다는 것이다. 이런 시대가 개막하면 현재 자동차 산업은 심각한 타격을 입는다.

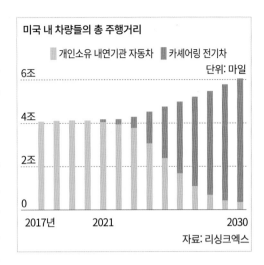

미국 내 차량들의 총 주행거리

개인소유 내연기관 자동차 　 카셰어링 전기차

단위: 마일

자료: 리싱크엑스

보고서는 2억 4,700만대(2020년 기준)의 미국 자동차 등록대수가 10년 만에 4,400만대(2030년)로 감소할 것이라고 예측했다.

대신 자동차 산업의 주도권은 카셰어링 업체가 쥔다. 4,400만대의 차량이 효율적으로 거의 24시간 움직이면서, 차량 1대의 연간 이동거리는 현재 1만 6,000km~3만 2,000km에서 16만km로 최대 10배 증가한다. 보고서는 이때가 되면 자동차 제조사들이 카셰어링업체에 차량을 납품하는 하청 업체로 전락할 수 있다는 예측도 곁들였다.

이렇게 되면 유관 산업에도 파장이 크다. 직접적으로는 석유 수요가 2020년의 70% 수준으로 줄어들어 석유산업이 타격을 입는다.

부동산 가격과 공간 활용 방식에도 영향을 미친다. 브레드 탬플턴 미국 싱귤레러티대학 교수는 "현재 주차장으로 사용하고 있는 땅은 도심재생에 활용될 것"이라고 예측했다. 신용평가사 무디스 관계자는 보고서에서 "손해보험사는 그들의 자동차보험 비즈니스 모델을 완전히 뜯어고쳐야 할 것"이라고 밝혔다. 자동차 사고가 크게 줄어들면 지금과 같은 형태의 자동차보험에 가입할 이유가 사라지기 때문이다.

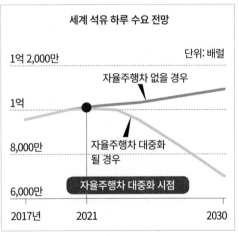

세계 석유 하루 수요 전망

단위: 배럴

자율주행차 없을 경우

자율주행차 대중화될 경우

자율주행차 대중화 시점

보고서는 종합적으로 이런 변화는 미국 경제 발전에 긍정적이라고 본다. 개인 자동차 보유·운송비용이 줄어들면 가구당 가처분소득이 5,600달러(628만원) 늘어나고, 내수 소비 증가로 이어져 미국 국내총생산(GDP)이 연간 1조 달러(1121조원) 상승한다고 분석했다.

보고서가 얼마나 현실성이 있는지에 대해 보고서 공동저자인 제임스 아르빕 리싱크엑스 공동

설립자는 "보고서의 결론은 2020년대 초기 완전자율주행 시대가 열린다는 가정을 바탕으로 한다"며 "2021년 이런 시대가 열리지 않는다면 보고서가 제시한 시나리오는 지연될 수밖에 없다"고 인정했다.

자료 : 중앙일보, 2017년 5월 18일

토의문제
"기존 자동차·석유산업이 2030년엔 무너진다."는 주제에 대해 경영환경 변화의 관점에서 그 대응방안에 대해 토론해 보자.

SECTION 01 서론

외부환경의 변화는 신제품을 개발하도록 하고, 그것들을 생산하고 판매하기 위한 새로운 조직을 창조한다. 이렇게 기업경영에 영향을 미치는 외부요소들을 이해하는 것은 매우 중요한 일이다. 관리자들은 어떻게 그들이 처한 환경에 대처해야 하는가? 이러한 질문에 명확한 정답은 없으나 경영자들은 두 가지 기본적인 접근법을 추구할 수 있다.

첫째, 외부환경의 위협에 대항하여 그 자신들을 방어할 수 있도록 조직의 역량을 키워 나가는 것이다.

둘째, 환경의 변화나 변화된 환경의 이점을 적극적으로 살리기 위해 공격적으로 환경을 이용하는 것이다.

요약하면, 관리자들은 환경의 위험을 감소시키거나 환경의 기회를 이용하기 위해 강력한 방어적 대응전략과 공격적 전략을 동시에 개발해야만 한다. 이러한 전략들을 개발하기 위해서는 환경에 대한 이해가 필수적이다. 따라서 이 장에서는 환경에 대한 이해를 목표로 하고 있다.

일반적으로 기업에 영향을 미치는 환경은 일반환경(경제적, 정치적 시스템, 인구통계적 요소와 문화적 요소들)과 과업환경(경쟁요소, 기술요소와 정치적·법적 요소)으로 구분된다. 여기서는 일반환경을 먼저 설명하고자 한다.

⋮ SECTION 02 **일반환경**

일반환경은 때때로 거시적 환경(macro-environment)으로도 부르는데 일반적으로 이는 조직 대부분에 영향을 주는 외부 요소들을 포함한다. 일반환경은 경제 시스템(자본주의, 사회주의 혹은 공산주의), 정치적 시스템(민주주의, 독재주의 혹은 전제주의), 생태적 환경(물, 토지 혹은 공해), 인구통계적 환경(나이, 성, 인종, 교육수준 등), 그리고 문화적 환경(가치, 신념, 언어, 종교 등)들을 포함한다. 이러한 일반환경들은 조직을 운영하는 데 장기적인 의미를 부여하게 된다.

┌ ◖◗ 표5-1 **환경요소** ─────

환경 요소	간접요소- 일반환경	경제적 환경, 법률적·정치적 환경, 사회문화적 환경, 생태적 환경, 인구통계적 환경, 기술적 환경요소 등
	직접요소- 과업환경	고객, 경영권이 없는 소유주, 공급자, 경쟁자, 노동조합, 정부규제 등

01 경제적 환경

한국이라는 국가는 공급에 의해 시장이 조절되고 수요는 자원들이 어떻게 분배되고 활용되는지를 나타내는 개별경제 시스템이다. 경제학의 분야는 사람들 또는 국가가 어떻게 생산하고 분배하고 그리고 상품과 서비스를 소비하는지에 대해 초점을 둔다. 중요한 경제 문제들은 노동에 대한 임금 지급, 인플레이션, 임금과 조직에 대한 세금 징수, 생산 과정에서 사용되는 자재의 가격, 그리고 판매되는 제품과 서비스의 가격이다. 자유 시장에서의 경쟁, 개인적 계약, 이익에 대한 동기부여, 기술적 진보, 그리고 근로에 대한 단체조직 및 협상권은 자본주의 경제체제에서 중요한 요소들이다.

정부는 산업에 대해 감독하고, 독점금지에 대해 방향을 제시하고, 금융정책을 수립하고, 인권을 지키는 일들을 수행한다. 특히 인플레이션, 실업률, 세금, 금리 등에 대해 정책을 수립하여 경제적 여건과 정치적 여건이 안정되도록 하는 역할을 수행하고 있다. 정부가 개별기업을 소유하는 것은 정상적인 것이 아니라 예외적이다.

02 생태적 환경

反트럼프 시위 도널드 트럼프 미국 대통령이 파리 기후변화협정 탈퇴를 선언한 1일(현지시간) 시민들이 워싱턴 백악관 앞에서 '파리 협정을 떠나는 것은 악몽', '기후위기를 깨달아라' 등의 글귀가 적힌 손 팻말을 들고 반대 시위를 벌이고 있다.

워싱턴=AP연합뉴스

1993년 우루과이라운드에 따라 세계무역기구(WTO)가 출범한 후 최우선 과제로서 무역·환경문제가 대두되고 있으며, UN의 리우환경회의를 계기로 국제환경규범에 대한 관심이 높아져 몬트리올 협약, 기후변화협약, 바젤협약 등 여러 국제협약이 속속 체결되었다. 환경이 미래사회를 지배할 것이라는 인식이 확산되면서 국가를 초월한 전 지구적 문제가 되고 있으며, 지금까지의 협약들이 주로 무역과 관련하여 규제 완화를 목적으로 하였지만 환경문제에 관한 그린라운드(Green Round)는 무역규제 완화와는 달리 규제적인 측면의 성격이 강하다. 그린라운드는 지구촌 환경비용을 모든 국가가 동등하게 지출하는 조건에서 상품교역을 하자는 다자간 협상이며, 이 것은 다른 나라보다 환경비용을 적게 들인 경우 차액만큼 관세를 부과하거나 오염 유발 상품은 아예 수출입을 할 수 없게 하고자 하는 국가 간의 협정이다.

이제까지 기업은 환경에 대한 관심은 그리 크지 않았다. 그러나 1990년대에 들어서 단기에는 이익을 내지 못할지라도 장기적으로 환경문제를 고려하여야 할 시점에 와 있다. 이는 지구의 미래에 대해 단순히 기업이 부담해야 할 비용이 아니라 투자인 것이다.

정부는 환경오염문제가 사회문제화되고 또한 국민들의 환경문제에 대한 관심이 커지자 환경오염을 본격적으로 규제하고 있다. 현재 정부가 추진하고 있는 환경정책들을 보면 환경영향평가제, 폐기물 재활용 의무 부과금, 폐기물 수거비 사전 예치제, 오염유발부담금제도, 환경 마크제 등이 있다. 또한 환경오염 제재방식도 오염물의 발생 자체를 억제하여 환경오염 문제의 발생을 예방하는 차원에서 이루어지는 사전적 규제로 변경되어 환경영향평가제도, 오염유발부담금제도, 폐기물 수거비 사전 예치제, 폐기물 재활용 의무부과 등을 실시하고 있다 그리고. 기업이 스스로 환경오염배출을 억제하도록 하기 위해 배출부과금, 오염유발가능성제품에 대한 부과금, 세금차별화, 예치금제도, 오염배출권 거래제도 등 규제방식도 체벌이나 행정조치보다는 경제규제로 전환되고 있다.

03 인구통계적 환경

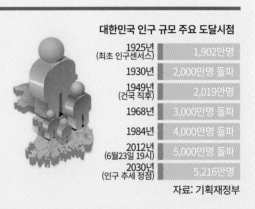

인구통계적 환경은 작업집단, 조직, 특정 시장, 또는 개인의 특성(나이별)을 의미한다. 인구통계적 환경은 일반적으로 마케팅, 광고, 그리고 인적자원관리에서 중요한 역할을 한다. 이들의 영향에 대해 알아보자.

대한민국 인구 규모 주요 도달시점

1925년 (최초 인구센서스)	1,902만 명
1930년	2,000만명 돌파
1949년 (건국 직후)	2,019만명
1968년	3,000만명 돌파
1984년	4,000만명 돌파
2012년 (6월23일 19시)	5,000만명 돌파
2030년 (인구 추세 정점)	5,216만명

자료: 기획재정부

(1) 인적자원관리 문제

앞으로 미국에서는 20년 동안 3천 9백만 명의 노동자들이 노동시장에 진입할 것이며 이들의 3분이 1이 소수민족일 것으로 예측하고 있다. 약 2천 3백만의 베이비붐 세대가 은퇴할 것으로 보는데 그들 대부분은 백인이다. 그러한 결과로 여성과 소수민족은 점차 노동력의 대부분을 차지할 것으로 예상되고 노동력 참가의 전체적 비율은 66.6%에서 67.1%로 2005년까지 증가될 것이다. 이러한 결과는 젊은 층들의 계속적인 이주, 높은 출산율, 그리고 상대적으로 낮은 퇴직 등에 기인한다. 흑인 노동자들의 비율은 2005년까지 36%로 증가할 것이고 그리고 아시아 노동자의 수는 39%가 될 것이다.

UN이 선정한 미래 유망 직업

직업	내용
브레인 퀀트	수학 모델을 이용해 투자 결정을 내리는 직업
최고경험 관리자	고객에게 최고의 경험을 주는 것을 책임진 사람
오피스 프로듀서	고객이 필요한 시간에 일할 공간과 설비를 제공하는 직업
기억수술 전문의	인간의 뇌에서 나쁜 기억 등을 제거하는 의사
유전자 상담사	유전 정보에 따른 개인별 건강 관리를 해 주는 직업
임종 설계사	품위 있는 죽음을 맞이할 수 있도록 도와주는 직업
탄소배출권 거래중개인	탄소배출권 거래를 시장에서 중개하는 직업
수소연료전지 전문가	고성능 수소연료전지를 연구하고 개발하는 직업
내로캐스터	개인 취향에 따른 주문형 방송을 제작하는 직업
디지털 고고학자	디지털 기술로 땅 속 유적 등을 발굴하는 직업
결혼 및 동거 강화 전문가	결혼이나 동거 상대를 찾아 주는 직업

자료: 2025 유엔미래보고서

미국의 경우 노동인력이 산업 생산에서 서비스와 정보부문으로 이동할 것이며 이런 경우 이 직무에서 몇몇 특수한 기술을 요구하게 될 것이다. 교육과 훈련을 받지 못한 사람들은 보수가 많은 직업을 찾는 데 계속적으로 어려움을 겪게 될 것이다. 현재 대부분의 직업에서 고등학교 졸업이상의 작업자들을 요구하고 있다.

경영자들은 증가하는 다양한 작업자들로부터 새로운 압력에 직면하고 있다. 그들은 이러한 추세를 인식할 필요가 있고 이러한 다양성을 관리하는 방법을 배워야 한다. 기업들은 모든 수준에서 언어, 나이, 인종, 그리고 윤리의 차이를 포용할 수 있도록 종업원들에 대한 교육·훈련을 제공하고 있고 승진과 고용에서 인종, 성 차별 등이 없어야 하며 장애인들을 반드시 고용하여야 한다.

(2) 마케팅과 광고

인구통계적인 환경은 소비자의 선호도를 변화시키고 마케팅과 광고활동에 영향을 미친다. 맞벌이 부부의 증가는 구매하는 상품의 형태뿐만 아니라 광고에도 영향을 미친다. 맞벌이 부부는 쇼핑시간을 절약할 수 있는 방법을 찾으며, 이를 위해 홈쇼핑이나 회원제를 선호하는 수도 있다. 또한 일하는 여성들이 늘어남에 따라 가족 구성원이 점점 적어진다. 가구당 자녀가 줄어들수록 부모들은 한 아이에게 더 많은 돈을 쓰고 싶어 하고, 쓸 수도 있게 된다. 이렇게 됨으로써 어린이용 전문점이 늘어

가고 어린이용 상품구색이 보다 다양해진다. 건강과 안전에 대한 사회인식의 증대
는 소매점포 내의 환경을 보다 청결하고 위생적으로 변화시키고 있으며, 제품구색
도 선별적으로 하게 한다. 감각적인 멋을 추구하는 신세대들이 증가하면서 그들의
기호에 맞는 밝고 화려한 분위기의 커피숍, 빵집, 술집, 레스토랑 등이 나타나고 있
으며 새로운 상품구색 및 서비스를 요구하고 있다. 이를 위해 광고도 신세대 소비자
의 취향에 맞는 광고를 기업들은 행하게 되는 것이다.

04 문화적 환경

문화는 한 집단을 다른 집
단과 구별할 수 있는 특성들(예
컨대 언어, 종교, 유산 등)과 가치를
의미한다. **가치**는 개인에게 매
우 중요한 의미를 부여하고 장
기간 동안 상대적으로 안정적
인 상황에 대한 기본적인 신념
을 의미한다. **가치 시스템**은 상

▲ 감천문화마을 전경

호간에 경쟁적이고 지원적인 복수의 신념(multiple beliefs)들로 구성된다. 예를 들어 개인
기업에 있어서의 신념과 개별적인 권리로서의 신념은 상호 지원적이다. 문화적 가
치는 유전적으로 이전되지 않는다. 사람들은 그들이 태어난 그 날부터 그들의 문화
가치를 학습하기 시작하고 그리고 이러한 학습은 그들의 삶 전체를 통해 계속된다.

기업경영자들은 자신들의 가치와 다른 사람들의 가치, 이 두 가치시스템의 중요
성을 인식할 필요가 있는데 가치는 기업경영자들에게 다음과 같은 영향을 미치기
때문이다.

첫째, 기업경영자들은 사람들과 집단에 대해 어떻게 보느냐에 따라 사람들 간의
관계에 영향을 미치게 된다. 예컨대 동양에서 여자들은 집을 지키고 육아를 하며 아
이들을 교육시키는 역할이라는 관점을 가지고 있다면 이는 여자들이 회사에 나와
일을 한다는 것이 부정적으로 보일 것이다. 그러나 현재는 남자와 여자의 능력을 동
등하게 보면 오히려 어떤 일은 여자가 더 잘할 수도 있는 것이다.

둘째, 경영자들이 상황과 문제를 보는 관점이 다를 수도 있다. 미국의 경영자들
은 문제나 갈등은 항상 발생할 수 있는 것으로 보지만 중국의 경영자들은 갈등은

발생하지 않아야 하는 것으로 보고 있다.

셋째, 경영자들의 문제해결 관점이 다를 수 있다. 한국의 경영자들은 집단의사 결정이 바람직하다고 보는 반면에 독일의 경영자들은 개인의사결정이 더 효과적이라고 본다.

넷째, 무엇이 윤리적이고 무엇이 윤리적이 아닌지 차이가 있을 수 있다. 어떤 경영자들은 법을 지키는 것만이 윤리적인 행동이라고 보지만 어떤 경영자들은 최소한의 법 요구사항만을 준수하고 도덕적으로 옳다면 이것도 윤리적이라고 본다.

다섯째, 종업원을 리드하고 관리하는 방법이 다를 수 있다. 어떤 경영자는 정보를 종업원과 공유하고 상호 신뢰의 구축이 옳다고 보는 반면에 다른 경영자는 규칙을 강조하고, 종업원들을 밀착하여 관리하며, 엄격한 명령의 이행만이 옳다고 볼 수도 있다.

작업과 관련된 가치의 분석 틀과 관련하여 종업원들 간의 문화적 차이를 유발하는 요소들이 무엇인지에 대해 많은 연구가 이루어졌다. 50개 나라에 있는 IBM 종업원을 대상으로 조사한바, Hofstede는 다섯 가지 가치차원이 국가 간의 가치의 차이를 낳는다고 연구결과를 제시하였다. 이는 권력차이(power distance), 불확실성 회피(uncertainty avoidance), 개인주의(individualism), 남성주의(masculinity), 그리고 유교적 역동주의(Confucian dynamism)이다.

(1) 권력차이

특정한 문화 내에서 영향력과 통제가 개인과 기관들 간에 불공평하게 배분되어 있는 정도를 권력차이라고 정의한다. 만일 사회에서 대부분의 사람들이 개인이나 기관들 간에 영향력과 통제가 불공평하게 배분되어 있다면 이는 권력차이가 크다고 볼 수 있다. 권력차이가 적은 국가에서 기업을 경영하는 관리자들은 일반적으로 동등한 기회와 동등한 권리를 지지한다. 예를 들어 캐나다나 미국에서 기업경영을 하는 관리자들은 전형적으로 경영 참가를 지지한다. 그러나 멕시코, 프랑스, 그리고 인도에서 기업경영을 하는 관리자들은 경영 참가 스타일을 중요하게 여기지 않는다.

(2) 불확실성 회피

미래에 대한 모호성, 위험, 그리고 불명확성을 회피하려는 사회 구성원들의 노력 정도를 불확실성 회피로 정의한다. 이 차원이 낮으면 안정적이며 모호한 상황을 최소화 또는 회피하기 위해 많은 노력을 들이지 않는다. 불확실성 회피 정도가 높으면 직무안정을 위한 절차나 규칙을 만듦으로서 미래를 더 잘 예측할 수 있도록 노력한다.

미국과 캐나다의 경영자들은 불확실성 회피의 정도가 낮기 때문에 변화된 규칙, 개방된 경쟁, 새로운 아이디어를 더 잘 받아들이게 된다.

(3) 개인주의

사회에서 사람들이 그들 자신과 가까운 가족들에 대한 관심 정도와 개인들이 그들 자신의 운명의 주체라고 믿는 정도를 **개인주의**로 정의한다. 개인주의의 반대 개념은 집단주의인데 이는 집단 구성원들이 공통의 복지와 서로 간에 강한 유대관계를 갖는 사회적인 틀을 가지고 있는 경우이다.

개인주의 성향이 강한 미국과 캐나다에서 종업원들은 우리라는 사회보다 개개인을 더 중시한다. 이 경우 경쟁에 기초한 시장기반의 경제체제를 유지하고 지지한다. 그리고 개인적인 장점과 동기부여체제를 선호하는 경향이 있다. 반대로 한국, 일본과 같은 '우리(we)'지향적인 사회는 집단 인센티브와 강력한 연공서열체제를 선호한다. 또한 개인의사결정보다 집단의사결정을 선호한다.

(4) 남성주의

Hosfstede는 **남성주의**를 돈의 획득, 물질적 풍요성이 중요시되는 정도, 그리고 다른 사람의 삶의 가치에 대한 무관심 정도로 정의하고 있다. 남성주의의 반대 개념은 여성주의인데 교육을 중시하고 자녀 양육과 인생에서 보다 사람 지향적인 경우이다. 남성주의 성향이 약한 캐나다와 미국은 남성과 여성에 대한 기대역할에 크게 차이를 두지 않는다. 반면에 남성주의 성향이 강한 멕시코, 일본, 오스트리아, 이탈리아 등에서 여성은 아직까지 관리적 업무를 할 수 없다. 남성이 대부분의 자리를 차지하고 그리고 종업원의 개인적 삶에 영향을 주는 조직의 권리는 광범위하게 수용되고 있다.

(5) 유교적 역동주의

유교적 역동주의의 중요한 원칙은 첫째, 사회적인 안정은 사람들 간의 불평등한 관계에 기초한다. 따라서 젊은 관리자는 나이든 관리자를 존경해야 하고 그리고 복종해야 한다. 둘째, 가족은 모든 사회 조직의 원형이다. 따라서 조직의 구성원은 일반적으로 일을 수행하는 데 있어서 다른 이들의 체면, 즉 존경, 자기 존경, 그리고 위신을 유지해야 한다. 셋째, 사람들은 자기들이 대해지는 것만큼 남들을 대해야 한다. 따라서 일선 관리자들은 부하들이 지식과 기술을 습득하기 위해 독려하여야 할 뿐만 아니라 부하들이 습득하기 전에 먼저 습득하여야 한다. 일본, 홍콩, 타이완, 한국 등 유교적 역동주의가 큰 나라에서는 근검절약, 명절 때 상사에게 간단한 선물 보내기, 좋은 매너 등은 매우 중요한 가치로 인정한다.

05 기술적 환경

기술(technology)이란 투입을 산출로 변화시키는 과정이라고 볼 수 있다. 기술은 아이디어, 정보, 자재 등의 투입을 완성된 제품·서비스로 변환하는 데 필요한 지식, 도구, 기법과 활동을 총칭한다.

(1) 기술의 영향

기술요소는 기업의 과업환경을 창조하고 변화시키는 데 점점 더 중요한 역할을 하고 있다. 기술변화는 현재를 만들어내고 미래를 창조한다. 새로운 기술은 기업들로 하여금 이를 받아들이고 변화하도록 하는 큰 힘이다. 또한 최근에 현대 사회는 정보 사회라고 말하고 있다. 정보사회로의 변화는 컴퓨터에 기초한 텔레커뮤니케이션 기술의 활용을 가능하도록 만들었다. 하나의 예가 개인용 컴퓨터와 대용량 컴퓨터의 통합 그리고 전 세계를 하나의 체제로 묶는 인터넷 등이 그것이다.

이러한 변화는 기업경영에도 커다란 변화를 가져오게 되었다. 이른바 전자상거래(e-business)가 가능하게 되었다. 기업들이 주문서를 작성하거나 전화를 통하여 주문을 하고 난 다음에 연락을 기다리는 과거의 방식과는 달리 단순히 컴퓨터의 단말기를 두드리면 수초 내에 제조업자의 컴퓨터에 그 주문이 전달된다. 어떤 전자재고시스템은 재고가 일정 수준 이하로 떨어지면 주문이 자동적으로 이루어지기도 한다.

따라서 구매주문과정이 빨라지고, 재고관리가 편리해지며 고객의 주문을 처리하는 과정이 신속해진다.

(2) 전략에서 기술의 역할

컴퓨터 기반의 정보기술이 기업경영에 일반적이기 때문에 과업환경의 일부로서 기술요소를 포함시키고 있다. 제조업이나 서비스업체들이 정보기술을 부적합하게 사용할 경우 전략적 선택에 심각한 제약을 받게 된다. 정보기술은 오래된 기술과 부합되지 않고 다음과 같이 선택의 압력을 가중시키고 있다.

첫째, 컴퓨터에 의해 통제되는 기계와 연결된 컴퓨터지원설계(CAD; computer aided design)는 전통적인 대규모 제조설비에 의한 규모의 경제를 달성하려는 과거의 방식에 비해 고객화된 설계를 통해 생산시간을 단축한다.

둘째, 종래의 상점을 직접 방문하여 제품을 구매하던 고객들이 인터넷 홈페이지를 방문하여 쇼핑이 가능해진다(B2C business).

셋째, 종래의 손으로 처리하던 방식에서 온라인, 실시간으로 재무계획이 일자별로 가능해져서 수입과 손실이 그때그때 계산될 수 있다.

넷째, 은행고객이 은행에 직접 와서 일을 처리하던 종래의 방식에서 벗어나 가정에서도 컴퓨터 화면을 통한 금융거래가 가능해졌다(cyber banking).

따라서 이러한 변화를 수용하고 기업이 기술변화를 전략수립 시에 반영할지의 여부를 결정하여야 한다.

06 정치적 · 법적 영향요소

기업에서 **정치적·법적 환경**은 다른 환경요소들과 더불어 큰 의미를 지닌다. 정치적·법적 환경 내에서 규제활동은 기업경영의 모든 활동에 영향을 미친다. 예컨대 환경을 보호하기 위해서 쓰레기를 줄이려는 움직임, 하수처리와 관련된 규제 등은 기업경영에 영향을 미친다.

정부의 규제는 특정 활동을 금지하거나 억제하기도 하지만 규제의 완화로 인해 이전에는 금지되었던 활동들이 가능하게 되기도 한다. 이를 잘 예측해서 어떤 기업은 다른 기업에 비해 경쟁력 우위를 가지기도 한다. 정치적·법적 환경의 변화는 그전에는 필요해 보이지 않았거나 수익성이 없어 보였던 활동들을 새로 시도할 수 있는 기회를 주기도 한다. 그러므로 기업은 정부의 경제정책 방향과 관련된 법규의 변

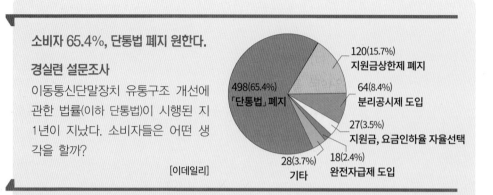

소비자 65.4%, 단통법 폐지 원한다.

경실련 설문조사

이동통신단말장치 유통구조 개선에 관한 법률(이하 단통법)이 시행된 지 1년이 지났다. 소비자들은 어떤 생각을 할까?

[이데일리]

498(65.4%) 「단통법」 폐지

120(15.7%) 지원금상한제 폐지

64(8.4%) 분리공시제 도입

27(3.5%) 지원금, 요금인하율 자율선택

18(2.4%) 완전자급제 도입

28(3.7%) 기타

화를 면밀히 분석하여 이에 적절하게 대응하여야 한다.

기업경영자들은 복잡한 과업환경에 잘 적응하기 위해 다섯 가지의 정치적 전략을 활용할 수 있다. 이는 협상, 로비, 협력, 참여와 사회화이다. 이러한 전략들은 서로 독립적으로 존재하는 것이 아니라 여러 가지의 방안을 함께 사용할 수도 있다. 여기서 교섭이 가장 중요한 정치적 전략이라고 볼 수 있는데 이는 나머지 네 요소가 어느 정도는 교섭의 성격을 포함하고 있기 때문이다.

(1) 협상

협상(negotiation)은 두 당사자 혹은 집단들이 공통의 목표나 상충되는 목표에 대해 의견을 개진하고 합의에 이르는 과정을 말한다. 협상은 두 집단이 협상이 가능하고 상호간에 이익이 된다고 믿을 때 일어날 수 있다.

(2) 로비

로비(lobbying)는 입법이나 규칙이 제정되었을 때 일어날 수 있는 영향에 대해 공무원에게 정보를 제공함으로써 정부의 의사결정에 영향을 미치려는 시도를 의미한다.

(3) 협력

협력(alliance)은 특정한 문제에 대해서 두 당사자 혹은 집단들이 공통의 목표를 달성하기 위해서 공동의 노력을 취하는 것을 말한다.

(4) 참여

참여(representation)는 외부 조직에서 이해관계자의 참여를 의미하는데 구성원의 이익을 위한 것이다. 기업에서 이사진들이나 의사결정을 하는 최고경영층들은 주주들의 이익을 반영하기 위해 법적인 인준이 필요하다.

(5) 사회화

사회화(socialization)는 사람이 조직이나 사회전반이 가지고 있는 가치를 배워 나가는 과정을 말한다.

⦂ SECTION 03 과업환경

일반환경과 과업환경은 분리된 개념이 아니고 정도의 문제이다. 일반환경이 경제 시스템에서 모든 조직에 간접적으로 영향을 미치는 반면에 과업환경은 일반환경에서 조직의 성장, 성공, 그리고 생존에 직접적으로 영향을 미치는 요소들이다. 과업환경은 일반적으로 기업의 고객, 경쟁자, 공급자, 주주, 정부규제, 압력단체, 종업원, 그리고 노동조합들이 있다.

경영관리자들은 문제를 분석하고 의사결정을 할 때 지속적으로 과업환경을 평가하여야 한다. 과업환경은 기업의 계획수립, 조직구조, 인적자원관리, 의사결정에 지속적인 영향을 미치기 때문이다. 그러나 과업환경의 복잡성을 지속적으로 분석하기는 쉽지 않은데, 이 이유는 경영자들이 매일매일의 일에 매달려 있기 때문이다.

01 과업환경의 유형

과업환경은 복잡성 정도와 안정성 정도에 따라 유형을 구분할 수 있다. <그림 5-1>에 과업환경의 유형을 두 분류기준에 의해 구분하고 있다.

<그림 5-1>에서 보는 바와 같이 과업환경을 구분하는 한 차원인 단순-복잡 차원은 과업환경에서 환경요소들이 적거나 혹은 많거나, 비슷하거나 비슷하지 않거나에서 차이가 있는 것이다. 저소득층 거주자를 위한 표준화된 건축물을 건설하는

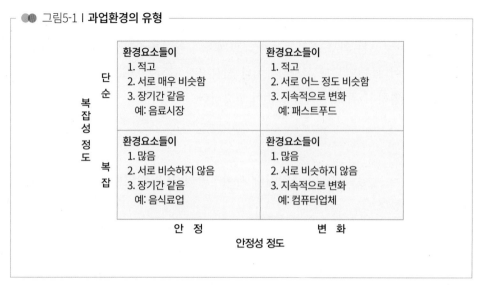

● 그림5-1 | **과업환경의 유형**

자료: Helligel, Jackson and Slocum, 1999, p.92.

기업은 상대적으로 단순한 환경을 가지고 있다. 반면에, 고객지향적인 건축, 사무실 빌딩, 그리고 쇼핑센터를 건설하는 기업은 더욱 복잡한 환경에 직면한다. 주택건설 업자는 주로 지역경제 여건, 건축용 원자재의 이용가능성 등을 고려하여야 한다. 그 러나 상업용 건물 건설업자들은 주택건설업자들과 같은 영향요소들을 고려하여야 할 뿐만 아니라 여러 지역의 다양한 건물을 건축하기 위해 필요한 작업인력들의 확 보, 임대에 영향을 주는 은행 규제 및 대출조건, 그리고 일반적 경제상황의 변화를 고려해야 한다.

과업환경을 구분하는 또 다른 차원인 안정−변화 차원은 과업환경에서 환경요 소들이 장기간 동안 비슷하거나 또는 지속적으로 변화하는지의 구분이다. 앞에서 설명한 두 종류 건축업의 경우 과업환경은 장기간동안 안정적일 것이다.

과업환경의 네 가지 유형(단순−안정, 단순−변화, 복잡−안정, 복잡−변화)은 단순−복잡과 안 정−변화 차원에 따라 분류되었다. 우선 **단순−안정의 과업환경**에 속한 기업들의 예 는 음료시장에 속한 기업들이다. 이 기업들은 많은 고객들을 가지고 있지만 그들이 일반적으로 제공하는 서비스는 표준화되어 있다. 정해진 시간에 각각의 고객들에게 정확한 음료수 박스를 배달하는 것이 중요하다. 그러한 조직에서의 과업환경은 장 기간에 걸쳐 상대적으로 단순하고 안정적이다.

단순−변화와 복잡−안정의 과업환경은 양 극단 사이의 어느 범위에 속한다. 우 선 단순−변화의 과업환경에 속한 대표적인 기업들은 패스트푸드 기업들인데 그들은 표준화된 서비스를 제공하고, 서비스 제공에도 단순화된 절차를 가지고 있다. 그러나 복잡-안정의 과업환경에 속한 기업들은 음식료업들로서 기본 제품들은 수십년간 변화지 않았다. 그러나 제품들의 생산과 유통 프로세스는 매우 복잡하다. 그들은 많은 고객들과 공급업자들의 수요 요구에 맞추어야 하고 정부규제에 맞추어야한다.

복잡-변화의 과업환경에 속한 기업들은 컴퓨터업계를 들 수 있는데 이 기업들이 처한 환경은 환경적 불확실성이 매우 크다. 환경적 불확실성(environmental uncertainty)은 기업 외부환경의 특정 요소들이 애매모호하고, 예측하기 어려운 것을 말한다. 컴퓨터 칩을 생산하는 업체들은 매우 복잡한 **환경**(turbulent environment)에 처해 있다고 볼 수 있다. 복잡한 환경이란 외부환경이 복잡하고, 지속적으로 변하며, 애매모호하고, 예측이 어려운 환경을 의미한다.

02 과업환경에서의 경쟁요소

많은 산업에서 기업들은 적어도 다섯 가지의 경쟁요소에 의해 영향을 받는다. 이는 경쟁자, 신규시장 진입자, 대체재의 위협, 고객, 그리고 공급업자이다. 경영자들은 미래의 경영활동을 위해 의사결정을 내리기 전에 각각의 요소뿐만 아니라 이들의 결합된 힘을 분석하고 진단하여야 한다. 이를 포터의 **5요인 모형**(five forces model)이라 부른다.

(1) 경쟁자

경쟁자란 특정시장에서 고객들의 욕구나 그와 비슷한 욕구를 만족시킬 수 있다고 여겨지는 현재 혹은 잠재적 기업들이다. 보스턴 컨설팅그룹(BCG)의 Bruce D. Henderson은 "모든 조직에서 가장 중요한 환경적인 제약은 경쟁자의 행동이다"라고 하였다. 따라서 과업환경에서 경쟁자의 변화를 중요하게 고려하여야 한다. 이는 경쟁자와의 상대적인 지위를 유지하기 위해 경쟁자가 지속적으로 변화하면 그에 맞는 적합한 대응이 필요한 것이다.

(2) 신규 진입자

산업에서 기존에 존재하는 기업들은 새로운 기업들이 시장에 진입하려는 위협에 직면하고 있다. 이런 경우 신규기업들이 시장에 새롭게 진입할 수 없도록 기존 기업들은 진입 장벽(barriers of entry)을 높이고자 할 것이다. 진입 장벽은 다음 세 가지로 설명될 수 있다.

❶ 규모의 경제

규모의 경제(economies of scale)는 기업들이 생산량을 증가시킬수록 단위당 원가가 줄어드는 현상을 말한다. 신규 진입자들은 기존 기업이 가지고 있는 규모의 경제를 달성하기 어렵기 때문에 진입 장벽이 생기게 된다.

❷ 제품 차별화

제품차별화(product differentiation)는 제품이 시장에서 경쟁의 무기로서 독특한 품질, 가격, 디자인, 브랜드 이미지나 고객 서비스를 말한다. 기존 기업들이 제품차별화를 시도함으로써 신규 진입자를 시장에 들어올 수 없도록 한다.

❸ 자본요구

자본요구(capital requirement)는 장비, 설비, 연구·개발 등에 필요한 자본을 의미한다. 신규 진입자들이 시장에 진입하기 위해 드는 비용으로 특정 산업에서 자본요구의 금액이 크면 새롭게 시장에 진입하는 것이 어려워진다.

(3) 대체재

한 산업의 제품에 대한 대체상품이 다른 산업에 존재할 경우 이는 기존시장에서 활동하는 기업의 가격결정에 영향을 미쳐 일정한 상한을 정하게 되므로 그 산업의 잠재적인 수입을 제한한다.

(4) 고객

기업이 제공하는 제품·서비스를 구매하는 고객은 본질적으로 낮은 가격과 높은 품질의 제품·서비스를 원하기 때문에 기업에 영향을 미친다. 또한 판매자들 간의 경쟁을 심화시키는 역할을 하기도 한다. 고객의 교섭력(bargaining power)은 다음과 같은 상황에서 더욱 커질 수 있다.

첫째, 공급자의 총 판매액에 비해 고객의 구매단위가 클 때

둘째, 고객의 구매제품에 대한 비용이 전체 구매비에서 차지하는 비중이 클 때

셋째, 고객이 구매하는 제품이 규격화, 비차별화된 경우

넷째, 고객의 구매선 교체비용이 적게 들 때

다섯째, 구매자의 이윤이 적을 경우

여섯째, 고객이 구매제품에 대한 자세한 정보를 보유하고 있을 때이다.

(5) 공급자

공급자들의 행동은 신중하게 조사되어야 한다. 원재료의 공급, 가격에 대한 영향력, 가격의 안정성, 대체상품의 이용가능성에 대한 그들의 능력과 안정성은 중요하게 고려되어야 한다. 그리고 이들의 변화가 기업의 활동에 어떠한 영향을 미칠 것인지를 가능한 사전에 파악하여야 한다. 더구나 만약 공급자들이 그 기업이 활동하고 있는 시장에 뛰어든다면 강력한 경쟁자가 될 수도 있다.

●● 그림5-2 | **산업경쟁을 유발하는 요인들**

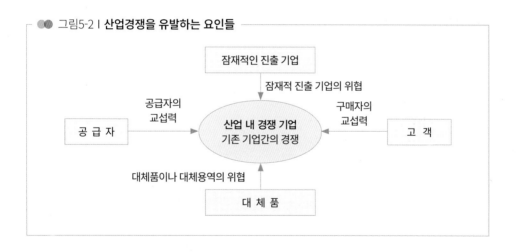

EXAMPLE 02   "아 옛날이여"…38년 서민 휴양지 부곡하와이 '마지막 영업'

● 38년 추억 남긴 채 폐업하는 부곡하와이

▲ 38년 추억 남긴 채 폐업하는 부곡하와이   ▲ 부곡하와이 실내 물놀이장

"이번 여름휴가 때 하와이 다녀왔어, 부곡하와이."

한때 직장인들 여름휴가 이후 주고받던 유머로 인기를 끌던 말이다. 해외여행이 자유롭지 못했던 1980년대. 제주도 가는 비행기도 타기 어려웠던 서민들의 신혼여행지, 학창시절 딱 한번 가던 수학여행지로 큰 인기몰이를 하던 서민 휴양지가 바로 경남 창녕군 부곡면 부곡하와이다. 그랬던 부곡하와이가 오는 28일 영업을 끝으로 문을 닫는다.

38년 추억을 남긴 채 문을 닫는 부곡하와이는 지난 26일 오후까지도 겉으론 여전히 옛 모습, 옛 추억을 그대로 간직하고 있었다.

그렇지만 주차장은 텅 비어 있었다. 주말이면 수많은 물놀이객이 줄지어 기다리던 부곡하와이 출입구는 한산했다. 대인 입장료는 9천원. 이 입장권으로 실내수영장, 온천, 식물원 등을 모두 이용할 수 있다. 최근 문을 연 유명 워터 파크 등에 비하면 훨씬 싼 가격이다.

부곡하와이는 국내 워터 파크 등을 갖춘 놀이시설 중 유일하게 먹거리를 챙겨 입장할 수 있는 곳이다. 유명 워터 파크에서는 상상도 할 수 없는 일이다. 그래서 부곡하와이는 서민 휴양지다. 부곡하와이를 세운 창녕 도천면 출신 고(故) 배종성 창업주 정신이기도 하다. 이런저런 이유로 부곡하와이는 3대가 함께 놀러갈 수 있는 곳으로 불렸다.

가족과 함께 진주에서 온 박모(59) 씨는 "30년 전에 올 때랑 정말 똑같구먼"이라고 말했다. 내부 물놀이장, 오래된 치킨·햄버거 상표가 내걸린 점포, 갈비탕·김치찌개로 대변되는 한국관 식당 등도 옛 모습 그대로였다. 1980년대 트로트 가수들과 화려한 외국 댄스들이 무대에 올랐던 대형 실내 공연장도 하나도 바뀌지 않았다. 공연 관람석도 돌로 만든 계단식 좌석 그대로였다.

이곳에서 30년간 근무했다는 한 직원은 "28일 폐업한다니 너무 섭섭하고 안타깝다. 청춘을 모두 바친 곳이나 다름없다"며 긴 한숨을 내쉬었다. 야외 놀이시설은 가동을 중단했다. 가족

▲ 부곡하와이가 홈페이지에 올린 폐업 공고

▲ 부곡하와이 폐업하면 어쩌나

과 연인이 손에 땀을 쥐며 탔던 바이킹이며 회전목마, 비행의자 등은 '안전점검 중'이라는 안내문을 붙인 채 멈췄다. 한여름 돗자리 하나 놓기 어려웠던 야외 물놀이장에는 물 한 방울도 남지 않은 채 먼지를 날렸다.

이국적인 정취가 물씬 풍기는 수천 종 열대 식물이 가득했던 식물원에도 인적이 끊겼다. 부곡하와이는 1980년대 연간 200만 명 이상이 찾았던 소위 '물 좋은 관광지'였다. 그랬던 부곡하와이의 지난해 입장인원은 24만여 명. 무려 10분 1로 줄었다. 지역 주민들은 부곡하와이가 달라진 여행 패턴에 제대로 적응하지 못한 점을 꼬집었다.

창녕 부곡면에서 만난 주민 김모(51) 씨는 "정말 너무 그대로다. 솔직히 이런 시설이 아직 잘 버틴 점이 신기할 정도"라며 "주변 관광지가 변해도 부곡하와이는 정말 하나도 변하지 않았다"고 지적했다. 안일하고 부실한 경영도 부곡하와이 몰락을 불러 일으켰다는 지적이 제기됐다. 부곡하와이 경영을 맡았던 이사 2명은 비리 의혹으로 스스로 사퇴했다.

부곡하와이 진무환 노조위원장은 "창업주 정신을 외면한 채 방만 경영을 해온 이사들이 스스로 비리를 인정했다"며 "지금 남은 일본인 대표이사도 아무런 의지가 없어 한심하다"고 말했다. 노조는 공개매각과 고용승계를 강력히 요구하고 있다. 하지만 사측은 노조의 요구를 외면하고 있다. 직원 80여명을 보면 촉탁 직원이 대부분이고, 정규직 중 노조원은 17명에 불과하다. 사측은 퇴직금과 몇 달 치 위로금 일부 지급을 제시했다. 사측은 일절 취재에 응하지 않았다.

노조는 사측이 위로금 지급을 흥정하며 직원 간 갈등을 부추기고 있다고 비판했다. 진 위원장은 "경영진의 비리를 사법 기관을 통해 묻고 남은 직원들의 생존권을 지켜내겠다"고 말했다. 노조는 부곡하와이가 폐업에 들어가더라도 고용승계를 위한 투쟁을 계속 벌이기로 했다.

창녕군 노수열 생태관광과장은 "아직 부곡하와이로부터 폐업 신청서 등 정식 공문이 접수되진 않았다"며 "창녕 대표 관광 브랜드인 부곡하와이 폐업은 너무 안타까운 일"이라고 말했다. 노 과장은 "부곡하와이는 끓는 물 속 개구리처럼 처음엔 무감각한 상태로 있다가 이제야 뜨거

워진 것을 느끼는 것 같다"며 "부곡하와이가 새로운 관광명소로 거듭날 수 있도록 필요한 노력을 다하겠다"고 말했다.

자료 : 연합뉴스, 2017년 5월 27일

토의문제

38년 만에 폐업하게 된 서민 휴양지 부곡하와이를 경영환경 변화의 관점에서 그 이유를 토의해 보자.

요약

- 경영자들은 환경의 위험을 감소시키거나 환경의 기회를 이용하기 위해 강력한 방어적 대응전략과 공격적 전략을 동시에 개발해야만 한다. 이러한 전략들을 개발하기 위해서는 기업환경에 대한 이해가 필수적이다. 일반적으로 기업에 영향을 미치는 환경은 일반환경과 과업환경으로 구분된다.

- 일반환경은 때때로 거시적 환경(macro-environment)으로도 부르는데 일반적으로 이는 조직 대부분에 영향을 주는 외부 요소들을 포함한다. 일반환경은 경제 시스템(자본주의, 사회주의 혹은 공산주의), 정치적 시스템(민주주의, 독재주의 혹은 전제주의), 생태적 환경(물, 토지 혹은 공해), 인구통계적 환경(나이, 성, 인종, 교육수준 등), 그리고 문화적 환경(가치, 신념, 언어, 종교 등)들을 포함한다. 이러한 일반환경들은 조직을 운영하는 데 장기적인 의미를 부여하게 된다.

- 과업환경은 일반환경에서 조직의 성장, 성공, 그리고 생존에 직접적으로 영향을 미치는 요소들이다. 과업환경은 일반적으로 기업의 고객, 경쟁자, 공급자, 주주, 정부규제, 압력단체, 종업원, 그리고 노동조합들이 있다.

- 많은 산업에서 기업들은 적어도 다섯 가지의 경쟁요소에 의해 영향을 받는다. 이는 경쟁자, 신규 시장 진입자, 대체재의 위협, 고객, 그리고 공급업자이다. 경영자들은 미래의 경영활동을 위해 의사결정을 내리기 전에 각각의 요소뿐만 아니라 이들의 결합된 힘을 분석하고 진단하여야 한다. 이를 포터의 5요인 모형(five forces model)이라 부른다.

- 경쟁자란 특정시장에서 고객들의 욕구나 그와 비슷한 욕구를 만족시킬 수 있다고 여겨지는 현재 혹은 잠재적 기업들이다. 경쟁자와의 상대적인 지위를 유지하기 위해 경쟁자가 지속적으로 변화하면 그에 맞는 적합한 대응이 필요한 것이다.

- 산업에서 기존에 존재하는 기업들은 새로운 기업들이 시장에 진입하려는 위협에 직면하고 있다. 이런 경우 신규기업들이 시장에 새롭게 진입할 수 없도록 기존기업들은 진입 장벽(barriers of entry)을 높이고자 할 것이다.

- 규모의 경제(economies of scale)는 기업들이 생산량을 증가시킬수록

단위당 원가가 줄어드는 현상을 말한다. 신규 진입자들은 기존 기업이 가지고 있는 규모의 경제를 달성하기 어렵기 때문에 진입 장벽이 생기게 된다.

- 제품차별화(product differentiation)는 제품이 시장에서 경쟁의 무기로서 독특한 품질, 가격, 디자인, 브랜드 이미지나 고객 서비스를 말한다. 기존 기업들이 제품차별화를 시도함으로써 신규 진입자를 시장에 들어올 수 없도록 한다.
- 자본요구(capital requirement)는 장비, 설비, 연구 · 개발 등에 필요한 자본을 의미한다. 신규 진입자들이 시장에 진입하기 위해 드는 비용으로 특정 산업에서 자본요구의 금액이 크면 새롭게 시장에 진입하는 것이 어려워진다.
- 한 산업의 제품에 대한 대체상품이 다른 산업에 존재할 경우 이는 기존시장에서 활동하는 기업의 가격결정에 영향을 미쳐 일정한 상한을 정하게 되므로 그 산업의 잠재적인 수입을 제한한다.
- 기업이 제공하는 제품 · 서비스를 구매하는 고객은 본질적으로 낮은 가격과 높은 품질의 제품 · 서비스를 원하기 때문에 기업에 영향을 미친다. 또한 판매자들 간의 경쟁을 심화시키는 역할을 하기도 한다.
- 공급자들의 행동은 신중하게 조사되어야 한다. 원재료의 공급, 가격에 대한 영향력, 가격의 안정성, 대체상품의 이용가능성에 대한 그들의 능력과 안정성은 중요하게 고려되어야 한다.

**연습
문제**

1 일반환경에는 어떤 것들이 있는지 설명하시오.

2 인구통계적 환경에 대해 설명하시오.

3 문화적 환경의 내용에 대해 설명하시오.

4 과업환경의 유형을 구분하시오.

5 과업환경의 경쟁요소들을 제시하시오.

6 기술요소와 정보기술환경을 설명하시오.

7 정치적 · 법적 영향요소들을 설명하시오.

**참고
문헌**

/ 삼성경제연구소, 「날기 위해 벗어야 한다」, 1996.

/ Hellriegel, Don, Susan E. Jackson and John W Slocum, Jr., *Managing: A Competancy-Based Approach*, 11th ed., Casebound Publishing, 2008.

06

글로벌 경영

글로벌 경영

학습목표

본 장의 학습목표는 다음과 같다.
첫째, 글로벌 경제(Global Economics)의 특징은 무엇인가? 둘째, 글로벌 경영의 특성과 효과는 무엇인가? 셋째, 글로벌 경영을 촉진시키는 요인은 무엇인가? 넷째, 글로벌경영에 참여하기 위한 다섯 가지 방안은 무엇인가? 마지막으로 글로벌경영에 영향을 미치는 정치적 및 법제도적 요인들을 이해한다.

EXAMPLE 01   넷마블 성장 3대 키워드 '글로벌-IP-M&A'

한국유가증권시장(코스피)에 입성한 넷마블게임즈가 글로벌 공략, 지적재산권(IP) 기반 신작 출시, 인수합병(M&A) 등 3가지 키워드를 앞세워 재도약에 나선다. 넷마블게임즈는 리니지2 레볼루션, 모두의 마블, 세븐나이츠, 몬스터길들이기, 레이븐 등 다양한 장르의 모바일 게임을 흥행시킨 국내 대표 게임사다.

이 회사는 지난해 매출 1조 5천억 원, 영업이익 2천 954억 원을 달성한 바 있다. 최근 5년간 연평균 매출성장률은 약 61%에 달한다. 올해 매출 3조 원을 달성할 것이란 전망이 나왔지만, 이 회사는 글로벌 게임사로 거듭나기 위해 긴장의 끈을 놓지 않겠다는 각오를 보였다. 19일 관련 업계에 따르면 넷마블게임즈가 글로벌 게임사로 거듭나기 위해 팔을 걷어붙였다.

넷마블게임즈는 올해 글로벌 게임사의 입지를 굳건히 하기 위해 다양한 사업 전략을 수립해 추진한다는 계획이다. 이 계획은 기존 인기작의 글로벌 진출, 유명 IP를 기반으로 한 신작 출시, M&A를 통한 글로벌 경쟁력 강화가 주요 골자다.

🔵 국내 흥행작 리니지2 레볼루션, 글로벌 서비스 준비 박차

이 회사는 우선 모바일 다중접속역할수행게임(MMORPG) 리니지2 레볼루션의 해외 진출을 준비하고 있다. 국내 대표 흥행작인 리니지2 레볼루션은 지난해 12월 출시 한달 만에 누적 매출 2천억 원, 출시 삼개월 만에 누적 매출 5천억 원을 돌파하며 국내 모바일 게임계의 새 역사를 쓴 작품이다.

리니지2 레볼루션은 다음 달 14일 중국, 일본을 제외한 태국, 대만, 싱가포르 등 아시아 11개 국에 진출한다는 게 회사 측의 설명이다. 넷마블게임즈 측은 각 지역의 이용자 성향에 맞춰 리니지2 레볼루션의 개편 작업에도 나섰다. 이 게임의 아시아 버전에 현지 성우의 목소리를 담거나, 게임 가이드, 초보자 퀘스트 등을 추가한 것이 대표적이다.

업계 일각에선 리니지2 레볼루션이 글로벌 시장에서도 성과를 얻을 것이라고 내다 본 상태다. 이는 리니지 IP의 인지도가 글로벌 시장에서도 탄탄하고, 온라인 게임 수준의 그래픽

리니지2 레볼루션

과 방대한 콘텐츠로 재미를 극대화했기 때문이다.

앞서 이 회사는 모바일 역할수행게임(RPG) 마블퓨처파이트와 세븐나이츠를 글로벌 시장에 출시해 일부 성과를 얻기도 했다. 세븐나이츠는 지난해 6월 일본 앱스토어 최고 매출 3위, 구글플레이 6위를 기록했다. 국내 게임사 자체 서비스로는 최고 기록이다. 넷마블게임즈가 세븐나이츠의 글로벌 흥행 노하우를 통해 리니지2 레볼루션을 글로벌 인기작으로 이끌지 지켜봐야 할 것으로 보인다.

블레이드앤소울, 테라, 이카루스 등 유명 PC 게임 모바일화

넷마블게임즈는 유명 PC 온라인 게임 IP를 활용한 모바일 게임을 출시해 재도약의 발판을 마련한다. 아직 신작 출시일은 확정되지 않았지만, 이르면 2분기 내 새로운 소식이 전해질 전망이다. 이 회사가 준비하고 있는 IP 기반 신작으로는 블레이드앤소울 모바일(가칭), 테라 모바일(가칭), 이카루스M 등이다.

블레이드앤소울 모바일은 엔씨소프트의 PC 게임 원작 블레이드앤소울의 핵심 콘텐츠를 모바

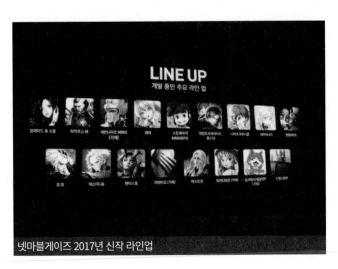

넷마블게임즈 2017년 신작 라인업

일 기기에 최적화한 작품이다. 이 게임은 원작 이야기와 경공 및 무공 등 무협 액션성을 강조한 것이 특징이다. 또 오픈 필드와 대규모 세력 전쟁 콘텐츠를 강조했다고 알려졌다.

테라 모바일은 블루홀의 인기 PC 게임 테라를 원작으로 한다. 원작 테라는 2011년 출시작으로, 당시

언리얼 엔진3를 기반으로 한 수준 높은 그래픽과 액션성을 구현해 화제를 모으기도 했다.

여기에 위메이드엔터테인먼트의 자회사 위메이드아이오가 개발하고 있는 이카루스 IP 기반 이카루스M의 퍼블리싱 계약을 체결했다. 이카루스M은 2014년 출시작 PC 게임 이카루스를 소재로 한다. 원작 이카루스는 언리얼 엔진4를 활용한 높은 수준의 그래픽과 비행 전투 콘텐츠로 주목을 받았다.

이와 함께 이 회사는 자사의 인기 모바일RPG 세븐나이츠 등을 MMORPG 버전으로 다시 개발하고 있다. 세븐나이츠 MMORPG(가칭)는 언리얼 엔진4로 개발 중이며, 원작과 다른 실사형 그래픽과 화려한 액션 효과로 재무장하고 있다고 알려졌다.

● M&A 추진...글로벌 경쟁력 강화

넷마블게임즈는 M&A를 통해 글로벌 경쟁력을 더욱 강화하겠다는 의지를 보였다. 이 같은 의지는 좁은 국내를 벗어나야, 안정적인 기업 성장을 일굴 수 있다는 판단이 컸다. 이 회사의 M&A 행보는 지난 2015년부터 시작됐다. 글로벌 퍼즐게임 개발사 에스지엔(SGN), '마블' '해리포터' IP를 보유한 타이니코, 카밤 밴쿠버 스튜디오를 차례로 인수했다.

최근 편입한 카밤 밴쿠버 스튜디오는 글로벌 흥행작 '마블 올스타 배틀'과 '트랜스포머 포지드 투 파이트'를 서비스하고 있다. 마블 올스타 배틀은 2014년 말 북미 앱스토어와 구글 플레이 매출 상위 10위에 꾸준히 유지, 5억 달러(약 5천 600억 원) 이상의 누적 매출을 기록한 작품이다.

넷마블게임즈가 어떤 회사를 새로 편입할지 확정되지 않았지만, 글로벌 경쟁력 강화에 필요한 적합한 기업을 선택할 것으로 보여 귀추가 주목되고 있다. 이에 대해 넷마블게임즈 측은 "기존 인기작의 글로벌 진출뿐 아니라 준비 중인 신작을 차례로 선보일 계획"이라며 "글로벌 시장에서의 영향력을 강화하기 위해 해외 유명 게임사 또는 IP 인수 등에 자금 투자를 추진하고 있다"고 말했다.

자료 : ZDNet Korea, 2017년 5월 19일

토의문제
넷마블의 성장을 글로벌 경영의 관점에서 그 성공원인을 토의해 보자.

SECTION 01 글로벌 경제

01 글로벌 경제의 특성

1980년대 이후로 사회주의 경제체제의 붕괴와 WTO 체제의 출범으로 세계적으로 무역자유화가 급속도로 가속화되고 있다. 그리고 정보기술의 발전은 국가 간의 장벽이 급속도로 허물어지게 할 뿐만 아니라, 인터넷을 이용한 e-Business, 전자상거래를 가능하게 하여 세계가 하나의 경제권을 형성하게

▲ 중국 · 유가 · 엔화, 글로벌 경제 3대 뇌관 향방은

되었다. 따라서 기업들이 목표로 하는 시장이 국내시장이 아니라 세계시장이므로 경영자들은 기존의 국내시장이 아니라 세계시장을 대상으로 경영전략을 수립하여야 한다. 이처럼 기업이 직면하고 있는 시장은 세계적으로 모든 기업이 목표로 삼고 있는 국제시장이므로 경쟁기업도 많으므로 기업 간에 경쟁이 치열해질 수밖에 없다. 한편, 기업이 생산한 제품을 소비하는 소비자들은 정보기술의 발전 덕으로 소비하고자 하는 제품정보(가령, 가격수준, 품질, 다지인, 성능, 애프터서비스 등)에 대하여 전 세계적으로 즉각 알 수가 있으므로 소비자들의 요구수준에 부응하기 위해서는 기업들은 한층 더 신제품과 신기술 개발에 투자하지 않으면 기업생존을 유지할 수가 없다.

즉, 기업들이 생존하고 성장하기 위해서는 경쟁기업에 비하여 보다 싼 가격에 품질이나 디자인이 좋고 서비스수준도 우수한 제품을 시장에 출하하지 않으면 안 된다. 그래서 기업들은 보다 생산원가가 가장 적게 들어가는 세계 어느 지역으로 생산공장으로 이전하는 현지생산체제를 계획할 뿐만 아니라, 영업이나 신기술 및 신제품개발 등 모든 기업 활동도 비용이 적게 들어가는 지역으로 이전하려는 전략적 사고를 하게 된다. 이처럼 국경의 장벽을 넘어서서 기업 활동이 세계적으로 이전되는 경제현상을 **글로벌 경제**(Golobal Economics)라고 한다. 글로벌 경제의 특징을 한마디로 요약한다면, 치열한 세계적인 경쟁적 상황하에서 기업이 경쟁기업에 비하여 경쟁적 우위를 확보하기 위해서 국내외시장을 대상으로 경영전략을 수립하고 전략 수립을 위해 생산과 판매뿐만 아니라 연구개발활동, 구매활동, 자금조달활동, 인사

관리활동 등 모든 기업 활동을 세계 어느 지역으로 현지경영체제로 이전하는 경제현상이다.

하버드 대학교 경영대학의 포터(Porter)교수는 기업이 글로벌하는 이유로 경쟁기업에 비하여 생산하는 제품의 원가가 상대적으로 낮게 하고 제품을 차별화시킴으로써 경쟁우위를 달성하는 데에 있다고 보고 있다.

국가 간에 무역이 일어나는 이유를 설명하는 경제학이론 중 하나로 비교우위이론이 있는데 이 이론은 생산비가 낮고 생산요소가 풍부한 나라에서 생산하면 그렇지 못한 나라보

▲ 마이클 포터

다 비교우위가 있기 때문에 비교우위가 있는 국가에서 제품을 생산하여 수출하면 두 나라 모두 이익이 되기 때문에 무역이 발생한다고 보는 이론이다.

이처럼 오늘날과 같이 세계적으로 경쟁이 치열한 글로벌 경제하에서는 기업생존과 성장을 위하여 기업의 모든 활동을 가치가 창조되는 곳으로 이전하며 때로는 기업 간에 전략적 제휴나 합병 및 인수활동이 빈번하게 발생되고 있다.

▣ 글로벌 경제의 특징
- 치열한 경쟁적 기업환경(기업이 목표로 하는 시장이 국내시장이 아니라 세계시장임)
- 정보기술의 발전으로 국가 간의 장벽이 무너지고 인터넷을 통한 전자상거래가 활발하며, 정보가 중요한 기업의 경쟁적 무기며 자원임.
- 소비자의 요구가 높아지고 다양해짐에 따라 제품수명주기가 단축되어 기업은 원가절감과 가격인하 압력이 한층 가중되어 신제품 및 신기술개발이 주요 전략적 대상임.
- 기업의 생존과 성장을 위해 기업 간 전략적 제휴나 인수 및 합병이 빈번하게 이루어지고 국제적으로 사업이 다각화되며 기업 활동이 가치가 창출되는 곳으로 수시로 이전되므로 다국적기업이 많이 발생됨
- 각종 정치적 및 법적 수단을 이용한 시장방어노력

02 글로벌화를 촉진시키는 요인

(1) 소비자 수요의 동질화

커뮤니케이션 기술의 발전으로 전 세계적인 소비자의 수요나 구매형태가 동질

화되고 있는 것을 의미한다. 예컨대 Levi's의 청바지 , McDonald의 햄버거, 미국에서 발표된 신곡이 한국이나 유럽 일본 등 모든 국가의 젊은이들이 거의 동시에 듣고 즐기며 모든 소비자의 욕구를 자극한다.

(2) 자본집약적 생산방식

자본집약적 생산방식과 규모의 경제가 점점 중요해진다는 사실이다. 이렇게 자본재에 대한 투자를 회수하려면 대규모 생산체제를 갖추지 않으면 안 되게 되었고 따라서 이 같은 산업에 있는 기업들은 단지 내수시장만 보고는 이렇게 큰 투자를 할 수 없기 때문에 전 세계를 목표로 삼고 투자결정을 한다. 이 예는 기계화, 자동화, 로봇, 컴퓨터로 조작되는 정밀기계 등이다. 산업이 섬유→자동화→반도체로 이전되어 노동력 비중은 낮아지고 설비투자비 비중은 커진다.

(3) 기술진보와 R&D투자

기술진보와 이를 주로 뒷받침하는 R&D투자에 있다. 전자, 통신, 컴퓨터, 정밀화학, 의약품 제조 산업 등에서는 연구개발비 투자가 크므로 내수만으로는 높은 연구개발비를 충족시키기 힘들다.

예컨대 기초석유화학(R&D 투자비용은 2~3%), 정밀화학분야(R&D 투자비용은 9~10%), 의약품(R&D 투자비용은 10~15%), 화학·의약분야(R&D 투자비용은 13~15%)에서 글로벌화를 촉진한다.

(4) 무역장벽의 감소

전 세계적으로 무역장벽이 낮아지고 있으며 자본의 이동도 자유로워지고 있다는 점에서 글로벌화는 보다 급속히 촉진될 것이라고 생각된다. WTO의 출범에 따른 무역장벽철폐와 이에 따른 자본시장 개방의 가속화는 글로벌화를 촉진시키는 주요인이다.

WTO 체제의 출범으로 무역자유화의 가속화는 기업들이 목표로 하는 시장이 세계시장이 되게 함으로써, 제품의 경쟁력을 유지하기 위해서 현지생산·현지판매 체제를 넘어서 기업의 경쟁력을 증대시키며, 모든 기업 활동을 전 세계적으로 확산시키고 있다. 이러한 추세 속에서 국제적으로 기업 간의 전략적 제휴나 기업결합방식으로 무역패턴이 크게 변하고 있다. 즉 컴퓨터, 자동차 및 의류패션 등의 산업분야에서의 제품들은 우리나라에서 제조했든 타국에서 제조했든 간에 큰 문제가 되지 않는다. 미국 제조기업의 경우, 여러 나라에 퍼져 있는 사업부와 계열회사에 의한 제품의 판매가 순수한 자국에 의한 제품판매의 약 3배 이상 달하고 있다.

(5) 정보기술(Information Technology)의 발전

정보기술의 발전으로 인한 정보혁명(인터넷, 광케이블 네트워크기술의 급속한 발전)은 전 세계적으로 동시적인 의사소통(Communication)을 가능하게 하여 급격한 유통비용의 절감과 판매(마케팅)의 혁신을 야기하고 있다.

(6) 정치적으로나 경제적인 개방화 추세는 글로벌 경제를 촉진

① 많은 정부들이 시장중심의 경제정책을 수행하고 있다.
② 다국적 기업들은 이러한 국경철폐를 통하여 혁신의 변화를 가속화시키고 있다.
③ 국제적인 투자자들 역시 투자대상이 전 세계적이 될 수 있도록 기업들에 압력을 가하고 있다.
④ 보다 수익성 있는 사업이 되기 위해서는 어떤 형태의 조직이 글로벌 경제에 적합한지 고민하고 있다.

국제품질인증(ISO 9000)은 국제무역(거래)과 글로벌 경제의 촉매적인 역할을 수행하고 있다. 즉, 세계적으로 인증된 공급자로부터 구매한 제품과 서비스의 품질에 이르기까지 품질에 대한 확신을 증대시켜 국제적인 제품과 서비스의 거래를 촉진시키고 있다.

⦂ SECTION 02 글로벌 경영의 특성과 효과

앞에서 기술한 바와 같이 치열한 경쟁시장에서 기업이 경쟁우위를 확보하기 위해 기업의 경영활동을 해외로 이전하는 것을 **글로벌 경영**이라 한다. 가령 우리나라 제조 기업이 높은 인건비를 회피하기 위해 중국이나 동남아로 공장을 이전하는 현지생산체제를 갖출 때 이 기업은 글로벌 경영을 한다고 볼 수 있다. 이념장벽이나 국경장벽이 없는 오늘날에서는 기업은 전 세계를 목표시장으로 삼는 지구촌 경영을 하여야만 경쟁력을 유지하고 성장할 수가 있다. 이처럼 지구촌경영을 하는 해외지향 경영을 글로벌 경영이라고 한다.

01 글로벌 경영의 특성

1990년대 이후 기업들이 앞다투어 글로벌 경영체제에 돌입하게 된 배경은 WTO 체제(무역자유화)의 출범과 정치적 이념의 쇠퇴로 국경장벽의 무의미성, 새로운 지식이나 기술의 중요성, 정보기술의 발전과 소득수준의 증대로 소비자의 요구수준의 다양화 등으로 세계경제가 무한경쟁체제로 돌입하였기 때문이다. WTO 체제(무역자유화)의 특성은 크게 네 가지로 볼 수가 있다.

첫째로, 다자간 협정(그린라운드, 블루라운드, 기술라운드, 경쟁라운드, 부패라운드 등)에 의한 상호 원윈(win-win)할 수 있는 분위기를 조정하여 방해가 되는 규제나 제도를 완화내지

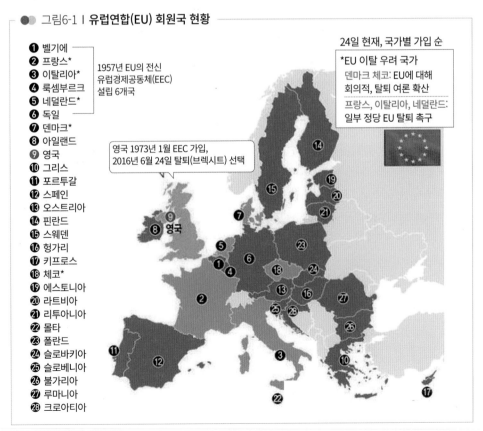

●● 그림6-1 ㅣ **유럽연합(EU) 회원국 현황**

❶ 벨기에
❷ 프랑스*
❸ 이탈리아*
❹ 룩셈부르크
❺ 네덜란드*
❻ 독일
❼ 덴마크*
❽ 아일랜드
❾ 영국
❿ 그리스
⓫ 포르투갈
⓬ 스페인
⓭ 오스트리아
⓮ 핀란드
⓯ 스웨덴
⓰ 헝가리
⓱ 키프로스
⓲ 체코*
⓳ 에스토니아
⓴ 라트비아
㉑ 리투아니아
㉒ 몰타
㉓ 폴란드
㉔ 슬로바키아
㉕ 슬로베니아
㉖ 불가리아
㉗ 루마니아
㉘ 크로아티아

1957년 EU의 전신
유럽경제공동체(EEC)
설립 6개국

24일 현재, 국가별 가입 순

*EU 이탈 우려 국가
덴마크 체코: EU에 대해
회의적, 탈퇴 여론 확산
프랑스, 이탈리아, 네덜란드:
일부 정당 EU 탈퇴 촉구

영국 1973년 1월 EEC 가입,
2016년 6월 24일 탈퇴(브렉시트) 선택

자료: 유럽연합(EU), 외신종합.

는 철폐하는 것이며, 둘째로, 환경오염을 방지하고 사회의 투명성을 제고하기 위해 기업의 사회적 책임을 강조하며 셋째로, 기업의 국제화인 글로벌화와 더불어 지역 내 경제 협력과 단합을 중시[가령, 유럽공동체(EU)]하는 블록경제화 또는 지역화가 강조된다는 점이다.

이러한 세계적인 추세에 따라 글로벌화(Globalization)와 지역화(Localization)를 합쳐서 글로벌지역화(Glocalization)라는 신조어가 탄생하였다. **글로벌지역화**란 기업이 경쟁력을 확보하기 위해 해외지향 경영을 하면서 지역 내(블록경제권 내)의 여타 기업들과 협력 내지는 제휴하여 지역 내 경제적 이익을 동시에 추구하는 것을 의미한다. 글로벌 경영은 장소나 정치적 이념에 구애받지 않고 경쟁우위, 즉 가치를 창출할 수 있으면 기업의 모든 경영활동을 해외로 이전하는 해외지향 경영활동을 의미한다.

이러한 해외지향 경영활동의 성과로는 첫째로 국내시장을 목표로 할 때보다 시장을 확대할 수 있으며, 둘째로, 소비자의 요구조건에 부합되는 제품과 서비스를 즉각적으로 제공할 수 있고 셋째로, 신속하게 경영혁신을 가능케 하고 필요하면 전략적 제휴나 합병을 하여 궁극적으로 기업의 경쟁력을 강화하는 것이다.

02 글로벌경영에 참여하는 다섯 가지 방안

❶ 전문수출업체을 통한 제품수출(중소수출업체)
국제경영을 시작하는 첫 번째 단계의 기업형태로 수출대리상 등 제3자를 통하여 위탁판매하는 형태이다.

❷ 수출부
수출이 증가하여 기업 내에 제품의 수출을 담당하는 관리자를 두는 단계

❸ 수출사업부
기업 내에 수출을 담당하는 전문부서를 두는 단계

❹ 국제기업
다른 나라에서 제품을 생산하고 마케팅활동을 직접 수행하는 단계

❺ 다국적기업
전 세계의 고객을 대상으로 글로벌 경영철학을 가지고 사업을 하는 단계

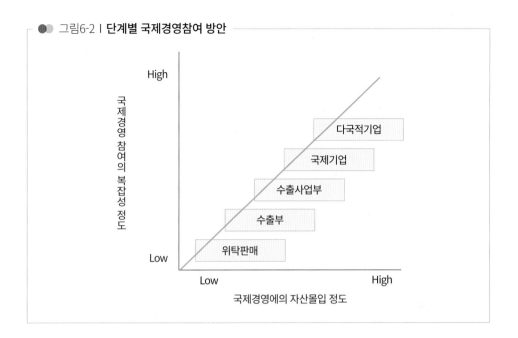

● 그림6-2 | 단계별 국제경영참여 방안

SECTION 03 글로벌 경영전략

01 제1전략: 수출전략

본국에서 수출생산시설을 그대로 유지하면서 해외시장에 대한 제품판매전략으로서 제1차적인 국제경영전략이다. 이러한 수출에서는 상대국으로부터 구상거래(Counter Trade) 내지는 교환거래(Battering Trade) 형태로 되는 것이 일반적인 형태이다.

수출전략은 다음과 같이 크게 간접수출전략과 직접수출전략으로 나눌 수 있다.

(1) 간접수출전략

간접수출전략이란 제조업체가 수출과 직접적으로 관계되는 주요기능을 수행하지 않고 수출업자, 수출대리상, 수출조합 등을 통하여 수출하는 방법이다.

이 전략은 수출에 대한 전문적 지식이나 경험이 부족하거나, 수출기업의 규모가 작을 때, 총판매액에서 수출액이 차지하는 비중이 얼마 되지 않거나 해외시장규모가 크지 않을 때 적합하며, 수출활동을 직접 수행하는 데 소요되는 인적·물적자원을 투입하지 않고서도 제품을 수출할 수 있는 반면, 수출활동을 직접 통제할 수가 없어 창의적이고 능동적인 수출활동을 전개하는데 많은 제한이 있다.

(2) 직접수출

해외시장조사와 해외고객과의 접촉, 수출가격의 책정, 유통경로의 선정과 같은 국제마케팅 기능뿐만 아니라 수출에 필요한 서류의 작성에 이르기까지의 수출관련 주요업무를 타인에게 의뢰하지 않고 스스로 수행하는 것을 말한다.

이 전략은 간접수출의 한계성을 탈피할 수 있어 수출액과 수출에 따른 이익을 증가시킬 수 있는 여지가 커지는 반면 기업 내 전담인원·부서가 필요하게 되며, 수출활동과 관련된 비용 및 자금 부담이 늘어나게 된다.

02 제2전략: 라이선싱 전략

라이선싱 전략이란 특허, 상표, 기술 및 제조공정상의 라이선스를 해외의 여타 기업들에게 넘겨주는 대신에 이에 대한 사용료와 기술료를 받는 국제적인 전략을 말한다. 이러한 라이선싱 전략에서 라이선스 수출기업들은 생산설비를 비롯하여 여타 설비나 마케팅에 대한 투자가 필요 없게 된다. 기술력과 마케팅능력의 조화가 라이선싱 전략에 중요한 영향을 미친다. 그 이유는 라이선스는 새로운 시장이 개척됨에 따라서 신규 기술의 도입 필요성이 생겨나기 때문이다. 컴퓨터 산업에 있어서 특정 컴퓨터를 이용하는 고객이 확산됨에 따라 이러한 고객에 적합한 새로운 기술 도입이 필요하기 때문이다.

03 제3전략: 프랜차이즈 전략

프랜차이즈전략이란 모기업(프랜차이저, Franchiser)이 계열기업 및 가맹점(프랜차이즈, Franchisee)에 특정 제품과 서비스에 대한 제조 및 판매에 관한 권한을 주는 전략이다. 프랜차이징은 주유소, 카렌탈, 호텔, 패스트푸드 레스토랑, 청량음료 산업 등에서 자주 사용되는 해외진출전략이다. franchiser와 franchisee의 관계는 수직통합과 유사하다.

예를 들어 코카콜라의 경우 미국의 코카콜라사가 원액을 공급하면 그것을 물과 혼합하여 병에 넣은 후 국내 유통경로에 공급하는 것은 동서식품, 두산식품 등의 국내회사들이 담당한다.

04 제4전략: 협력사업전략

협력사업전략은 둘 이상의 기업들이 특정한 프로젝트의 완성을 위해서 협력하고 그 사업이 완료되면 협력이 종결되는 형태를 취한다. 협력사업에서 참여기업들 간에 수익과 비용을 배분하는 방법은 여러 가지 형태가 있는데 수익과 비용의 배분형태를 중심으로 아래와 같은 세 가지 형태로 구분할 수 있다.

① 둘 이상의 기업들이 비용을 공동으로 부담하고 제품이나 서비스의 개발에 성공하면 수익도 비용부담비율에 따라 나누는 형태가 있다.

② 둘 이상의 기업들이 특정한 제품의 개발을 위해 협력하되 제품의 원형을 개발하기까지만 협력하고 제품의 상업적 생산은 각자가 책임지는 형태가 있다.

③ 협력사업을 주도하는 기업이 협력사업에 참여하는 다른 기업들과의 협상을 통하여 부품별 제작비용의 상한을 정해준다. 만약 한 참여기업이 그 비용 이하로 담당한 부품을 제작하면 그 차액이 그 기업의 이익이 되며 반대로 비용이 합의된 금액을 초과하면 그 초과분은 부품제작 담당기업이 부담해야 한다. 이익은 완성품의 판매로부터 발생하며 완성품의 판매는 협력사업을 주도하는 기업이 담당하는 것이 보통이다.

05 제5전략: 직접투자전략

직접투자전략이란 국내에서 제품을 생산하여 해외에 판매하는 수출방법 대신에 현지에서 직접 제품을 생산하여 현지에서 판매하는 해외시장진출전략이다.

기업이 해외시장진출을 위하여 현지생산을 하는 동기는 관세의 절감과 무역장벽을 뛰어넘고 이를 적극 이용하기 위한 목적과 생산관리상의 이점 외에도 수송 및 저장비용의 절감, 저렴한 생산비용, 제품에 대한 현지인의 저항감을 감소시킬 수 있으며 법적으로는 현지기업이므로 정부기관 등에 납품하는 것도 가능해질 수 있다. 또한 현지국 정부가 부여하는 여러 가지의 금융 및 조세상의 혜택을 활용할 수도 있다.

직접투자에 의한 해외생산방법은 단순한 제조활동만을 해외에서 수행하는 방법과 원료나 부품의 생산에서 가공·조립·배합에 이르기까지의 광범위한 제조활동을 해외에서 전개하는 방법으로 나눌 수 있다.

06 제6전략: Turn-key 계약

시공자가 공장이나 시설물에 대한 공사를 일괄수주받아 가동준비가 완료된 시점에서 발주자에게 공장이나 시설물을 인도하기로 약정하는 계약으로서 산업기계, 건설, 엔지니어링 회사 등이 Turn-key 계약의 시공자가 되는 경우가 많다. 일반적으로 공사대금은 공사진척도에 따라 단계적으로 지불된다.

07 제7전략: 계약생산전략

진출대상국가에 있는 기존의 제조업체로 하여금 계약조건에 따라 제품생산을 대신하도록 하는 반면, 현지에서의 마케팅활동은 직접 수행하는 방법을 뜻한다. 따라서 계약생산전략은 비록 타 기업에 의하여 제품생산이 이루어진다 하여도 현지에서 생산된 제품을 현지에서 마케팅하는 방법이므로 해외생산에 필요한 시설투자 없이도 해외직접투자에 따른 이점을 어느 정도 살릴 수 있는 방법이라고 할 수 있다.

08 제8전략: 경영계약전략

일정한 대가를 받고 외국기업의 경영을 도와주거나 이를 대신해 주는 전략이다. 국제경영계약을 통하여 기업이 수출하는 것은 경영서비스라는 용역이지만 외국기업의 경영에 직접·간접으로 참여함으로써 원료·중간재·부분품·기계·장비 등도 부수적으로 수출할 수 있는 기회가 많아지게 된다.

09 제9전략: 카운터 트레이드전략

수출상이나 수출상을 대리하는 제3자가 수입상으로부터 상응하는 구매를 하는 조건으로 수입상이 수출상으로부터 물품을 구매하는 무역을 통한 전략이라 할 수 있다.

　　물물교환형태의 국제무역인 카운터 트레이드는 최근에 그 이용이 크게 늘어나고 있는데 개도국들과 사회주의 국가들을 중심으로 그들의 희소한 외환보유고를 사용하지 않고 국제무역자원을 마련하는 방안으로 널리 사용해 오고 있었던 방법이다. 그러나 최근에는 개발국들도 그들의 정치적 목적을 달성하고 자국의 하이테크 산업이나 군수산업을 육성하기 위한 목적에서 이 전략을 이용하는 사례가 늘어나고 있다.

　　카운터 트레이드는 전통적인 바터, 카운터 퍼쳐스, 바이－백, 스위치 무역, 생산분배, 인더스트리얼 오프셋 등 크게 여섯 가지로 구분할 수 있다.

SECTION 04 기업의 국제화에 영향을 미치는 환경요인

　　국제기업의 경영활동은 여러 나라의 각기 다른 경영환경에서 이루어지는 만큼 기업의 국제화에 영향을 미치는 환경요인들 또한 다양하다. 국제기업의 경영자는 다양한 경영환경을 올바르게 인식하고 경영전략을 수립하여야 한다. 본 절에서는 기업의 국제화에 미치는 환경요인을 크게 법적·정치적 요인, 경제적 요인, 사회·문화적 요인, 기술적 요인 등 네 가지로 분류하여 설명하기로 한다.

01 법적·정치적 요인

　　어떠한 형태의 정치제도이건 진출하려는 나라의 정치체제가 본국과 다를수록 기업의 국제화는 그만큼 더 복잡하고 어려운 것은 당연하다. 그리고 해외진출을 하려는 기업에 대한 정부의 입장이 매우 적극적인지, 아니면 거부적 자세인지는 진출하려는 기업으로서는 대단히 중요한 요건이 된다. 그 이외에도 정권의 안정성, 집권당과 야당의 정치적 성향, 행정 관료들의 경제적 시각에 대한 분석도 중요한 일이며, 조세 및 관세제도, 수입할당에 관한 규정, 지적소유권에 대한 법률도 큰 영향을 끼친다.

02 경제적 요인

해외진출을 하려는 기업의 경영자는 진출하고자 하는 나라의 경제체제가 주는 의미 이외에도 경제성장의 추이, 투자환경, 물가상승률, 환율, 무역수지, 조세정책, 관세정책, 유통체계, 노동비용, 자본비용, 수출입 및 외화에 관한 정책, 공해에 관한 관심도 등의 사항에 대한 조사를 선행해야 한다.

03 사회 · 문화적 요인

문화는 그 나라 사람들의 행동양식을 규제하고 비교적 영속성을 가지므로, 현지국의 소비자와 거래를 함에 있어서 그 사회의 도덕관, 가치관, 윤리, 신념, 관습 및

그림6-3 I 기업의 글로벌화에 영향을 미치는 환경요인

법적 · 정치적 요인
• 안정된 정부
• 정부규제, 법적 요건
• 기업법
• 공무원의 성실성
• 기업에 대한 정부의 자세
• 노동자에 대한 정부의 자세
• 대외정책
• 대외투자정책
• 입법절차
• 정부의 부서

경제적 요인
• 자본, 노동, 원자재의 상대적 비용
• 신용 이용도
• 조세정책
• 경기순환 예측 정도
• 외환
• 시장경쟁 정도
• 관세정책
• 유통체계
• 매스컴

글로벌 경영자
(다국적 기업)

사회 · 문화적 요인
• 가치관, 신념, 가정
• 관련성
• 동기유발요인
• 지위상징
• 관습
• 사회적 기관
• 사회적 유동성
• 교육수준
• 사회적 신분계층

기술적 요인
• 제품
• 과정
• 시설
• 품질
• 투자
• 생산통제
• 재고
• 조달
• 유지
• 생산성 표준

자료: 서인덕 김윤상, 『경영학원론』, 서울:문영사, 2000, p.308.

역사까지도 이해하고 있으면 효과적인 경영을 할 수 있을 것이고, 현지인을 채용·관리하는 데에 있어서도 문화적 이해는 반드시 필요한 부분이다.

04 기술적 요인

기술환경은 각국마다 물리적 기술의 발달수준도 다르거니와 경영관리유형 및 기법들도 상이하다. 국제기업은 후진국에 선진기술을 이전시켜줌으로써 '변화의 대리인'과 같은 역할을 한다. 그러나 기술이전에 의한 '부메랑효과'에 의해 자국과 자사에 불리한 결과를 초래할 가능성을 염두에 두어야 한다.

SECTION 05 **글로벌 전략적 제휴**

세계무역의 자유화 추세의 가속화, 국제무역의 확대에 따른 세계시장의 형성, 정보와 통신 그리고 운송기술의 발달, 경제블록의 증가와 활성화 등으로 세계경제는 본격적으로 글로벌 경쟁의 시대에 직면했으며 세계 각국의 기업들은 이러한 무한경쟁의 시대에 대응하기 위하여 모든 경영활동을 범세계적인 차원에서 전개하는 국제화전략을 추구하고 있다. 글로벌 전략적 제휴는 이러한 상황에서 각국 기업들이 생존과 성장을 위해 채택하고 있는 중요한 전략적 수단의 하나라고 말할 수 있다.

01 글로벌 전략적 제휴의 의의

글로벌 전략적 제휴(global strategic alliance)란 서로 다른 둘 이상의 기업들이 국제시장에서 경쟁력을 높이기 위하여 경영자원을 결합하여 기업경영의 여러 측면에서 공식적이고 비교적 장기적인 동맹관계를 맺는 것을 의미한다. 이것은 글로벌 시장에서의 경쟁력 강화, 국제경쟁력의 핵심이 되는 부분에서 둘 이상의 기업들이 제휴한다는 측면에서 특정시장에서 그리고 한 기업의 부족한 자원을 보완하는 식의 과거의 제휴와 구별된다.

글로벌 전략적 제휴는 합작투자와 같이 매우 장기적인 계속기업의 형태를 취하는 것으로부터 비교적 단기간에 주어진 목적을 달성하고 해산하는 공동기술개발에

[올댓차이나]아메리칸 항공, 중국 난팡항공에 2억 달러 지분 투자…"전략 제휴"

미국 최대 아메리칸 항공은 중국 최대 난팡(南方) 항공에 2억 달러(약 2,227억 원)를 출자한다고 닛케이 신문이 29일 보도했다.

[뉴시스]

이르기까지 그 형태가 다양하다.

02 글로벌 전략적 제휴를 촉진하는 요인

국제기업들이 글로벌 전략적 제휴를 추진하는 근본 동기는 기업이 가지고 있는 기업특유의 경쟁우위를 보다 넓은 시장에서 이용하거나 자신의 우위요소와 교환하여 다른 기업의 경쟁우위를 이용하거나 획득하려는 것이다. 최근 전략적 제휴가 급증하는 이유를 자세히 살펴보면 아래의 네 가지 이유 때문이라 할 수 있다.

(1) 기술의 복잡성 증가

오늘날에는 제품을 생산하는 데에 너무나 다양하고 많은 핵심적 기술들이 요구되기 때문에 어느 한 기업이 혼자서 모든 영역에 걸쳐 핵심적 기술의 첨단에 위치한다는 것은 불가능하며 매우 빠른 속도로 산업 내에 보급되고 있다. 어떤 기술도 한 기업이 장기간에 걸쳐 독점할 수 없으며 필요한 모든 기술을 독자적으로 습득할 수 없다. 따라서 기업이 독자적으로 기술개발에 나서서는 경쟁력을 유지하기가 점점 어려워지고 있기 때문에 복수의 기업이 상호보완적 기술을 합치는 현상이 늘어나고 있다.

(2) 기술변화의 가속화

기술혁신의 속도가 빨라짐에 따라 한 나라의 기업이 새로운 기술을 개발하면 다른 나라의 기업이 금방 모방하는 등 국제시장 내의 경쟁이 심화되고 있고, 신기술개발에서 얻는 이점 또한 오래가지 못하고 있다. 이 모든 것은 새로운 기술에 빨리 접근하여 효과적으로 이용하는 기업만이 국제경쟁력을 가질 수 있고 혁신을 효율적으로 관리하는 것이 국제경쟁에 있어서 중요하다는 것을 시사함과 동시에 신제품 개발을 한 회사의 자원에만 의존하기에는 시간이 충분치 못함을 의미한다. 이에 국제기업은 국제제휴를 이용하여 최고의 기술과 상품을 외부에서 조달함으로써 이러한 문제점들을 해소할 수 있다.

(3) 고정비용의 중요성 증가

오늘날 기업이 국제경쟁에서 승리하려면 연구개발비용, 광고비용, 경영정보기술 개발비용 등과 같은 막대한 고정비용을 지출해야 한다. 이와 같은 고정비용들은 기업이 투자자본의 지출수준을 조정함으로써 변동비용화할 수 있는 것이지만 적어도 단기적으로는 고정비용으로 보아야 하는 경우가 많다. 이와 같이 증가하는 고정비용을 분담시킴으로써 고정비용에 대한 공헌도를 증대시키는 확실한 방법이 전략적 제휴라 할 수 있다.

(4) 시장의 국제화

정보·통신, 운송기술의 발달로 세계가 지구촌화되면서 소비패턴 역시 세계적으로 동질화하는 경향과 전 세계적인 개방의 물결이 가속화됨에 따라 국제기업은 비슷한 상품들을 세계 여러 곳에 판매할 수 있게 되었다. 이러한 지구적 경쟁은 제품혁신경쟁뿐 아니라 비용경쟁을 의미하며 국제적인 시장기회를 충분히 이용하여 규모의 경제를 달성하는 국제기업만이 승리할 수 있다는 것을 의미한다. 기술의 복잡성이 증가하고 기술변화가 가속화됨에 따라 기업이 국제경쟁력을 가지려면 대규모의 기술투자를 감당할 수 있는 판매규모를 달성하기 위해 광범위한 국제시장을 개척해야 한다. 많은 국제기업들이 새로운 시장개척을 위하여 국제제휴에 나서는 것도 그 때문이라 할 수 있다.

(5) 세계경제의 블록화

세계경제는 현재 WTO로 대표되는 국제시장의 통합과 NAFTA, EU와 같은 경제블록화로 대변할 수 있다. 각 경제블록의 회원국들은 역외국가의 기업들을 보호주의 색채를 띠고 차별적으로 대우할 것이며, 블록 내 국가들은 기술과 산업을 역

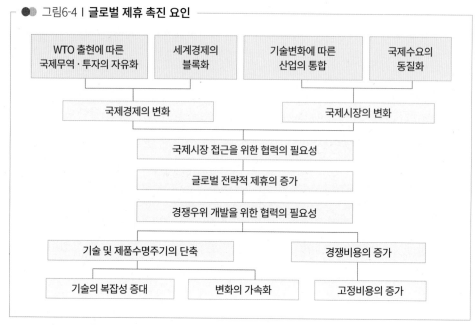

●● 그림6-4 | **글로벌 제휴 촉진 요인**

자료: 이장호, 「국제경영전략」, 박영사, 1996, p.305.

외경쟁으로부터 보호하는 조치를 강화할 것이고 역외기업들은 이를 극복하기 위해 역내기업들과의 전략적 제휴를 강화할 전망이다.

03 글로벌 전략적 제휴의 목적

국제기업들은 세계 여러 나라의 다양한 제품시장들에서 경쟁하고 있으며 각 제품시장은 발전단계도 다르고 경쟁상황도 다르다. 이런 상황에서 선·후진국 기업들을 포함하여 많은 국제기업들이 국제제휴에 참여하고 있기 때문에 국제제휴의 목적도 다양하다. 그러나 그 중요목적들은 아래와 같이 크게 일곱 가지로 정리해 볼 수 있다.

(1) 신기술의 식별과 신기술에의 접근

기업은 여러 가지 이유로 새로운 기술과 능력을 필요로 한다. 기업은 기술변화에 영향 받는 기존사업에서 경쟁력을 유지하기 위해서, 새로운 사업에 진출하기 위한 역량을 배양하기 위해서, 경쟁자를 따라잡기 위해서 신기술·신능력을 필요로 한다. 이때 기업은 합작투자나 기타 형태의 전략적 제휴를 통하여 여러 종류의 기술능력과 경영능력에 접근할 수 있다.

(2) 새로운 시장기회 이용

신기술을 식별하고 신기술을 입수하려는 기업의 노력이 성공하면 새로운 시장기회의 이용이 가능해진다. 기업은 자체개발을 통해서도 새로운 시장에 진출할 수 있으나 M&A, 기존공급원으로부터의 라이선싱 또는 OEM방식의 조달, 다른 기업과의 합작회사설립 등의 국제제휴를 통해서도 진출이 가능하다.

(3) 신속한 시장지분 확보

세계시장에서 경쟁력을 확보하려는 기업은 경쟁자보다 앞서 제품시장의 성장 초기단계부터 시장지분의 확보에 나설 필요가 있다. 그러나 국제시장지분 확보를 단독으로 추진하는 데에는 많은 시간과 자원이 투입되어야 하므로 국제제휴전략을 이용하여 성장제품시장에서 적시에 대규모 판매를 확보하여 경쟁력을 얻을 수 있다.

(4) 전문화

국제시장 내의 경쟁에서 밀리는 불리한 위치에 처한 기업들이 선택하는 제휴전략으로 산업 내에서 경쟁력이 약한 기업이 산업 내의 특정한 세분시장이나 기능에 전문화하는 전략이다. 제휴를 통해 전문화하는 방법에는 핵심부품의 생산을 포기하고 OEM형태로 조달하는 것과 산업 내 리더기업을 위해 하청 생산하는 기업으로 전문화하거나 제품의 생산을 포기하고 제품의 유통만을 담당하는 식으로 전문화하는 것이 있다.

(5) 핵심역량의 구축

시장의 국제화로 경쟁이 치열해지면서 상당한 규모의 대기업도 국제시장의 리더와 경쟁하는 데 부담을 느끼게 되는데 이 경우 그 기업은 제휴를 통해 핵심역량을 구축하는 데 필요한 최소규모를 달성할 수 있으며 필요한 최소규모는 충분한 연구개발과 마케팅활동을 가능케 함으로써 제휴기업들이 산업 내 주요경쟁자로 부상하게 되는 계기를 만든다.

(6) 저비용의 달성

저임금 국가의 기업들과 제휴함으로써 기업은 저비용을 달성할 수 있다. 제휴의 방법은 이들 국가의 기업들로부터 공급받는 OEM형식을 취할 수도 있으며 기업이 자본 참여하여 합작하는 형태로도 가능하다.

(7) 철수

시장 내 경쟁이 치열해지면서 기업이 철수하려할 때 다른 기업과의 제휴를 통하여 시장에서 질서 있게 철수할 수 있다. 자사가 매각하려는 사업을 매입하지 않으려는 기업은 그 사업이나 사업을 하는 장소가 자기에게 생소하기 때문인 경우가 많다. 제휴는 장래의 매입기업에게 그 사업의 가능성을 평가할 수 있는 기회를 제공하며 생소한 사업이나 장소를 익히는 기회를 제공한다. 제휴를 통하여 궁극적으로 매각을 시도하는 기업은 미래에 더 나은 조건으로 사업을 매각할 수 있을 것이다.

04 글로벌 전략적 제휴의 형태

(1) 연구개발협력

독립된 기업들이 신제품의 연구개발을 위하여 협력하는 것을 의미하며 그들의 협력은 제품의 상업적 생산이 완결되어 시장에서 경쟁관계에 돌입하기 전에 종결되는 형식을 취한다. 이 형태에는 공급원과 고객이 협력하여 신기술을 개발하는 형태인 수직적 협력과 경쟁기업들 간의 협력을 의미하는 수평적 협력이 있다.

(2) OEM

원래 부품을 모아서 조립하는 회사를 가리킨 용어였으나 최근에는 완제품을 다른 기업들에게 하청 생산시켜서 조달하는 회사까지도 OEM이라 부른다.

(3) 모험기업에의 지분참여

대기업이 사업의 성장전망은 매우 좋으나 그 사업을 수행하는 기업의 주식은 아직 주식시장에 상장되어 있지 않는 신생기업의 지분을 일부 확보하는 것을 말한다. 그 목적은 자기가 현재 경영하고 있는 사업에 영향을 미칠 수 있는 중요한 기술진보나 시장상황의 변동을 사전에 감지하고자 하는 것이다. 모험기업에의 지분참여로 타사의 신기술개발에 의해 현재의 사업에서 결정적으로 경쟁력을 훼손당하거나 중요한 전략적 기회를 놓치는 위험을 줄일 수 있다. 또한 이것은 사내에서 개발된 기술을 본사 밖에서 이용하기 위하여 그 기술을 이용할 회사를 본사와는 별도로 설립하였을 때 그러한 회사와 협력하는 수단으로도 많이 사용된다.

(4) 합작투자

둘 이상의 기업이 합작하여 별도의 새로운 회사를 설립하는 형태이다. 기업은 해외에서 외국기업이나 기업들과 협력하여 제조활동에 종사함으로써 현지제조에서 발생하는 이익의 일부를 확보할 수 있고, 합작투자를 통하여 자기가 필요로 하는 기술에 접근할 수도 있다.

(5) 일부합병

두 개 이상의 회사가 완전히 합병하여 하나의 회사가 되는 것이 아니고 업무의 일부만 떼어 그 업무만 합병하는 것을 지칭한다. 이것은 합병당사자들이 합병을 통하여 경쟁력을 개선하기를 원하지만 사업에 대한 지배권을 완전히 포기하기를 원하지 않을 때에 주로 이용되는 방법이다.

(6) 수직적 공급계약

철강업체가 원료를 확보하기 위해 광산을 가지고 있는 기업을 매입한다거나 유통경로를 확보하기 위해 철강제품 도매상을 매입함으로써 거래비용을 절감하는 수직적 통합과 유사하거나 완전히 합병하여 하나가 되는 것이 아니고 제한된 범위 내에서 제휴하는 국제진출형태를 지칭한다.

05 글로벌 전략적 제휴의 성공조건

글로벌 전략적 제휴는 최근의 국제경쟁상황 변화에 비추어 국제경쟁력의 강화를 위해서 국제기업들이 필연적으로 고려해야 할 사항임에는 틀림없으나 제휴의 대상으로 제시할 수 있는 경쟁우위요소들을 많이 보유하고 있지 못하는 기업들의 글로벌 전략적 제휴는 많은 문제점을 가진다. 글로벌 전략적 제휴를 성공적으로 이루기 위해서는 첫째, 국제제휴를 추진하는 기업들은 자기의 강점을 최대한 활용하여야 할 것이고, 둘째, 글로벌 전략적 제휴를 수동적 입장에서 받아들이지 않고 적극적으로 추진하여야 하며 필요한 제휴선을 개발하기 위하여 제휴대상 기업들에게 제공할 수 있는 국제경쟁력 있는, 기술, 자본, 생산능력, 경영능력 등과 같은 요소들을 많이 보유하고 있어야 한다. 셋째로, 제휴선의 다양화로 세계적 자원을 효율적으로 이용할 수 있어야 할 것이다. 마지막으로 국내제휴의 중요성을 들 수 있다. 국내제휴를 통해 경쟁우위요소를 개발하고 그러한 우위요소들을 기초로 선진기업들과의 국제제휴에 나서는 것, 그리고 국내제휴의 결과가 그 나라 기업들을 다른 나라 기업들과 차별화함으로써 국가경쟁력을 강화하는 것이 중요하다.

EXAMPLE 02   '토종' 강호찬 넥센타이어 사장…'Travis'로 글로벌경영 화제

수출 8억 달러 달성, 매출의 절반 해외서 벌어
감성으로 승부, 미국·유럽 딜러·고객에게 다가가

"제 이름은 트래비스 강(Travis Kang)입니다."
강호찬 넥센타이어 사장이 해외바이어에게 주는 명함에는 'HoChan Kang' 대신 영어식 이름이 새겨져 있다. 2009년 취임하면서 해외시장을 발로 뛰기 위해 영업용 이름이 필요했다고 한다. 그의 영문 이름이 공개되기는 이번이 처음이다.
취임 7년 만인 2016년 넥센타이어는 수출 8억 달러탑(9000억여 원)을 수상하며 해외에서 큰 성과를 냈다. 작년 연결기준 매출 1조 8,947억 원, 영업이익 2,480억 원 50%를 해외서 벌었다.

놀라운 점은 그가 '토종 경영인'이라는 점이다. 강병중 회장의 외아들로 재계 오너 2, 3세의 필수 성장과정인 국내외 사립 초중고교→해외 학부나 경영학석사(MBA) 과정을 전혀 거치지 않았다. 1971년 경남 진주에서 태어나 부산중, 부산고, 연세대 경영학과, 서울대 경영대학원을 졸업한 순수 국

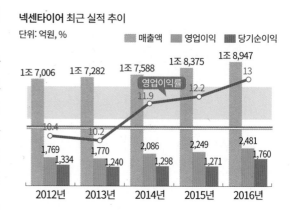

넥센타이어 최근 실적 추이
단위: 억원, %

자료: NEWSPIM

내파다. 해외는 물론 외국계 기업 근무 경험조차 없다.

강호찬 사장의 글로벌경영이 주목받고 있다. 그 성공 비법으로는 '감성공략'이 꼽힌다. 강 사장은 타이어 산업에 가장 중요한 영업망 확보를 위해 현지 딜러의 마음부터 얻으려 애를 썼다. 작년 12월 12일 미국 캘리포니아 할리우드 루즈벨트 호텔에서 넥센타이어 미국 대리점 3분기 판매왕을 선발하는 대회가 열렸다. 분기별로 최소 넥센타이어 250개 이상을 팔아야만 참가 자격을 주고 우승자에게는 12만 5,000달러, 우리 돈 1억 원이 넘는 상금을 준다. 큰 상금을 내걸고 딜러들의 판매 동기를 자극했다.

2015년에는 '딜러 파트너 데이(Dealer Partner Day)'를 만들었다. 3,000~5,000여 명의 딜러와 고객을 초청해 상품 설명과 축제를 벌이는 한마당이다. 미국 최대의 자동차 애프터 마켓 전시회인 세마(SEMA)쇼도 일정이 겹치자 불참할 정도로 딜러들에게 애정을 쏟았다. 넥센타이어 관계자는 "세마는 중요한 행사이지만 성장전략상 지금은 딜러들과 더 가까워지는 게 중요했다"고 말했다

강 사장의 감성 마케팅은 미국 여성과 가족으로 확대되고 있다. 최근 온라인 자동차관리와 마케팅 업체인 애스크파티(AskPatty)와 파트너십을 체결하고 페이스북 등 SNS나 온라인 등으로 타이어 선택과 관리방법을 알리고 있다. 여성들의 입 소문을 노린 마케팅 전략이다.

그동안 스포츠 마케팅을 통해 남성 중심으로 인지도를 높였다면 이젠 여성→가족으로 확대하는 방향을 잡고 있는 것이다. 미국에서 메이저리그 LA다저스, LA에인절스 등 4개 팀 경기장에 넥센타이어 광고판이 들어간다. 유럽에서는 영국 프리미어리그 맨체스터시티와 3년 후원 계약으로 역동적인 타이어 이미지를 구축하고 있다.

이 같은 마케팅의 공통적인 키워드도 대중의 마음잡기다. 이런 점은 한국타이어와 금호타이어가 F1 등 레이싱 후원을 고성능 고급화 마케팅에 주력하는 것과 비교하면 더욱 차이가 드러난다. 이에 대해 강 사장은 "스포츠 마케팅은 넥센타이어의 전략마케팅 플랫폼"이라며 "글로벌 기업으로서 비즈니스 가치를 높여줄 것"이라고 말했다. 결국 사람의 마음을 얻고자 하는 강 사장의 경영전략이 해외에서도 통했다는 평가가 나온다.

자료 : 뉴스핌, 2017년 3월 24일

토의문제

'토종'회사 넥센타이어가 글로벌 경영에 대해 주목을 받고 있는 이유에 대해 토의해보자.

⁝ 요약

- 기업들은 보다 생산원가가 가장 적게 들어가는 세계 어느 지역으로 생산공장으로 이전하는 현지생산체제를 계획할 뿐만 아니라, 영업이나 신기술 및 신제품개발 등 모든 기업 활동도 비용이 적게 들어가는 지역으로 이전하려는 전략적 사고를 하게 된다. 이처럼 국경의 장벽을 넘어서서 기업 활동이 세계적으로 이전되는 경제현상을 글로벌경제(Golobal Economics)라고 한다.

- 간접수출전략이란 제조업체가 수출과 직접적으로 관계되는 주요기능을 수행하지 않고 수출업자, 수출대리상, 수출조합 등을 통하여 수출하는 방법이다.

- 직접수출전략이란 해외시장조사와 해외고객과의 접촉, 수출가격의 책정, 유통경로의 선정과 같은 국제마케팅 기능뿐만 아니라 수출에 필요한 서류의 작성에 이르기까지의 수출관련 주요업무를 타인에게 의뢰하지 않고 스스로 수행하는 것을 말한다.

- 라이선싱 전략이란 특허, 상표, 기술 및 제조공정상의 라이선스를 해외의 여타 기업들에게 넘겨주는 대신에 이에 대한 사용료와 기술료를 받는 국제적인 전략을 말한다.

- 프랜차이즈 전략이란 모기업(프랜차이저, Franchiser)이 계열기업 및 가맹점(프랜차이즈, Franchisee)에 특정 제품과 서비스에 대한 제조 및 판매에 관한 권한을 주는 전략이다. 프랜차이징은 주유소, 카렌탈, 호텔, 패스트푸드 레스토랑, 청량음료산업 등에서 자주 사용되는 해외진출전략이다.

- 협력사업전략은 둘 이상의 기업들이 특정한 프로젝트의 완성을 위해서 협력하고 그 사업이 완료되면 협력이 종결되는 형태를 취한다.

- 직접투자전략이란 국내에서 제품을 생산하여 해외에 판매하는 수출방법 대신에 현지에서 직접 제품을 생산하여 현지에서 판매하는 해외시장진출전략이다.

- Turn-key 계약이란 시공자가 공장이나 시설물에 대한 공사를 일괄 수주받아 가동준비가 완료된 시점에서 발주자에게 공장이나 시설물을 인도하기로 약정하는 계약을 말한다. 산업기계, 건설, 엔지니어링 회사 등이 Turn-key 계약의 시공자가 되는 경우가 많다. 일반적으로 공사대금은 공사진척도에 따라 단계적으로 지불된다.

- 계약생산전략은 비록 타 기업에 의하여 제품생산이 이루어진다 하여도 현지에서 생산된 제품을 현지에서 마케팅하는 방법이므로 해외생산에 필요한 시설투자 없이도 해외직접투자에 따른 이점을 어느 정도 살릴 수 있는 방법이라고 할 수 있다.
- 경영계약전략이란 일정한 대가를 받고 외국기업의 경영을 도와주거나 이를 대신해 주는 전략이다.
- 카운터 트레이드전략이란 수출상이나 수출상을 대리하는 제3자가 수입상으로부터 상응하는 구매를 하는 조건으로 수입상이 수출상으로부터 물품을 구매하는 무역을 통한 전략이라 할 수 있다.
- 글로벌 전략적 제휴란 서로 다른 둘 이상의 기업들이 국제시장에서 경쟁력을 높이기 위하여 경영자원을 결합하여 기업경영의 여러 측면에서 공식적이고 비교적 장기적인 동맹관계를 맺는 것을 의미한다.
- 글로벌 전략적 제휴의 방식으로는 연구개발협력, OEM, 모험기업에의 지분참여, 합작투자, 일부합병, 수직적 공급계약 등이 있다.

연습 문제

1 글로벌 경제(Global Economics)의 특징은 무엇인가?

2 국제경영에 참여하기 위한 다섯 가지 방안은 무엇인가?

3 경영의 국제화를 위하여 기업이 주로 활용하는 여섯 가지 국제화 전략은 무엇인가?

4 경영의 국제화에 영향을 미치는 정치적 및 법제도적 요인들은 무엇인가?

5 기업의 경쟁력에 영향을 미치는 수출입관련 무역계약적 요인들은 무엇인가?

6 경영의 국제화에 문화적 특성은 어떠한 영향을 미치는가?

참고 문헌

/ 김기영 외, 우리나라 제조기업의 생산전략, 박영사, 1998.

/ Hellriegel, Don, Susan E. Jackson and John W Slocum, Jr., *Managing: A Competancy-Based Approach*, 11th ed., Casebound Publishing, 2008.

CHAPTER

07

윤리경영

윤리경영

CHAPTER

07

학습목표

이 장의 학습목표는 기업이 경영활동을 하는데 필요한 기업윤리와 사회적책임을 이해하기 위해 첫째, 윤리경영의 중요성을 이해하고, 둘째, 윤리경영과 사회적 책임의 차이와 상호관계를 이해하며, 셋째, 윤리모형으로 실용모형, 도덕적 권리모형, 정의모형과 이 모형들의 활용을 설명하며, 넷째, 윤리경영의 의사결정 기준에 대해 알아보고, 다섯째, 기업의 사회적 책임의 의미를 이해하고, 마지막으로 윤리경영의 실행 방법에 대해 기술할 것이다.

EXAMPLE 01   사회적 책임경영은 대기업만?

"날벼락입니다. 도와주세요."

몇 년 전 한 포털 카페에 올라온 글이다.

대기업 협력업체로 추정되는 기업의 실무자가 쓴 도움요청 글이다. 원청업체(대기업)가 '전자산업시민연대(Electronics Industry Citizenship Coalition)가 정한 행동규범을 이행하고 있는지에 대한 평가를 하겠다고 통보해와 준비를 하고 있는데 인력과 정보가 부족해 어려움이 많다는 내용이다.

전자산업시민연대는 2004년 IBM, HP 등 글로벌 전자기업 8개사가 사회적책임을 이행하겠다는 취지로 결성했다. 지금은 이름을 대면 알 만한 세계 전자기업 대부분이 회원사로 가입했고 삼성전자, LG전자, SK하이닉스 등 국내기업도 참여하고 있다. 전자산업시민연대는 기업이 사회적 책임을 다하기 위해 필요한 환경, 노동, 안전과 보건, 윤리, 경영시스템 등 5개 분야에 대한 행동규범을 정해놓았다. 회원사들은 이 행동규범을 자신뿐 아니라 협력업체들도 준수하도록 유도하고 있다.

LG전자가 2015년 협력회사 264곳을 대상으로 전자산업시민연대 행동규범을 기반으로 사회적책임경영 상황을 진단한 결과, 30%인 103곳이 불안정군 또는 고위험군으로 평가됐다. 평가를 시작한 2012년에는 저위험군이 20%, 불안정 또는 고위험군이 80%에 달했던 것과 비교하면 많이 개선은 됐다.

이처럼 대기업뿐 아니라 중소중견기업에도 사회적책임경영은 '하면 좋다' 수준을 넘어 '해야 한다'로 바뀌고 있다. 생존을 위한 필수과제가 되고 있다. 협력업체에서 사회적 책임 관련 문제가 발생하면 대기업도 불매운동 등 타격이 온다.

이에 따라 삼성, LG, SK 등 대기업들은 협력사들을 대상으로 사회적 책임 위험요인을 파악하고 개선할 수 있도록 지원하고 있다. 삼성전자는 노동, 인권, 환경, 안전 등의 분야에서 총 104개 항목의 체크리스트를 만들어 점검하고 있다.

이런 과정에서 한 대기업 협력사인 인력공급업체는 인력 관련 가이드라인을 위반한 사실이 발견돼 계약이 해지되기도 했다.

해외시장에 진출하려는 중소중견기업에도 사회적 책임경영은 중요하다. 사회적 책임과 관련한 글로벌표준을 요구받기 때문이다. 2014년 대한상공회의소에서 국내에 진출한 다국적기업 120개사를 대상으로 설문조사한 결과 응답기업의 94.1%가 협력사를 선정할 때 사회적 책임경영이 영향을 미친다고 응답했다.

한 글로벌 정보통신기업은 자신들에게 제품을 공급하는 국내 대기업의 협력사가 노동환경이 열악하다며 납품단가를 낮추라고 요구하기도 했다.

중소기업 정책을 담당하는 중소기업청도 이 같은 추세를 감안해 사회적 책임경영을 유도하기 위한 정책을 펴고 있다. 사회적 책임경영의 필요성에 대한 교육에서부터 인권, 노동, 환경, 공정경쟁, 고객, 지역사회, 지배구조 등 7개 분야 성과지표 개발, 사회적 책임경영을 도입한 기업에 대한 인센티브 제공 등이 골자다.

2015년 중소기업청의 지원 프로그램에 참여한 ㈜케이피티는 로레알, 샤넬 등 해외 대기업의 사회적 책임경영 평가에 적극적으로 대응해 좋은 점수를 받아 장기계약으로 이어지기도 했다.

◉ 사회적 책임경영은 돈이 필요한 사회공헌?

중소중견기업의 사회적 책임경영에 대한 관심이 높아지고는 있지만 아직 실행은 미흡하다는 평가다.

중소기업청이 2015년 중소기업의 CSR(Corporate Social Responsibility. 기업의 사회적 책임) 경영 현황을 조사한 결과 추진율은 50%에 미치지 못했다. 사회적 책임경영을 도입한 기업들도 대부분 자선과 기부 등을 제공하는 '사회공헌' 수준인 것으로 평가됐다. 사회공헌을 사회적 책임경영으로 인식하고 있다는 얘기다.

이 때문에 많은 중소중견기업들이 사회적 책임경영의 어려움으로 예산과 인력을 꼽는다. 2015년 대한상공회의소와 지속가능경영원이 매출 상위 501위부터 1000위의 중견기업을 대상으로 조사한 결과 71%가 '인력 및 예산부족', 64%가 '사내 공간 및 협조 부족'을 대표적인 어려움이라고 답했다. 이들 기업은 한해 평균 3억 5,000만원을 사회공헌에 투입하고 있다.

전문가들은 사회적 책임경영을 사회공헌으로 인식해선 안 된다고 지적하고 있다. 이런 생각 때문에 '돈이 많아야 사회적 책임경영을 할 수 있다'고 판단한다는 것이다.

이양호 한국생산성본부 팀장은 "제조업의 경우 최대 관심사인 원가절감과 환경윤리를 동시에 잡을 수 있다"며 "오히려 비용을 줄이는 방식으로 사회적 책임을 질 수 있다"고 조언했다. 예컨대 폐기물 배출이 많은 제조업체의 경우 폐기물을 줄일수록 비용을 아낄 수도 있고 동시에 환경적 책임을 다할 수 있다.

이 팀장은 "중소기업의 사회적 책임을 이야기할 때 사회공헌부터 권하지 않는다"고 말했다. 경영자의 의지에 따라 사회공헌활동을 할 수도 있지만 사회적 책임을 지키기 위해 반드시 사회공헌을 해야 하는 것은 아니라는 것이다. 무엇보다 중소중견기업이 직면한 사회적 책임의 첫 번째 단계는 '기본적으로 지켜야 할 법적 의무를 잘 지키는 것'이라는 설명이다.

그는 "아직도 상당수 중소기업이 근로계약서 작성, 야간근로 및 시간외근로에 대한 수당 지불, 휴게시간 보장 등 기본적인 노동법을 지키지 않고 있다"며 "사회적 책임의 첫 번째는 직원에 대한 책임"이라고 지적했다.

■ **업종별 중소기업 범위 기준**

3년 평균매출 해당 업종	
1,500억원 이하	6개 제조업(전기장비, 의복, 가방·신발, 골프, 펄프·종이, 1차금속, 가구)
1,000억원 이하	12개 제조업(담배, 자동차, 화학, 금속가공 등), 건설업, 광업, 도·소매 업, 농·임·어업, 전기·가스·수도사업
800억원 이하	6개 제조업(음료, 인쇄·복제기, 의료물질·의약품 등), 운수, 하수처리 및 환경복원, 출판·정보서비스업
600억원 이하	6개 서비스업(수리·기타 개인서비스), 사업지원 서비스업, 과학·기술 서비스업, 보건·사회복지사업, 예술·스포츠 관련 서비스업)
400억원 이하	4개 서비스업(숙박·음식, 금융·보험, 교육서비스, 부동산·임대)

자료: 중소기업청

이에 따라 한국생산성본부는 중소기업이 사회적 책임을 수행하기 위해 컨설팅을 의뢰하면 가장 먼저 확인하는 것이 법적 책임 준수 여부다. 법적인 기준을 잘 지키고 있는지를 확인한 뒤에야 윤리적 책임에 대해 점검하고 기부와 봉사 등 사회공헌 활동을 권하고 있다. 수질 관리, 폐기물 처리 과정에서 법적으로 정해진 것보다 더 엄격한 스스로의 기준을 만들어 실행하는 것이 사회적 책임경영의 출발점이라는 얘기다. 이 팀장은 "중소기업에 사회적 책임을 요구하는 것은 시기상조라고 생각하는 것은 잘못된 인식"이라며 "올바른 정보를 통해 사회적 책임에 대한 오해를 바로잡는 것이 중요하다"고 강조했다.

자료 : 비즈니스워치, 2017년 6월 2일

토의문제
중소중견기업의 사회적 책임에 대하여 토의해 보자.

SECTION 01 윤리경영의 중요성

　윤리경영이라는 것은 무엇이며 어떻게 정의될 수 있는가? 윤리경영과 함께 제기되고 있는 사회적 책임의 개념은 어떤 것인가? 윤리경영과 사회적 책임은 개념상 어떠한 차이를 보이며 그 통합가능성은 없는지 여기서 이러한 문제들에 대하여 구체적으로 살펴보고자 한다.

01 윤리경영의 개념

(1) 윤리경영의 의의

　사람들은 일상생활을 해나가면서 윤리라는 용어에 익숙하다. 또한 사람들은 가정윤리, 시민윤리, 직업윤리, 윤리경영, 전통윤리 등 다양한 관점에서 제기되는 윤리 또는 도덕이라고 하는 사회적 규범의 망 속에서 살아간다. 윤리라는 것은 사회적 동물로서의 인간이 함께 더불어 사는 사회생활을 하면서 필연적으로 부딪치는 근본적 문제이기 때문에 철학, 신학, 교육학, 사회학, 정치학, 심리학 등 제반 인문·사회과학의 중요한 연구주제가 되고 있다.

　각각의 학문적 입장이나 접근시각의 차에 따라 강조하는 부분이 다르겠지만, 일반적으로 **윤리**(ethics)라 함은 행위의 옳고 그름이나 선악을 정의하는 규범과 가치(rules and value)에 대한 판단 기준의 체계를 의미한다. 특히 **윤리경영**(moral management)이란 사회생활을 하는 인간이 근본적으로 부딪칠 수밖에 없는 윤리 문제를 기업경영이라는 특수한 사회적 상황에 적용한 것이다.

윤리(ethics)란
옳고 그름을
판단하는 기준체계

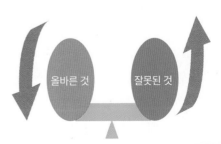

올바른 것　　잘못된 것

(2) 윤리경영의 접근방법

윤리라는 학문분야뿐만 아니라 윤리경영 분야도 연구하는 연구자의 학문적 배경이 달라서 각자가 주장하는 바나 강조하는 논점에 다소의 차이가 나타난다. 이러한 차이에 따라 윤리경영 연구는 크게 다음과 같은 두 가지의 흐름으로 구분해 볼 수 있다.

첫 번째 흐름은 전통적 윤리분야의 연구 성과를 기업경영이라는 특수한 상황에 접목시키면서 행동이나 태도의 판단기준 자체에 초점을 두는 **규범적 접근**이다. 이 접근에 기초할 때 윤리경영이란 '기업경영이라는 상황에서 나타나는 행동이나 태도의 옳고 그름이나 선과 악을 체계적으로 구분하는 판단기준 또는 이를 연구하는 것'을 의미한다. 이러한 규범적 접근에서는 윤리의 본질, 기업목적과 윤리, 윤리의 주체, 윤리적 가치 판단의 기준 등을 강조한다.

이에 반해 두 번째 흐름은 전통적 윤리분야의 연구 성과에 기초하면서도 조직이론 또는 행동과학의 연구 성과를 흡수해 도덕적 가치와 관련 있는 경영자와 기업경영의 의사결정에 초점을 두는 **실용적 접근**이다. 이 접근에 기초할 때 윤리경영이란 '도덕적 가치, 보다 구체적으로는 다양한 이해관계자나 광범위한 사회에 이익을 주거나 해를 줄 수 있는 행동을 취하는 것과 관련된 의사결정을 연구하는 것'을 의미한다.

윤리경영은 모든 상황에 보편적으로 적용되는 규범적, 일반적 윤리라기보다는 기업경영이라는 특수한 상황에 적용되는 응용적 윤리(applied ethics)의 성격을 갖고 있기 때문에 실용적 접근을 도외시할 수 없다. 이러한 관점에서 윤리경영은 규범적 이론에 기반을 두면서도 기업경영에서의 윤리의 필요성을 전제한 후에 어떻게 하면 기업경영에 경영자의 윤리적 행위 또는 윤리적 의사결정을 이끌 수 있는가에 초점을 둔다.

02 윤리경영의 중요성

(1) 기업의 목적

오늘날의 기업은 계속 존속하고 발전하기 위해서는 기업 내부에서 폐쇄적인 경영활동만을 수행해서는 안 되고, 마치 우리 인간이 사회와 자연에 도전하고 적응하면서 살아가는 것처럼 기업도 그 주위를 둘러싸고 있는 여러 환경의 변화에 적응, 도전하는 개방적인 접근방법을 택하지 않을 수 없다.

이처럼 개방체계(open system)로서 운영되기 위해서는 외부로부터 에너지를 공급받아야 하며 그렇지 못하면 시스템이 해체되거나 소멸되기 때문에 기업이 소비하는 것보다 더 많은 에너지를 환경으로부터 받아들여야 한다. 더 많은 것을 받아들이기 위해서 기업은 사회에 대하여 경제적·사회적 공헌을 해야 하고 그럼으로써 더 많은 투입을 얻을 수 있는 **계속기업**(going concern)이 되는 것이다. 만일 기업이 사회에 기여하지 못하면 조직 시스템의 변화에서 기인하는 역효과를 최소화하지 못하게 됨으로써 기업은 항상성(homeostasis)을 유지할 수 없게 된다. 즉 기업이 환경의 변화를 받아들여야만 그 조직을 보전할 수 있는 동태적 균형(dynamic equilibrium)을 유지할 수 있게 된다.

기업이 동태적 균형을 유지하기 위해서는 사회에 무엇인가를 제공하고 또 무엇인가를 받아들여 소비하여야 한다. 이러한 개념은 바로 기업의 목적이 과연 무엇인가 하는 문제와 일치하는 것이다. 기업의 목적은 크게 **경제적 목적**과 **사회적 목적**(또는 비경제적 목적)으로 나누어 볼 수 있다. 전자는 주로 재화와 서비스를 생산하여 제공함으로써 사회에 대하여는 생활향상에 기여하고 기업 자체는 이윤을 획득하게 되는 경제적 합리성(rationality)을 추구하는 경영활동이다. 후자는 주로 사회 속에서 사회 구성원이 정신적 가치나 목표, 또는 이데올로기에 부합되는 활동을 수행함으로써 사회적 정당성(legitimacy)을 얻는 기업행동을 의미한다.

(2) 기업 목적의 양립성

기업이 과연 경제적 활동과 사회적 정당성 등 두 가지 기업목적 중 하나만 선택해야 하는가 아니면 양립할 수 있는 것인가 하는 점이다.

서구사회의 초기 자본주의 시대에는 경제적 목적만을 기업의 유일한 목적으로 보려는 전통적 이윤추구 개념이 기업목적의 본질을 형성하였다. 물론 레빗(Theddore Leavitt), 프리드먼(Milton Friedman), 버크(Gibert Burck) 등은 기업은 경제적 목적만을 추구해야 한다고 주장하였다. 이들의 견해에 의하면 기업은 기본적으로 재화와 서비스를 생산하여 사회에 제공하는 경제적 역할을 수행하며, 그러한 활동을 통하여 이윤을 획득하고자 하는 사회의 구성기구인 것이다. 이러한 기업의 경제적 기능은 자본주의적 경제체제의 자유로운 경쟁에서 재화와 서비스를 효율적으로 생산해 냄으로써 사회에 공헌할 수 있다는 점에서 자본주의 발전 초기부터 기업의 본원적 책임으로 인식되어 왔다. 따라서 자본주의의 초기에는 기업이 그 경제적 목적만을 추구하는 것에 대한 사회적 비난은 그리 심하지 않았다.

그러나 현대에 들어오면서 사회 속에서 경제적 기능에만 한정되는 기업의 역할에 대한 논란이 일게 되었다. 즉 기업을 둘러싼 여러 환경의 변화, 기업 자체의 구조적·기능적 변화, 그리고 사회를 구성하고 기업을 운영하는 구성원들의 의식변화로 인해 경제적 기능에만 지나치게 한정되는 기업의 역할에 대해 의문을 제기하게 되었다. 즉 상품과 서비스의 생산 및 제공이라는 기업의 경제적 활동이 경제적 결과만을 가져오지 않고 부의 편재문제, 정경유착문제, 소비자 안전문제, 공해문제 등의 부정적인 사회적 결과를 가져온다고 인식됨에 따라 경제적 기능으로 한정되는 기업의 역할에 대한 반성을 일게 했다. 이러한 반성으로부터 나타난 것이 기업의 사회적 책임과 윤리경영의 문제이며, 오늘날 기업은 경제적 역할은 물론 기업의 사회적 역할, 즉 기업의 사회적 책임과 윤리경영의 실천을 동시에 조화롭게 추구하도록 요청 받게 된 것이다.

기업의 목적 "이윤창출" 정관서 삭제한 SK

■ SK그룹 변경되는 정관 주요 내용

	변경 전	변경 후
추구가치	• 회사는 이해관계자의 가치를 증대시키고 기업의 미래 성장을 위해 충분한 이윤을 지속적으로 창출하여야 한다. • 회사는 경제 발전에의 기여와 함께 사회적·문화적 활동을 통하여 사회에 공헌하며, 사회규범과 윤리기준에 맞는 경영을 하도록 최선을 다하여야 한다.	• 회사는 이해관계자간 행복이 조화와 균형을 이루도록 노력하고, 장기적으로 지속 가능하도록 현재와 미래의 행복을 동시에 고려해야 한다. • 회사는 경제발전에 기여함은 물론, 사회적 가치 창출을 통해 사회와 더불어 성장한다.
기업관	기업은 안정과 성장을 지속적으로 이루어 영구히 존속·발전하여야 한다.	• 회사는 안정과 성장을 지속적으로 이루어 영구히 존속·발전하여야 한다.

자료: 금융감독원 전자공시

세계적으로 성공한 기업들의 목적

나이키: 세계의 모든 운동선수들에게 영감과 현식을 가져다 줄 것이다.

구글: 효율적인 방식으로 빠르고 훌륭하게 온라인 검색을 할 수 있는 방법을 모색한다.

사우스웨스트항공: 그들의 삶에서 중요한 사함들을 친절하게, 안락하게, 그리고 저렴한 비용으로 연결한다.

(3) 기업경영에서 윤리경영의 중요성

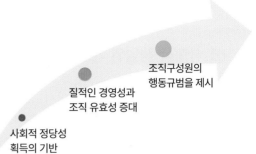

사회적 정당성
획득의 기반

질적인 경영성과
조직 유효성 증대

조직구성원의
행동규범을 제시

일반적으로 윤리 또는 사회적 규범은 구성원 각자가 자신의 이해(self-interest)에 따라 행동하는 것을 참아야 할 상황을 확인시켜 줌으로써 사회갈등의 해소에 기여한다. 기업경영에 있어 윤리경영도 바로 이러한 기능을 수행하기 때문에 중요성을 갖는다. 기업경영이라는 상황에서 윤리경영이 갖는 중요성을 보다 자세히 살펴보면 다음과 같다.

첫째, 윤리경영의 준수는 **사회적 정당성 획득의 기반**이 된다. 기업은 다른 모든 사회기관과 마찬가지로 전체사회의 일부분이며 기업의 생존과 성장을 위해 사회시스템에 의존해야 한다. 이러한 면에서 윤리경영의 준수는 기업의 역할이나 활동이 사회로부터 수용 받을 수 있는, 즉 사회적 정당성(social legitimacy)을 획득할 수 있는 기반이 된다.

둘째, 윤리경영의 준수를 통해 장기적인 면에서 **질적인 경영성과** 혹은 **조직 유효성의 증대**를 기대할 수 있다. 흔히 경영자들은 윤리경영 문제와 관련하여 "다른 기업에서도 이렇게 하는데 우리기업만 이러한 관행을 따르지 않을 경우 경쟁에서 뒤진다"는 말을 하곤 한다.

그러나 진정한 경쟁력의 원천을 자본, 기술, 인적자원 등의 자신의 독특한 능력에서 찾아야 점차 치열해지는 국제 경쟁 속에서 살아남을 수 있다. 단순히 눈앞에 보이는 이익, 즉 이른바 경영성과의 지표로 일컬어지는 수익률, 매출액점유율, 생산성에 급급해 기업이 행동하다 보면 장기적인 면에서 더욱 중요한 경쟁력의 원천을 상실할 수 있다.

셋째, 윤리경영은 **조직구성원의 행동규범을** 제시해 줄 뿐만 아니라 하나의 인간, 또는 건전한 시민(good citizen)으로서의 구성원의 윤리적 성취감을 충족시켜준다. 윤리경영은 단순히 기업의 행동을 규제하는 것만은 아니다. 기업은 기업이라는 조직이 사회 속에서 해야 할 일과 하지 말아야 할 일을 구분시켜 줌으로써 전체사회의 이득이 되는 행위의 기준을 제시할 뿐만 아니라 기업내부의 구성원 행동에 대한 올바른 기준을 제시함으로써 구성원 간에 생길 수 있는 마찰이나 갈등을 해소한다.

⁝ SECTION 02 윤리경영과 사회적 책임

01 사회적 책임의 개념

윤리경영에 대한 문제를 논의함에 있어 빼놓을 수 없는 문제가 바로 기업의 사회적 책임이다. 기업의 사회적 책임이란 1930년대 미국에서 복지국가 자본주의의 개념이 성립되면서 나타났으나 사회환경 및 사회적 가치의 현저한 변화가 일어난 1960년대에

▲ 사회책임표준인 ISO26000의 로고

이르러서야 본격적으로 의미를 갖게 되었다. 그 이후 기업의 사회적 책임에 대해 많은 논의들과 연구가 있었지만 아직까지도 사회적 책임이 정확히 무엇을 의미하는가에 대한 일치된 합의는 없다. 이는 앞서의 윤리경영의 개념을 논의하면서도 지적했던 연구관점 또는 시각의 차이와 연구자마다 강조하는 개념의 차이가 있기 때문이다.

여기서는 이러한 연구자들이 다양한 정의를 토대로 다음과 같이 사회적 책임을 정의하고자 한다. 즉 **기업의 사회적 책임**(CSR; corporate social responsibility)이란 '기업활동으로 인해 발생하는 사회 경제적 문제를 해결함으로써 기업의 이해관계자와 사회일반의 요구나 기대를 충족시켜 주어야 하는 기업행위의 규범적 체계'로 정의한다.

02 윤리경영과 사회적 책임의 차이

우선 기본개념으로서의 책임과 윤리의 개념을 비교하여 보자. 일반적으로 **책임**이란 개인의 지위, 기능, 행위 등의 본질에 의해 그에게 부과된 의무의 범위를 일컫는다. 책임이란 역할과 관련된 개념으로 특정역할에서 파생되는 권한에 대응하는 개념이며 그 주체로서 인간뿐만 아니라 조직도 가능하다. 이에 반해 **윤리**란 행위의 옳고 그름과 선악을 구분해 주는 원칙의 집합을 일컫는다. 따라서 윤리에는 뚜렷한 대상이 없으며 또한 구체적 지위나 역할도 필요없다. 그리고 윤리가 논해지는 영역

은 구체적 행위뿐만 아니라 추상적인 태도나 가치를 포괄한다.

이러한 기본개념상의 차이를 반영하면서 기업경영의 상황에서 제기되는 사회적 책임과 윤리경영의 개념은 원론적 의미에서 다음과 같은 차이를 갖는다.

첫째, 사회적 책임이 기업행동의 대 사회적 영향력이라는 사회적 결과에 초점을 두는 반면 윤리경영은 기업행위나 경영의사결정의 옳고, 그름을 따지는 판단기준 자체에 초점을 두고 있다.

둘째, 사회적 책임이 사회적 요구나 기대에 대응하는 규범체계라면, 윤리경영은 사회적 윤리규범에 대응하는 규범체계이다.

셋째, 기업의 사회적 책임은 기업의 자유의지를 반영하는 자율적이며 적극적인 성격을 갖는 반면에 윤리경영은 상대적으로 외부에 의해 강제되는 수동적이며 소극적인 성격을 갖고 있다.

넷째, 수행주체의 측면에서 사회적 책임이 기업과 사회, 기업과 이해관계자 집단이라는 조직차원이 보다 강조되는 반면 윤리경영에 있어서는 조직구성원이라는 인적차원이 보다 강조된다.

다섯째, 학문의 배경 측면에서 윤리경영을 주장하는 학자들은 대부분 철학이나 윤리학, 신학, 교육학 등의 인문과학에 기반을 두고 있는 반면 기업의 사회적 책임을 논하는 학자들은 대부분 경영학이나 경제학, 사회학 등의 사회과학에 기반을 두고 있다.

그러나 윤리경영의 사회적 책임의 이러한 개념상의 차이는 원론적인 의미일 뿐 현실에 있어서는 많은 문제에 있어 공통적인 모습을 보이고 있으며 차이가 있다 하더라도 상대적인 차이를 보이고 있을 뿐이다.

03 윤리경영과 사회적 책임의 상호관련성

윤리경영과 사회적 책임간의 상호관련성은 다음과 같다.

첫째, 사회 속에서의 기업의 역할과 기능 면에서 두 개념은 기업의 경제적 역할과 기능을 넘어선 사회적 역할과 기능을 강조하고 있다. 즉 기업의 대 사회적 영향력이 증대됨에 따라 재화의 생산과 공급이라는 경제적 역할 외에 전체사회의 목표와 가치에 부응해야 한다는 사회적 역할이 강조되고 있다.

둘째, 윤리경영과 사회적 책임은 기업 활동에 대한 사회의 가치, 규범, 기대 등에 부응하는 일련의 기업 대응행동이라는 점이다. 이러한 사회적 가치나 규범 또는 기대 등은 초기에는 대중매체에 의해 선도되는 사회적 여론이나 이해관계자 집단에 의해 선도되는 사회적 운동의 형태로 가시화된다. 그러나 이러한 가시화된 사회적 규범이나 기대를 기업이 충족시켜 주지 못할 때, 이것은 똑같이 사회적 이슈(issue)로 발전된다.

셋째, 윤리경영과 사회적 책임은 일련의 기업 의사결정과 기업의 행동, 그리고 그로 인한 사회적 결과의 중대성에 의해 평가된다. 즉 윤리경영과 사회적 책임이라는 것은 판단기준과 의사결정, 행동, 행동의 결과, 사회적 평가라는 일련의 과정을 거치게 된다. 학자들에 따라 이러한 과정 중 어떤 단계를 중시할 것인가는 달라지지만 최근에는 예방적 관점에서 기업경영의 의사결정이나 의사결정 과정을 중시하는 경향이 나타나고 있다.

넷째, 개념발전의 초기에는 사회적 책임 면에서만 구체적 이해관계자와의 관계를 중시했지만 윤리경영 면에서의 개념이 발전하면서 기업과 이해관계자와의 관계를 중시하게 된다. 따라서 오늘날 사회적 책임과 윤리경영은 이해관계자 면에서 상당한 공통점을 갖게 된다.

다섯째, 사회의 기초규범으로서 국가권력에 의해 강제성을 갖고 있는 법률(law)과의 관계에 있어 양자는 비슷한 성격을 갖고 있다. 즉 법률에서 규정하는 행위의 규범은 윤리경영이나 기업의 사회적 책임에 있어 최소한의 요건을 제시한다. 즉 윤리경영과 사회적 책임은 법률이 규정하는 행위 규범을 넘어서서 보다 자율적인 입장에서의 도덕적 의무나 책임을 수행해야 한다. 그러나 때에 따라선 법률이 제시하는 행위 규범 내에서는 합법적(legal)이지만 윤리나 책임 면에서는 비윤리적이거나 책임 회피적인 영역이 존재한다는 것이다. 따라서 법률적 요건보다는 근본적인 윤리경영이나 사회적 책임이 자율적 입장에서 강조되고 있다.

●● 표7-1 | **윤리경영의 영역**

	비윤리경영	탈윤리경영	윤리경영
경제적 책임	탈법적 행위 용인	법적 테두리 내에서 무엇을 하여야 하는가?	입법취지
법적 책임			사회적 통념 감안
윤리적 책임			기업윤리 준수

SECTION 03 **윤리모형**

　　윤리경영에 포함되어야 할 구체적인 내용은 매우 광범위하지만 특히 윤리경영
의 판단기준을 세 가지 모형을 통해 살펴보고자 한다. 이 세 가지 모형은 특정한 의
사결정이나 행동을 어떤 때에는 강화하기도 하고 지원하기도 할 것이다. 다른 경우
에는 특정한 의사결정이나 행동이 단지 하나의 모형으로 설명될 수도 있을 것이다.
일반적으로 제시된 일련의 행동이 세 가지의 모형에 의해 지지를 받을 수도 있으나
이 경우는 매우 이상적인 경우가 될 것이다. 그러나 개개인과 집단의 이해관계가 상
충되는 복잡한 상황에서 의사결정하게 될 때 이러한 이상적인 해를 찾기 어려울지
도 모른다.

01 실용모형

　　실용모형(utilitarian model)은 눈에 보이지 않는 행위의 윤리적 정당성을 눈에 보이
는 결과로서 판단하는 모형이다. 즉 행위의 윤리성을 행위의 동기에 의해 판단하지
않고 행위의 객관적 결과에 의해 판단하려는 모형이다.

　　이러한 실용모형은 이기주의와 공리주의라는 두 가지 개념을 바탕으로 하고 있
다. 이기주의는 여러 가지 행위의 대안들 중에서 자신의 이익을 장기적으로 최대가
되게 하는 행위를 선택한다는 원칙이다. 한편 공리주의는 관련되는 모든 사람의 행
복이 최대가 되게 하는, 즉 일반선(general good)을 지향하는 행위를 선택한다는 입장으
로 요약될 수 있다. 다시 말해서 여러 가지 대안 가운데 행위와 관련된 모든 사람의
행복이 총체적으로 최대가 될 수 있게끔 하는 행동을 선택해야 한다는 것이다.

　　그러나 이러한 이기주의나 공리주의에는 다음과 같은 문제점이 있으므로 이를
경영 상황에 그대로 적용시키기는 곤란하다. 즉 행위 가운데는 결과를 떠나서 그 자
체로서 이미 비윤리적인 것이 있음에도 불구하고, 양자는 이러한 행위를 무시한다
는 점이 바로 그것이다. 예를 들어 이기주의에 따른다면, 공해나 임금체불 등의 행
위라도 이것이 기업이익이나 경영자 개인의 이익이라는 객관적 결과와 상관이 있
다고 판단되는 경우에는 전혀 윤리적 판단이 요구되지 않는다는 것이다. 그리고 공
리주의에 따른다면, 결과가 여러 사람의 행복을 증진시킬 수만 있다면 이미 그 수단
이 되는 행위 자체의 그릇됨은 문제가 되지 않는 것이다.

이러한 약점 때문에 실용모형의 입장을 경영상황에 그대로 적용시킬 수는 없다. 현실적으로 경영자가 이익을 추구하고 자아를 성장시키려는 점에서는 이기주의를 보이며, 경쟁원리를 존중하고 전체적 행복의 증진을 통해 개인적 행복의 증진을 추구한다는 점에서는 공리주의적인 면을 나타내는 양면성을 보인다는 것이다.

이러한 경영자의 행동은 자기 이익을 추구하지만 이는 어디까지나 기업경영의 규칙을 준수하는 범위 내에서 행해지는 이익추구이므로 실용주의와 공리주의의 결합이라 할 수 있다. 따라서 이는 이기주의의 억제된 모습(restrained egoism)이라고도 표현된다.

02 도덕적 권리모형(moral right model)

앞서 논의한 실용모형이 행위의 결과가 주는 이익에 초점을 두고서 그 수단을 무시하는 데 비해 의무론(denotological theory) 또는 동기론은 수단 자체에 윤리적 판단의 근거를 두고 있다.

의무론을 주장한 대표적 학자는 칸트(I. Kant)로, 그에 의하면 의무라는 개념은 결과의 이익과는 독립된 것이라고 한다. 그리고 세상에는 선을 행하고자 하는 의지(good will: 선의) 외에는 그 자체로서 선한 것이 없다는 것이다. 여기서 인간은 행위의 결과보다는 그 동기에 관심을 가져야 한다는 주장이 성립하게 된다.

이러한 의무론은 우선 윤리적 의사결정에 있어서 자율성과 자신감을 갖도록 도와준다. 많은 경영자들이나 구성원들은 기업의 윤리 헌장이 너무나 애매하기 때문에 실질적인 도움이 되지 않는다고 말하고 있으나, 의무론에 의하면 원칙에 따라 행동하겠다는 의지만 있다면 이를 나름대로 해석하는 데 자신을 갖게 될 것이다.

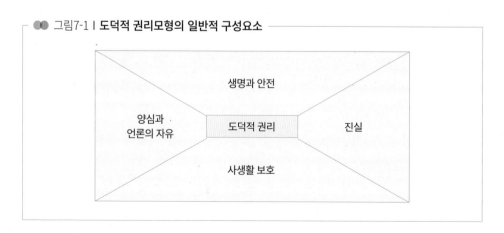

●● 그림7-1 | 도덕적 권리모형의 일반적 구성요소

의무론에는 도덕적 권리모형과 정의모형이 있다. 여기서는 도덕적 권리모형만을 설명하고 정의모형은 다음에 설명한다. **도덕적 권리모형**(moral right model)은 개인 또는 집단이 의무에 상응하여 자신의 이해를 추구할 자유롭고 평등한 선택권을 갖는 권리를 갖고 있다고 보고 이에 대한 의사결정이나 행동을 평가하는 모형이다. 이러한 권리의 존재는 자신의 행위와 타인으로부터의 보호나 지원을 요청하는 행위에 대한 정당성을 제공한다. 윤리경영에 있어서 도덕적 권리모형은 개개인의 생명과 안전(life and safety)이 보호되어야 할 권리, 종업원이나 고객 그리고 일반적인 대중이 진실(truthfulness)을 알릴 수 있는 권리, 사생활(privacy)이나 개인적 재산이 보호되는 권리, 언론의 자유가 보장되는 권리, 양심의 자유가 보장되는 권리가 있음을 의미한다.

03 정의모형(justice model)

정의모형(justice model)은 개인과 집단 사이에서 이익과 비용이 어떻게 동일하게 분배되느냐와 관련된 의사결정과 행동을 평가하는 것이다. 즉 사회의 혜택과 부담은 공평하게 분배되어야 하고, 규칙과 법률은 공정하게 적용되어야 하며, 공정한 경쟁이 이루어져야 한다는 원칙에 근거한다. 이러한 정의모형은 크게 분배적 정의(distributive justice)와 절차적 정의(procedural justice)에 대해 판단의 기준이 된다. 윤리경영에 있어 정의모형은 공정한 대우, 규칙의 공정한 관리, 공정한 보상, 공정한 처벌, 정당한 절차들이 지켜져야 함을 의미한다.

그러나 도덕적 권리모형이나 정의모형은 다음과 같은 문제점 때문에 경영상황에 그대로 적용시키기는 곤란하다. 우선 두 개 이상의 의무 간에 갈등이 생겼을 때 이를 해결할 도리가 없다는 점을 들 수 있다. 경영자가 느끼는 의무는 여러 가지이며 이들 간에 갈등이 생기는 것은 당연한 일이므로, 도덕적 권리모형이나 정의모형이 의사결정이나 행동의 확실한 판단기준으로 작용하기 위해서는 이 갈등을 해결해 줄 수 있어야 한다. 또한 정의모형에서 말하는 예외 없이 지켜져야 할 보편적 도덕률이란 과연 무엇인가에 대해서 확고한 근거가 없다. 조직구성원 개개인의 가치관의 차이를 보편적 원칙이라는 추상적인 개념만으로 좁힐 수는 없는 것이다.

:: SECTION 04 윤리경영의 의사결정기준

경영자가 윤리경영을 원활하게 수행하기 위해서는 무엇보다도 그 윤리경영을 실천하겠다는 경영상황하에서의 의사결정을 위한 기준이 확립되어야 한다. 그러한 방향을 설정하는 데 고려해야 할 사항으로는 다음과 같은 것을 들 수 있다.

01 자발성의 강조

현실적으로 어느 기업에나 똑같이 적용되는 의사결정기준은 존재하지 않기 때문에 각각의 기업은 스스로 윤리경영의 실천을 위한 의사결정기준을 확립하여야 한다. 기업은 사회적 행동을 강압에 의해서 행하기도 하지만, 법률이나 관행에 의한 것 이외의 사회적 행동은 원천적으로 자발적인 것이라고 볼 수 있다.

최고경영자가 갖고 있는 철학이나 이해관계는 기업이 윤리경영을 수행하기 위하여 무엇을 할 것인가를 결정하는 데에 크게 영향을 미친다. 기업에서는 최고경영자의 영향력이 매우 막중하기 때문에 최고경영자가 가지고 있는 윤리경영에 대한 가치와 이해관계를 충족시키는 방향에서 기업의 권력이 행사되는 것이 보통이다. 최고경영자들의 가치나 행위들이 자발적 윤리경영의 수행을 위한 기초를 마련해 준다는 면에서 기업이 윤리경영을 효율적으로 수행하기 위해서는 무엇보다도 경영자의 자발적인 노력과 자각이 가장 중요한 것이다.

02 이윤동기의 보호

기업은 강한 이윤동기를 갖는 경제적 기관으로 간주되고 있다. 기업은 경제적 인센티브가 없다면 사회의 비경제적 목적을 달성하는 데 자발적인 노력을 기울이기가 어려울 것이다. 그러나 기업의 양심과 이익은 결코 배치되는 것은 아니다.

결국 기업은 장기적 시야를 가져야 하며 일시적으로는 순이익을 감소시키지만 궁극적으로는 기업에게 이익이 되는 사회적으로 책임 있는 행동을 수행해야 한다. 오늘날 기업가들의 사고는 장기적 안목으로 변화하지 않으면 안 된다. 또한 자유롭게 사적 이익을 추구하는 경향으로부터 계몽된 사회적 이익(enlightened social interest)을 존중하는 방향으로의 철학적 변화가 요청된다고 할 수 있다. 이것은 기업권력과 이익

그리고 기업경영 자체를 새롭게 조망하는 시각이다. 또한 이는 장기적인 관점에서 보아 경제적 인센티브를 잠식하지 않는다면 윤리경영을 수행할 수 있을 것이라고 보는 것이므로 전통적인 사고에 비해서 더욱 광범위한 윤리경영을 실천할 수 있음을 의미한다.

03 권력과 책임의 법칙

윤리경영을 실천하기 위한 의사결정기준의 기본 방향을 확립하는 데 빼놓을 수 없는 기준 중의 하나가 권력과 책임의 법칙이다. 즉 기업은 사회 속에서 기업이 소유하는 권력 또는 권한에 상응하는 도덕적으로나 사회적으로 정당성을 갖는 행동을 해야 한다. 특히 기업에 대해 이러한 권력에 상응하는 의무나 책임을 요구하는 경향은 각종 이해관계자 집단의 사회적 운동이나 TV, 신문 등의 대중매체의 발달 이후 더욱 커지고 있다. 일반적으로 현대산업사회에서 대규모 기업은 경제적 권력, 정치적 권력, 사회적 권력을 갖고 있다.

현대기업은 이러한 권력에 상응하는 책임 있고 정당성을 얻을 수 있는 행동을 할 것이 요청된다. 즉 기업의 경제적 권력은 이해관계자 집단을 포함한 전체 공중의 이익을 증대시키는 방향에서 행사되어야 하며, 현대기업은 정치적 권력에 상응하는 책임 있는 행동이 요구되기 때문에 모든 이해관계자 집단의 다원적 균형이 깨지지 않는 방향에서의 행동이 요구되며, 또한 기업은 사회구성원 또는 내부구성원의 전통이나 가치, 욕구, 인간의 존엄성을 보장해 주는 책임 있는 행동을 해야 한다.

04 상황이론의 적용

특정 사회문제를 예방하거나 해결하는 데 있어서 기업이 처한 사회적, 경제적 상황이 고려되어야 한다. 기업이 어떤 일을 하지 말아야 하며, 또 어떤 일을 적극적으로 수행하여야 할 것인가 하는 것은 여러 가지 상황에 따라 달라질 수 있다. 또한 사회적 문제를 해결하는 데 사회의 어떤 기관이 가장 효과적이고 능률적인가를 결정하는 노력이 이루어져야 하며, 그에 따라서 적절한 윤리적이고 사회적인 책임이 그 기관에게 할당되어야 한다.

기업의 규모와 업종에 따른 윤리경영 문제도 중요한 관심사이다. 대규모의 기업들은 보다 많은 사회구성원들에게 실제적이거나 잠재적인 영향력을 미치게 된다.

사회는 대기업에 더 큰 관심을 갖고 있으므로 대기업은 윤리경영과 사회적 책임을 보다 주의 깊게 고려해야 할 것이다. 그리고 기업의 업종에 따라서도 차이가 존재한다. 예를 들어 공익사업을 하거나 매우 경쟁적으로 가격이 책정되는 상품의 대량생산을 주로 하는 기업은 기술적인 지향을 갖는 연구소보다 작업조건이나 종업원의 감정 및 개인의 특성 또는 기업이 처한 상황의 특성을 고려해 자신이 맡은 윤리적 의무나 사회적 책임을 실천하도록 노력해야 한다.

⁝ SECTION 05   기업의 사회적 책임

기업의 경영자는 많은 책임을 가지고 있다. 이러한 책임은 경영활동을 하는 데 광범위하게 관여하게 된다. 따라서 여기서는 기업의 사회적 책임의 내용을 살펴보고, 한국 재벌기업의 사회적 책임에 대해 논의해 보고 사회적 책임의 실천에 대해 알아보고자 한다.

■ 기업의 사회적 책임(CSR) 경영의 목표

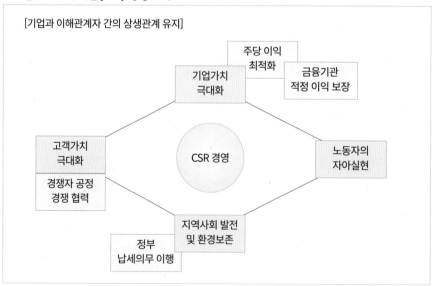

■ 중소기업이 중시해야 할 이해관계자 그룹

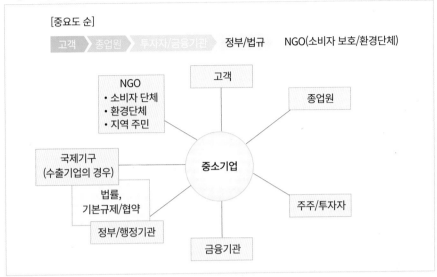

01 사회적 책임의 내용

기업은 많은 이해관계자 집단에 둘러싸여 있어 이들이 요구하는 내용을 실천해야 하는 책임이 있다. 이 이해관계자 집단은 소유자, 고객, 종업원, 공급자, 지역 사회, 사회전반, 정부 그리고 노동조합 등이 이에 해당된다. 이 이해관계자 집단 중에서도 소유주와 주주, 고객, 종업원과 지역사회가 특히 중요하게 고려될 수 있다. 이 이해관계자 집단들이 기업에 대해 요구하는 내용은 실로 다양하다고 볼 수 있는데 이를 나타낸 것이 <표 7-2> 이다.

02 사회적 책임의 실천

사회적 책임의 실천을 위한 의사결정 주체는 대부분 경영자를 비롯한 기업의 구성원이다. 그러나 사안에 따라서는 비록 개인이 결정한 문제라도 모든 책임을 개인에게 돌릴 수 없는 문제들이 있다. 따라서 윤리적 의사결정을 통한 바람직한 행동을 유도하기 위해서는 개인의 윤리적 각성도 중요하겠지만 조직의 체계적이고 제도적인 관리 방안도 뒷받침되어야 한다. 이러한 관점에서 사회적 책임을 실천하는 방안을 논의하여 보자.

◉◉ 표7-2 l 기업의 사회적 책임의 내용

이해관계자 집단	고려 사항
소유주와 주주	• 재무건전성 • 주주의 기대에 부응하는 일관성 • 어느 정도의 수익성 • 평균자산회수율 • 재무정보의 적시, 정확한 공개
고객	• 제품·서비스 품질 • 결함이나 위험한 제품·서비스의 책임관리 • 제품·서비스의 안전기록 • 가격정책 • 정직하고, 정확하고 책임 있는 광고
종업원	• 성차별금지, 실력위주 선발과 승진 • 작업인력의 다양화 • 임금 수준 및 적재적소 배치 • 교육훈련의 실시 • 작업환경의 안전과 사생활 침해방지

지역사회	• 환경적 요소
	  – 포장과 제품설계에서 환경보호
	  – 재활용 노력과 자재의 재활용
	  – 환경오염 방지
	  – 환경표준의 준수
	• 지역사회 관여
	  – 이익에 대한 사회출연금 비중
	  – 박애적인 노력에 대한 혁신과 창조성
	  – 제품기부
	  – 지역사회에 시설 및 자산 활용 제공
	  – 종업원 자원봉사에 대한 지원

자료: Helligel, Jackson and Slocum, 2008, p. 102.

(1) 환경탐사

기업의 사회적 책임을 실천하기 위한 방안으로 기업을 둘러싼 환경의 변화에 대한 정보를 수집하는 환경탐사(environmental scanning)가 있다. 환경탐사란 결국 기업의 의사결정에 도움이 되는 미래와 관련한 정보를 수집하는 활동이라고 할 수 있는데 기업은 보통 이러한 환경정보를 여러 가지 정보원으로부터 수집하게 된다. 이러한 정보원에는 내부 정보원과 외부 정보원이 있을 수 있으며, 또 내부 구성원이나 외부관련 단체임원 등의 인적 정보원 또는 보고서나 정부간행물, 신문 등 비인적 정보원등이 있을 수 있다. 기업은 이러한 정보원의 체계적 관리를 통해 기업이 필요로 하는 정보를 수집한다.

(2) 이해관계분석

우리는 모든 사회적 이해관계를 비교·평가하여 그 사회활동이 바람직한가를 검토해 볼 필요가 있다. 기업의 사회활동 또는 윤리적 기업행동은 기업의 주주, 종업원, 소비자, 지역사회의 주민, 그리고 기타의 많은 이익집단들에게 영향을 주기 때문에 이들의 반응을 조사하고 비교·평가해 보아야 한다. 즉 기업의 이해관계자들에 대한 불리한 효과와 유리한 효과를 비교 평가한 후에 그 사회활동이 바람직한가를 결정하여야 한다.

(3) 기능분석

특정 사회활동을 우리 회사보다 다른 회사에 의하여, 또는 정부나 교육기관 등의 사회제도에 의하여 수행되는 것이 더 적합한가를 분석하는 것이 필요한데 이것을 기능분석(functional analysis)이라고 한다.

개념적으로 기능분석은 사회적 우선순위와 사회 욕구를 충족시킬 수 있는 사회제도의 능력을 고려하여 사회적으로 가장 중요한 활동 영역에 그 활동 수행에 가장 적합한 사회 제도를 할당하는 것이라고 할 수 있다. 사회는 이러한 방식에 의하여 여러 가지 사회 제도의 전문화된 능력을 활용함으로써 사회의 자원을 효과적으로 사용하게 된다. 이러한 과정은 사회적 과업을 여러 사회 제도에 분배함으로써 다원주의적 사회 구조를 유지시키게 된다. 이것은 또한 시간이 흐름에 따라서 특정 사회적 기능을 가장 효과적으로 수행할 수 있는 사회 제도가 변천할 수 있음을 의미한다. 즉 환경이 변화함에 따라서 특정 사회적 기능을 수행하는 사회제도의 능력이 상대적으로 변화하게 된다.

(4) 비용-이익분석

또 하나 중요한 관점은 윤리경영 또는 사회적 책임의 수행의 결과로서 발생하는 이익이 그에 따른 비용을 초과하는가를 검토하는 것이다. 비용-이익 분석 방법에 대한 윤리적 비판도 있지만 현실의 기업경영에 있어 이 기법은 필수 불가결한 것으로 인정되고 있다.

비용-이익분석(cost-benefit analysis) 기법은 어떤 의미에서는 앞의 기법들에 포함되는 것이지만 이익과 비용을 계량화하여 비교해야 한다는 필요성 때문에 별도로 취급하는 것이다. 전 단계에서는 사회활동에 따르는 이해관계가 질적인 면에서 검토되었으나, 경영자는 사회적 활동의 수행여부에 관한 의사결정을 내리기 전에 그 활동의 비용과 이익을 계량화하여 양적인 면에서의 비교·평가를 해야 한다. 그러나 이때 비용이 이익보다 더 많이 발생한다는 평가결과가 나오더라도 사회적 책임을 외면할 수는 없으므로 더 적은 비용으로 그 사회활동을 수행할 수 있는 다른 방안을 모색하지 않으면 안 된다.

⋮ SECTION 06 윤리경영의 실행

구체적인 윤리적 실행프로그램으로는 다양한 아이디어들이 제시되고 있다. 여기서는 이 중 한국기업의 현실에서 그 실행방안으로 도입될 수 있는 대표적 실천프로그램으로서의 윤리경영헌장의 제정, 윤리경영교육의 강화, 내부제도의 개선, 그리고 평가제도의 확립에 대해 살펴본다(신유근, 1991).

01 윤리헌장의 제정(code)

윤리헌장(ethical codes of conduct)이란 조직에서 구성원들이 지켜야 할 윤리규범을 공식적으로 문서화한 것을 의미한다. 물론 윤리헌장을 제정했다고 해서 윤리경영에 관한 모든 문제가 해결된다고 이야기할 수는 없으나, 윤리헌장을 제정하고 그 적용을 위한 많은 노력이 투입된다면 윤리경영의 정립 및 제고에 많은 도움이 될 것

이다.

기업들이 처해 있는 상황 및 여건이 기업의 특성에 따라 상이하기 때문에, 모든 기업에 공통적으로 적용할 수 있는 윤리헌장을 제시한다는 것은 거의 불가능한 일이다. 따라서 각 기업마다 그 특성 및 여건에 따라 필요한 항목들을 고려하고 검토해 보아야 한다. 일반적으로 윤리헌장에 포함되는 항목들을 살펴보면, 헌장준수를 위한 적용 및 관리절차, 윤리경영 및 철학에 대한 일반적 서술, 효력발생의 시효, 선물의 수령여부, 공급자와의 관계·경쟁정도·고객과의 관계 등과 같은 이해의 갈등, 사회의 도덕·윤리기준의 준수, 주주에 대한 관계와 같은 것들을 들 수 있다.

윤리헌장은 제정보다 운용이 더욱 중요하다고 할 수 있다. 즉 윤리헌장의 내용을 실제에 적용하는 실천의 문제가 중요한데, 이는 흔히 다음의 네 단계 절차로 이루어진다.

첫 번째 단계는 기업의 윤리적 가치를 명확하게 정의하고 그 구체적 행위지침을 초안하는 것이다. 두 번째 단계는 윤리적 행위에 대한 의무(accountability)와 책임(responsibility)을 결정하는 것이다. 즉 윤리헌장을 제시하고 이것을 행위 지표로 옮기는 것만으로는 충분하지 않으며, 개인적인 의무와 책임이 구체적으로 명시되어야 하는 것이다. 세 번째 단계는 구체적 관행을 감독하기 위한 내부통제시스템을 구성하는 것인데, 이는 비윤리적 기업관행이 개입되지 않았다는 것을 확인하기 위해 구성원들에게 정기적인 서명을 받는 것 등을 들 수 있다. 마지막 네 번째 단계는 올바른 윤리적 행동에 대한 처벌을 위한 절차를 마련하는 것과 윤리지침으로부터의 이탈에 대응하기 위한 경영정책을 수립하는 단계이다. 이는 특히 경영층에서의 윤리헌장의 준수에 대한 강력한 의지를 나타낸다는 점에서 구성원들에게 미치는 영향이 크다.

02 윤리경영교육의 강화에 대한 공감조성(consensus)

이는 조직구성원을 대상으로 한 교육과정에 윤리경영에 관한 내용을 포함시켜서 윤리의식을 확립 또는 고취시키려는 방안이다. 윤리경영교육에 관해서 그 목적 및 방법을 간단히 설명해 보자.

우선 윤리교육의 목적은 구성원들이 행하는 각종 의사결정에는 윤리적 차원이 있다는 점을 이해시키고, 윤리문제의 성격과 해결방안을 습득하게 하며, 이로써 윤리문제 해결의 역량을 키워 주는 것이다. 다음으로 윤리교육방법에는 사례연구와 집단토의 등을 활용할 수 있다. 이러한 교육을 통하여 구성원들의 윤리의식이 높아진다는 긍정적인 효과는 있으나, 한 개인의 윤리의식을 단기간 내에 바꾸는 것이 쉬운 일은 아니며, 또한 다른 측면의 요인들을 무시할 경우 효율의 저하나 갈등을 불러일으킬 수 있다는 문제점도 있다.

03 내부제도의 정비 및 개선(compliance checking)

앞에서 논의한 윤리헌장의 제정이나 구성원에 대한 교육이 윤리의식의 향상에 도움을 주는 것은 사실이지만, 현실적인 제도의 뒷받침이 없을 때 그러한 노력은 실효를 거두기가 어렵다. 따라서 평가제도의 확립과 의사결정에서의 윤리적인 고려가 이익추구와 거의 동일한 수준에서 이루어지도록 하는 것이 중요하다. 의사결정에서 이익뿐만 아니라 사회의 일반적인 가치규범 준수 여부가 고려되어야 하며 그것이 제도적으로 확립되어야 한다.

또한 상급자가 하급자에게 비윤리적인 행위를 강요했을 때 그것을 거부하는 것이 제도적으로 보장되어야 한다. 만일 상사의 비윤리적인 행위에 대한 지시를 거부하기 위해 자신의 직위나 승진기회를 희생시켜야만 한다면 일반적으로 상사의 비윤리적인 지시에 따를 수밖에 없을 것이기 때문이다.

04 평가제도의 확립

구성원들에게 윤리적인 행위를 요구하면서도 현실적으로 그들의 능력이나 경영성과를 평가할 때, 그 평가항목에 윤리성이 들어 있는 경우는 매우 드물며, 있다고 해도 매우 작은 비중을 차지하는 경우가 대부분이다. 또한 기업차원에서 투자가의 기업에 대한 평가가 그 기업의 주가에 반영될 때 과연 다소 이익을 희생해서라도 사회적 책임을 성실히 수행한 기업이 더 높은 평가를 받을 지에 대해서도 회의적이다.

최근 우리나라에서도 최고경영자의 임기가 점점 짧아지고 있으며 기업이 급변하는 사회에서 살아남기 위해, 또는 경영자가 그 지위를 유지하기 위해서는 단기이익의 극대화가 요구되는 경향이 있다. 또한 최근까지 개발된 기업평가기법의 내용을 살펴보아도, 기업의 사회적 책임의 수행이나 경영자의 윤리적 행위가 평가의 구성항목으로 되어 있는 경우는 거의 없음을 알 수 있다. 따라서 경영자가 의사결정시 윤리적인 고려를 하고 싶어 하더라도 그것이 평가제도와 관련이 없다면 윤리적인 고려가 중시되리라고는 기대할 수가 없으므로 앞으로는 기업이나 경영자를 비롯한 구성원들의 평가에 있어서 윤리적 행위에 대한 항목이 높은 비중으로 포함되어야 할 것이다.

EXAMPLE 02

김주원 농협금융지주 팀장 "윤리경영 안 하면 60년 명성 60초 만에 잃을 수도"

"윤리경영은 비용이 아닙니다. 오히려 윤리경영에 소홀하는 것이 비용입니다."

김주원 농협금융지주 준법지원부 팀장은 30일 서울 소공동 롯데호텔에서 열린 윤경CEO 클럽 정례모임에서 '윤리경영의 나비효과' 라는 주제로 강연했다. 김 팀장은 "수익성 사업을 추진하고 비용 절감을 하려다 보면 윤리경영에 소홀해진다"면서 "윤리경영은 사업이 어려울수록 한층 더 필요한 것"이라고 말했다.

김 팀장은 "조직이 명성을 얻는 데 60년 걸리지만 그것을 잃는 데는 60초 걸린다"면서 2009년부터 고객 동의 없이 200만 개 계좌를 만든 '유령계좌 스캔들'이 발각돼 홍역을 치렀던 웰스파고 은행의 사례를 예로 들었다. 그는 "스캔들 이후에 다수의 고객을 잃은 것뿐만 아니라 160년 쌓아온 명성을 잃어버린 것이 가장 큰 손실"이라며 "기업이 윤리경영에 투자를 하고 시스템을 구축해도 단기적으로 성과가 나지 않지만 장기적으로 보면 커다란 이득"이라고 강조했다.

또 "지금까지는 공정거래위원회나 금융위원회에서 법을 위반한 기업이나 은행에 대해 과징금을 부과하더라도 수용할 수 있는 규모였기 때문에 비윤리를 강행하기도 했다"면서 "그러나 최근 추세를 보면 감독기관의 과징금 규모가 급증했고 앞으로는 기업 입장에서 더 이상 헤지할 수 없는 수준이 될 것"이라고 내다봤다.

그는 농협금융지주가 시행하고 있는 윤리경영 제도에 대해 소개했다. "회사가 윤리경영에 대한 여러 제도를 오래전부터 운영해 왔음에도 불구하고 제도들이 따로 놀거나 제대로 작동하고 있지 않았기에 작년 부정청탁금지법을 시행할 때 혼란을 경험했다"는 그는 "이에 대응해

법인카드의 사적 사용 자제 운동, 청탁금지법 시행에 발맞춘 '더치페이' 제도의 신설 등 새로운 제도를 도입하고 실험했다"며 실제 사례를 들어 설명했다.

    김 팀장은 마지막으로 윤리경영을 '콩나물에 물주기'에 비유했다. 이는 크고 거창한 것이 아니라 작고 사소한 것에서 시작한다는 의미다. 그는 "어떻게 보면 무의미하고 비효율적으로 보이지만 반복적으로 물을 주다보면 콩이 자란다"면서 "이를 위해 가장 필요한 것은 기업 CEO의 반부패나 윤리경영에 대한 의지지만 CEO만 해서는 안 되고 기업의 전체 임직원이 필요성을 공감하고 함께 실천해야 한다"고 당부했다.

자료 : 이투데이, 2017년 5월 30일

토의문제
윤리경영의 대표적 실패사례를 찾아보고 이를 토의해 보자.

요약

- 윤리(ethics)라 함은 행위의 옳고 그름이나 선악을 정의하는 규범과 가치(rules and value)에 대한 판단 기준의 체계를 의미한다.

- 윤리경영(moral management)이란 사회생활을 하는 인간이 근본적으로 부딪칠 수밖에 없는 윤리 문제를 기업경영이라는 특수한 사회적 상황에 적용한 것이다.

- 윤리경영에 대한 문제를 논의함에 있어 빼놓을 수 없는 문제가 바로 기업의 사회적 책임이다.

- 기업의 사회적 책임(CSR; corporate social responsibility)이란 '기업 활동으로 인해 발생하는 사회 경제적 문제를 해결함으로써 기업의 이해관계자와 사회일반의 요구나 기대를 충족시켜 주어야 하는 기업행위의 규범적 체계'로 정의한다.

- 윤리경영에 포함되어야 할 구체적인 내용은 매우 광범위하지만 특히 윤리경영의 판단기준으로 실용모형, 도덕적 권리모형, 정의모형과 같은 세 가지 모형을 살펴보았다.

- 기업의 사회적 책임을 실천하기 위한 방안으로 환경탐사, 이해관계분석, 기능분석, 비용–이익분석 관점에서, 한국기업의 현실에서 그 실행방안으로 도입될 수 있는 대표적 실천프로그램으로서의 윤리헌장의 제정, 윤리경영교육의 강화에 대한 공감조성, 내부제도의 정비 및 개선, 평가제도의 확립에 대해 살펴보았다.

연습
문제

1 윤리경영의 개념을 설명하고, 이의 연구접근 방법에 대해 설명하시오.

2 윤리경영의 중요성을 설명하시오.

3 사회적 책임을 설명하고, 윤리경영과 어떻게 다른지 논의하시오.

4 실용모형, 도덕적 권리모형과 정의모형을 비교·설명하시오.

4 윤리경영의 의사결정 기준을 설명하시오.

6 기업의 사회적 책임의 내용을 설명하시오.

7 사회적 책임의 실천방안을 설명하시오.

8 윤리경영의 실천방안을 설명하시오.

참고
문헌

/ 신유근, 「윤리경영과 경영교육」, 한국경영학회, 1991.

/ Hellriegel, Don, Susan E. Jackson and John W Slocum, Jr., *Managing: A Competancy-Based Approach*, 11th ed., Casebound Publishing, 2008.

08

계획/조직화

계획/조직화

CHAPTER

08

학습목표

이 장의 학습목표는 경영활동의 과정인 계획, 조직화, 실행 및 통제에서 첫 번째 단계인 계획수립과 전략경영의 과정으로 첫째, 효과적인 계획수립을 기술하고 둘째, 전략적 계획 수립과 전술적 계획 수립의 차이를 이해하며 셋째, 계획 수립과 전략의 형성의 기본 단계들을 규명하며 넷째, 전략적 계획과정의 여덟 단계를 설명할 것이며 다섯 번째로는 경쟁전략을 개발하는 데 도움을 줄 수 있는 사업수준 전략의 두 가지 모형들에 대해 활용을 할 것이다. 그리고 두 번째 단계인 조직화의 과정에서는 첫째, 조직구조와 조직설계 둘째, 수직적 차원의 조직형태로서의 관료주의 셋째, 수평적 차원의 조직형태로서의 부문화 넷째, 관료조직의 변형에 대해 이해한다.

EXAMPLE 01-A   내년이 치고 나갈 기회...스피드경영 시동 걸었다

◉ 재계 2010경영 이미 시작됐다

국내 대기업들이 글로벌 위기를 새로운 도약을 위한 계기로 삼아야겠다는 의지를 분명히 드러내고 있다. '속도경영'으로 글로벌 시장을 선점하겠다는 것이다. 이를 위해서는 다른 기업들보다 '한 걸음' 더 빨리 나설 필요가 있다는 공감대가 형성되고 있다.

가장 주목을 받고 있는 삼성그룹은 이미 '내년에는 공격 앞으로!'를 선언했다.

대부분 계열사가 매출 목표를 올해보다 두 자릿수 이상으로 늘려났다. 삼성전자는 134조 원인 올해 매출 예상치(글로벌 연결 기준)를 내년에는 150조원 안팎으로 확대했다. 이를 위해 시설투자 규모를 올해 7조원에서 내년 8조 5,000억 원으로 21.4%가량 늘리기로 했다. 반도체와 LCD 부문에서 각각 5조 5,000억 원과 3조원 이상 투입한다는 계획이다.

최근 삼성그룹 움직임은 △속도경영 △중국시장 공략 강화 △공격적 마케팅으로 요약된다. 삼성전자 LED TV 판매목표는 올해 300만대에서 내년 1,000만대로 세 배 이상 확대됐다.

삼성전자 관계자는 "1등 품목은 2위와 격차를 확대하고 2~3등 품목은 선두주자를 따라잡기 위해 총력을 기울일 것"이라고 말했다. 이를 위해 그룹 사장단 인사를 가능한 한 조기에 마무리하기로 했고, 삼성전자 경영전략회의를 12월로 앞당겼다.

LG그룹은 이미 지난달 초부터 내년 경영전략회의 수립을 위한 컨센서스 미팅(CM)을 진행해왔다. CM은 구본무 회장과 계열사 최고경영진이 머리를 맞대고 내년 전략을 짜는 자리로 전자 화학 디스플레이 상사 등 주요 계열사들이 이 절차를 마무리했다. 이번 주 규모가 작은 계열사들이 이 과정을 끝내면 그룹 내 CM은 모두 마무리된다. 내년 그룹 경영을 위한 기본틀이 완성되는 셈이다. LG그룹은 오는 20일을 전후로 계열사별로 고위 경영진 인사를 단행할 계획이다. CM에 이어 인사까지 마무리되면 본격적으로 내년 경영체제가 가동된다. 현재 주요 계열사들은 CM에서 논의된 내용을 바탕으로 구체적인 실행전략을 세우는 작업에 돌입했다. LG전자는 이번 주 주요 지역 주재원들이 귀국해 내년 사업계획을 세우는 작업을 진행하고 있다.

현대·기아차는 내년 자동차 539만대 판매목표를 실현하기 위한 구체적인 '액션플랜' 가동에 나섰다. 내수시장에서는 내년 현대차 아반떼 그랜저 베르나와 기아차 스포티지 로체 모닝 등 후속모델을 잇따라 내놓으면서 '신차효과'를 이어갈 계획이다. 외국에서는 현대·기아차 강점인 중·소형차를 무기로 미국시장과 중국, 인도 등 신흥시장 점유율을 높이겠다는 구상이다.

SK그룹 역시 사장단 인사가 임박했다는 얘기가 흘러나온다. SK그룹은 에너지와 정보통신 외에 제3의 성장동력을 찾기 위해 연구개발(R&D) 분야를 확대할 계획이다. SK그룹은 이미 지난달 2~4일 중국 베이징에서 주요 계열사 CEO들이 모여 CEO세미나를 열고 SK그룹을 기술 기반 그룹으로 재편하기로 합의했다. 이에 따라 내년 R&D 투자 규모는 올해 1조 3,000억 원보다 10% 이상 늘어날 전망이다.

계열사 중심이던 R&D 방식도 외부인이 참여하는 개방형 R&D 체제로 바꾸기로 했다.

나머지 주요 그룹 움직임도 발 빠른 속도

주요 그룹 2010년 경영목표와 전략
자료: 각 그룹

삼성	• 대부분 계열사 매출 목표 올해보다 두 자릿수 이상 확대 • 삼성전자 내년 매출 150조원 안팎, 시설투자 8조 5,000억원(21.4% 증가) • 속도경영 가속화, 중국 공략 강화, 공격적 마케팅 • LED TV 판매 내년 1,000만대로 늘려(올해 300만대)
현대·기아차	• 내년 차 판매 539만대(올해보다 15.9% 증가) • 계열사 실행전략 수립, 연내 임원인사, 신모델 출시 가속화, 신차효과 유지 • 중·소형차 중심으로 미국 중국 인도 시장 점유율 확대
LG	• 이번주 경영전략 수립 컨센서스 미팅 마무리 • 고위 경영진 인사 연대 단행, 실행전략 시행 • 적극적인 시장 공략과 투자 집행, 일부 계열사 두 자릿수 매출 목표
SK	• 12월 중순께 내년 사업계획 확정, 연구개발 투자비 확대로 공격경영 • 최태원 회장 '파도 속에서 전진' 목표, 생존에서 성장으로 경영방침 수정
롯데	• 글로벌 사업 역량 강화 • 러시아 모스크바 호텔 내년 초 완공 • 베트남 하노이, 중국 선양 복합단지 등 건설 차질 없이 추진 • 맥주사업 진출
포스코	• 대형 인수·합병과 동남아 시장 적극 진출 • 설비투자 4조 5,000억원 이상 • 인도·인도네시아 제철소 착공 추진
두산	• 글로벌 시장 진출 확대 • 발전설비 분야 중심 중국 동남아시아 중동 시장 적극 진출
한진	• 최대 항공기 에어버스 A380 기종 도입(2010~2014년 10대) • 대한항공 취항지 확대, 중앙아시아 유럽 아프리카 등 신성장 시장 확대

자료 : 매일경제, 2009년 12월 2일

경영으로 요약되고 있다.

두산그룹은 박용현 회장이 글로벌 시장 개척에 적극 나서겠다는 의지를 밝혔다.

포스코그룹도 대형 인수·합병(M&A)을 모색하면서 동남아 시장에 적극 진출한다는 계획이다.

STX그룹 역시 예년보다 한 달 가까이 앞당겨 지난달 20일 개최한 경영전략회의에서 해양, 산업플랜트, 자원개발, 태양광·풍력 등 신사업 확대에 그룹 역량을 모으겠다는 의지를 확실하게 천명했다.

GS그룹도 내년에 비용 경쟁력을 강화하고 지속 가능한 성장 잠재역량을 높이겠다는 경영전략 목표를 세우고 발빠르게 움직이고 있다.

LS그룹 역시 그린비즈니스와 스몰 M&A에 핵심 역량을 강화하기로 하고 내년 경영전략을 활발히 추진하고 있다.

EXAMPLE 01-B   10대 그룹 새해 사업계획 (1) 현대중공업 ~ (10) 한화

(1) 현대중공업, 자구계획 집중...비조선 사업 분사

(2) '젊은 한화'로 조직문화 개편...태양광, 유화, 방산, 집중

(3) 현대차, 고성능, 친환경차 집중...멕시코 관세 '발목'우려

(4) SK, 지속성장 위해 독하게 바뀐다..."글로벌 현장에서 성과 없으면 돌아오지 않겠다"

(5) 삼성, 본격화된 이재용 체재...공격적 인수합병으로 승부수

(6) LG, 전자, 화학 집중...신성장동력 육성 가속화

(7) GS, "미래와 현재의 조화로 지속성장 노린다"

(8) 롯데, 대대적인 변화 예상...악재 털어내나

(9) 포스코, 내년 '최악' 전망에 WP 제품에 승부수

(10) 한진그룹, 해운 악재 털로 대한항공, ㈜한진에 역량 집중

토의문제

계획은 경영과정 중에서 가장 필수적인 경영활동의 첫 번째이며 가장 비중이 높은 과정이라고 할 수 있다. 올해(또는 이번 학기) 어떠한 계획들을 세웠는지 토의해 보자.

SECTION 01 효과적인 계획수립

계획수립은 관리기능 중에서 가장 기초적인 기능을 한다. 계획수립이 잘되면 조직화, 실행 및 통제기능의 방향을 제시해 줄 수 있다. 계획수립(planning)은 첫째, 조직의 비전, 사명, 그리고 장기와 단기의 전반적인 목표를 선택하고 둘째, 조직 목표를 바탕으로 한 부서 혹은 개인의 목표를 생각해 내고 셋째, 이러한 목표들을 달성하기 위해 전략이나 전술을 선택하고 넷째, 다양한 목표, 전략, 전술을 달성하기 위해 자원들(사람, 돈, 장비와 설비)을 할당하는 공식적인 과정을 말한다.

이러한 계획이 잘 수립되었다면 첫째, 미래의 기회를 규명하는 데 도움이 되고 둘째, 미래의 문제를 예견하고 회피하는 데 도움이 되고 셋째, 일련의 전략적, 전술적 활동을 개발하는 데 도움이 되고 마지막으로 다양한 선택과 관련된 불확실성과 위험을 이해하는 데 도움이 된다. 이렇게 되면 조직은 정해진 목표를 달성하는 데 더 좋은 기회를 가지게 될 것이다. 이러한 정해진 목표들은 바람직한 변화를 일으키기 위한 혁신의 과정, 생산성의 개선, 조직의 안정성 유지 등을 포함하고 있다. 이러한 목표들을 달성하는 것은 조직으로 하여금 장기적 성장, 이익 증대, 생존을 가능하도록 한다. 종합적으로, 계획수립은 기업의 전반적인 학습의 과정으로, 중요한 문제와 선택에 대한 해법을 포함하고 있다.

SECTION 02 계획수립의 형태

계획수립은 활동과정을 개발하고, 효과성과 생산성을 높이며, 이익을 보장하는 것과 관련되어 있다. 많은 형태의 계획수립이 있으나 여기서는 두 가지의 형태, 즉 전략적 계획수립과 전술적 계획수립에 대해 검토해 보자.

01 전략적 계획수립

전략적 계획수립(strategic planning)은 첫째, 조직의 내·외부 환경을 분석하고 둘째, 사명과 비전을 개발하고 셋째, 전반적인 목표를 수립하고 넷째, 추진할 일반적 전략을 규명하고 마지막으로 조직의 목표를 달성하기 위한 자원들을 할당하는 과정을 말한다. 전략적 계획수립의 목적은 조직의 강점과 약점을 파악하여 환경과 관련된 기회와 위협에 효과적으로 대처하는 것이다.

따라서 상황적응적 계획수립(contingency planning)이 필수적이다.

이는 경영자가 일어날 수 있는 몇 가지 중요한 환경요소에 대한 시나리오에 대해 검토하는 것으로 시작된다. 부정적인 환경요소들은 지진, 홍수나 화재와 같은 재앙에 대해 대처하는 방법들이 예가 될 수 있다. 긍정적인 환경요소들로는 기업의 현재의 생산능력에 초과하는 고객의 주문 등이 예가 될 수 있다. 환경요소들을 고려할 때, 다섯 가지의 중요한 요소들 이상을 고려하는 것은 바람직하지 않다. 왜냐하면 많은 환경요소들을 모두 관리하기 어렵기 때문이다. 상황적응적 계획수립은 경영자들에게 대응할 수 있는 가능성과 외부의 전략을 알게 해 준다. 전략적 계획수립의 네 가지 주된 관점은 사명과 비전, 목표, 전략과 자원할당이다. 이들에 대해 하나씩 검토해 보자.

(1) 사명과 비전

사명(mission)은 조직이 생존하는 목표나 존재 이유이다. 사명은 다음과 같은 기본적인 질문에 대한 해답을 준다. 즉, 우리는 어떤 사업을 하고 있나, 우리는 누구인가, 우리는 무엇을 하려 하나이다. 사명은 만족시켜야 할 고객의 요구의 관점, 공급해줘야 할 재화나 서비스의 관점, 현재에 추구하고 있거나 미래에 추구하여야 할 시장의 관점에서 볼 수도 있다. 예컨대 Sony사의 사명은 음악을 사랑하는 사람에게 고객서비스를 제공하는 것이고, Walt Disney사의 사명은 사람들을 행복하게 하는 것이다.

비전(vision)은 조직이 구성원들의 마음에 항상 호소하는 기본적인 열망이나 목표를 나타낸다. 비전은 조직의 사명에 정신을 불어넣어 주는 것이다. 예컨대 3M사의 비전은 풀지 못한 문제를 혁신적으로 풀자이고, Wal-Mart사의 비전은 평범한 사람들에게 같은 물건을 부자들 같이 살 기회를 주는 것이다.

(2) 목표

목표(goal)는 조직이 달성하겠다고 천명하는 것이다. 목표는 질로 나타낼 수도 있고 양으로 나타낼 수도 있다. 질적인 목표의 예는 항공사의 경우 6개월 동안 새롭게 취항하는 도시의 수와 관련하여 얼마나 이익을 더 창출할 수 있는가이다. 양적인 목표의 두

가지 예는 첫째, 항공 개찰구에서 각 비행기당 20분 동안 회항하는 수, 둘째, 가능한 좌석 하나당 가장 가까운 경쟁사에 비해 100원 이하의 원가를 유지하는 것이다.

(3) 전략

전략(strategies)은 조직이 목표를 수행하기 위해 이루어지는 주요 활동들을 말한다. 기회나 위협에 대응하기 위해 조직이 사용하는 다양한 전략들이 존재한다. 이 전략들은 연합전략, 수출전략, 특허전략, 다목적 전략, 범세계화 전략 등이 있다. 이 장을 통해 우리는 추가적인 일반전략, 기업특유의 전략 등을 제시할 것이다.

전략을 개발하는 데 중요한 점은 적어도 경쟁자에 비해 상대적으로 독특하든지 혹은 경쟁자와 비슷한 전략을 추구하더라도 다른 방법을 택해야만 한다. 예를 들면 Wal-mart와 K-mart는 비슷한 전략을 가지고 있지만 Wal-mart는 좀 더 발전된 정보기술을 활용하여 효율적인 전략을 추구한다.

(4) 자원할당

조직이 사용하는 자원들은 돈, 사람, 설비, 장비, 부지 등으로 매우 다양한 기능과 역할이 있다. 전략적 계획수립 과정의 한 부분으로서 **자원할당**(resource allocation)은 일반적으로 다양
한 목적을 위하여 예산을 통해 화폐 단위로 표현된다.

만일 기업이 다운사이징전략을 추구한다면 목표를 달성하기 위해 최소 자원-주로 인력-을 활용한다는 뜻이다. 기업은 이 전략을 해고, 조기 퇴직, 빈자리를 채우지 않거나 직원의 재할당 등으로 추진하게 된다. 청바지 제조회사로 잘 알려져 있는 Livi Strauss사는 청바지 시장에서 치열한 경쟁의 결과로 1977년의 종업원 수

20,000명을 1998년에 11,000명으로 45% 삭감하였고 11개의 공장을 폐쇄하였다.

02 전술적 계획수립

전술적 계획수립(tactical planning)은 1년 혹은 그 이내의 기간에 무엇을 할 것이고, 누가 할 것이며, 어떻게 할 것인지에 관한 상세한 의사결정을 하는 과정이다. 중간 관리자나 업무 담당자 혹은 팀들은 전술적 계획수립과 직접 관련되어 있다.

전술적 계획수립은 첫째, 조직의 전략적 계획을 수행하기 위한 구체적인 목표와 수단을 선택하고 둘째, 현재의 운영을 개선하기 위한 일련의 활동을 결정하고 셋째, 각 부서, 부문 혹은 프로젝트를 위한 예산을 세우는 과정을 포함한다.

부서장이나 팀의 구성원들은 전략적 계획을 수행하기 위해 경쟁자의 행동을 예견하고 대응하며 다른 부서, 고객, 공급자들과 협조한다. 전략적 계획수립과 전술적 계획수립의 차이는 <표 8-1>에 잘 나타나 있다.

●● 표8-1 | **전략적 계획수립과 전술적 계획수립의 차이**

차원	전략적 계획수립	전술적 계획수립
의도된 목적	• 장기적인 효과와 성장	• 전략적 계획수립의 수행 수단
문제의 본질	• 생존과 경쟁방법	• 구체적 목표들의 달성방법
시간 간격	• 2년 이상의 장기	• 1년 혹은 그 이하의 단기
횟수	• 매 1~3년마다	• 매 6개월에서 1년
의사결정 환경	• 불확실성과 위험	• 비교적 확실한 환경
계획이 수립되는 계층	• 중간에서 최고경영자	• 종업원에서 중간경영자
정확성 정도	• 비교적 낮음	• 높음

자료: Helliegel, Jackson & Slocum, 2008, p. 219.

⋮ SECTION 03 계획수립과 전략의 수준

전략적 계획수립, 전략의 수행과 전략적 의사결정은 조직에 따라 차이가 있다. 이는 전략적 계획수립과 전략적 의사결정이 일어나는 조직 내에서 다각화의 정도와 조직수준에 달려있다. 이를 하나씩 설명해 보자.

01 다각화의 효과

다각화(diversification)는 조직이 만들어내는 제품·서비스의 다양성과 기업이 속한 다른 시장의 수를 의미한다. 다각화는 다음의 질문에 답함으로써 보다 더 정확히 규명할 수 있다.

첫째, 만일 우리가 신시장에 진입한다면 경쟁자에 비해 얼마나 더 잘할 수 있는가? 경영자는 다각화를 경쟁자와 분리된 체계적인 분석에 기반을 두는 것보다는 사업을 모호하게 정의하는 데 기반을 두고 다각화를 생각하는 우를 범하고 있다.

둘째, 신시장에서 성공하기 위해 우리에게 어떤 전략적 자산이 필요한가? 한 시장에서의 성공이 다른 시장에서의 성공을 의미하지는 않는다. 한 사업에서 경쟁하는 데 필요한 경쟁능력이 다른 종류의 사업으로 이전되지 않는 경우가 있다.

셋째, 신시장에서 우리는 단지 하나의 경쟁자가 될 것인가 혹은 승리자가 될 것인가? 다각화된 기업이 새로운 경쟁자에 의해 압도당할 수도 있다. 그 이유는 관리자들이 흔히 그들의 전략적 자산이 쉽게 모방 당하든지, 공개시장에서 구입될 수 있든지, 다른 경쟁자에 의해 대체될 수 있음을 잊어버리기 때문이다.

넷째, 다각화를 통해 우리는 무엇을 배울 것인지 혹은 충분히 배울 준비가 되어 있는가? 빈틈없는 경영자는 다각화를 통해 학습경험을 쌓을 수 있다. 또한 기존의 사업을 개선하는 데 타산지석이 되는 새로운 사업이 무엇인지 예견할 수 있다.

기업별로 다각화의 유형을 살펴보면 다음과 같이 네 가지의 기업형태로 나눌 수 있다.

(1) 단일사업 기업

단일사업 기업(single-business firm)은 특정한 세분화된 시장에서 제한된 제품·서비스를 공급하는 기업을 말한다. 한 시장에서 높은 가치를 낮은 가격에 공급하게 된다.

(2) 우월사업 기업

우월사업 기업(dominant-business firm)은 특정한 세분화된 시장에서 다양한 제품·서비스를 공급하는 기업을 말한다.

(3) 관련사업 기업

관련사업 기업(related-business firm)은 비슷한 제품·서비스를 다양하게 공급하는 기업을 의미한다. 같은 혹은 비슷한 시장에서 운영되며, 비슷한 기술이 사용되고, 공통의 유통채널을 가지고 있으며, 공통의 전략적 자산으로부터 이익을 추구하는 기업들이 여기에 속한다.

(4) 비관련사업 기업

비관련사업 기업(unrelated-business firm)은 많은 다른 시장에서 다양한 제품·서비스를 제공하는 기업을 말한다. 서로 관련이 없는 구별되는 기업의 결합인 콩글로머레이트(conglomerate)가 그 예가 될 수 있다.

02 기업수준

우월사업, 관련사업과 비관련사업 기업들은 계획과 전략을 개발하는 데 세 가지 수준이 있다. 이는 기업수준, 사업수준과 기능수준이다.

(1) 기업수준의 초점

최고층에서 **기업수준 전략**(corporate-level strategy)은 하나 이상의 사업라인에 대한 전반적인 방향을 제시해 준다. 다각화가 될수록 필요한 계획수립과 전략형성의 복잡성은 더욱 커진다. 기업수준 전략은 기업이 종사하고 싶은 사업의 형태, 뛰어들고 싶은 사업 혹은 버리고 싶은 사업, 사업들에서 자원들의 할당, 시너지의 개발과 학습방법 등을 규명한다. 최고경영자는 조직 내에서 각각의 분리된 사업들의 역할을 결정한다. <그림 8-1>은 수준별로 전략이 어떻게 다른지 보여주고 있다.

여기서 전략적 사업단위(SBU; strategic business unit)를 정의해 보기로 하자. **전략적 사업단위**는 구별되는 제품·서비스를 제공하는 사업부로 구체적인 사명과 목표를 가지고 있다. 전략적 사업단위는 고객이 잘 정의되어 있고 구체적인 특정 지역의 시장을 갖고 있기도 한다. 또한 전략적 사업단위는 재무제표나 손익계산서를 만들어 낼 수도 있다. 전략적 사업단위의 장은 계획을 수립하고 전략을 수행하는 주체가 된다.

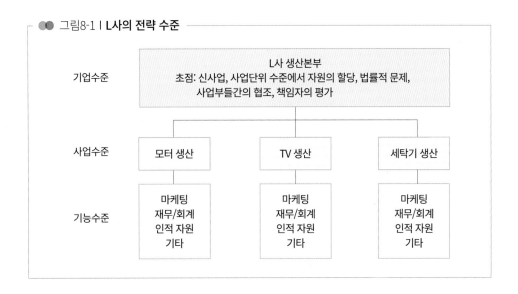

●● 그림8-1 | L사의 전략 수준

기업수준
L사 생산본부
초점: 신사업, 사업단위 수준에서 자원의 할당, 법률적 문제,
사업부들간의 협조, 책임자의 평가

사업수준
모터 생산 / TV 생산 / 세탁기 생산

기능수준
마케팅 재무/회계 인적 자원 기타 / 마케팅 재무/회계 인적 자원 기타 / 마케팅 재무/회계 인적 자원 기타

(2) 기업수준 성장전략의 유형

보통 다섯 가지의 기업수준 전략이 존재한다. 이는 전방통합, 후방통합, 수평통합, 동심적 다각화와 복합적 다각화이다. 이를 하나씩 설명해 보자.

❶ 전방통합

전방통합(forward integration)은 그들의 사업에서 고객, 특히 최종고객에 보다 가까이 가는 전략이다. 예를 들어 제약회사에서 약국납품업체를 합병하는 경우가 이에 해당된다.

❷ 후방통합

후방통합(backward integration)은 그들 사업에서 공급자, 특히 부품품질을 통제할 수 있고 납기준수를 보장하며 가격을 통제할 수 있는 공급자에게 보다 가까이 가는 전략이다. 세계 최대의 인터넷 전자상거래로 책을 납품하는 Amazon사는 그 회사 자체 내에서는 책을 재고로 보유하고 있는 양은 그렇게 많지 않다. 그러나 주문이 있을 때에는 언제든지 책을 공급하는 회사에 연락하여 고객의 주문에 부응하고 있다. 이는 많은 책 공급자들과 연계관계를 맺고 있기 때문이다.

❸ 수평통합

수평통합(horizontal integration)은 기업이 그들의 하나 혹은 그 이상의 경쟁자와 통합하여 시장점유율을 확대하려고 하는 것이다. 현대자동차가 1999년 부도가 난 기아자동차를 흡수하여 시장점유율을 높이려 한 것이 그 예이다.

여기서 **연합전략**(alliance strategy)의 개념을 알아보자. 이는 합작투자를 통해 전통적인 형태인 전방통합, 후방통합 혹은 수평통합 중의 하나 혹은 그 이상을 선택하는 것이다.

❹ 동심적 다각화

동심적 다각화(concentric diversification)는 이미 기업에서 다루고 있는 사업, 예컨대 기술, 시장 혹은 제품과 관련 있는 사업을 흡수하거나 시작하는 것을 말한다. 일반적으로 관계 사업기업이 다른 회사를 인수하거나 새로운 벤처 비즈니스를 시작하는 형태가 된다. 이 회사들은 공통의 위협을 공유하게 되는데 고객이 같거나 사용하는 기술이 같거나 분배채널을 공유하거나 경쟁능력을 공유하거나 비슷한 제품·서비스를 다루게 된다.

❺ 복합적 다각화

복합적 다각화(conglomerate diversification)는 기업이 기존의 제품·서비스와 관련 없는 사업을 획득할 경우이다. 일반적으로 한 회사가 전적으로 전혀 다른 사업에 종사하는 회사를 인수할 경우에 나타난다.

03 사업수준

사업수준 전략(business-level strategy)은 특정 시장에서 고객에게 가치를 제공하고 기업의 핵심역량을 사용함으로써 경쟁우위를 획득하기 위한 의도된 목표나 활동들을 말한다. 기업이나 전략적 사업단위의 최고경영자는 첫째, 고객을 위해 경쟁력을 유지하거나 얻기 위해 둘째, 각 기능영역(예컨대 생산, 인적자원, 마케팅과 재무)이 목표를 효과적으로 달성하는 데 공헌하기 위해 셋째, 여러 기능들에 자원을 할당하기 위해 지속적으로 계획을 수립하고 전략을 형성하는 데 참여한다.

사업수준 전략은 다음 질문을 통해 더 구체화될 수 있다.

첫째, 누구를 위해 봉사할 것인가? 고객의 요구는 인구통계적인 특성(예컨대 나이, 성별, 수입, 직업, 교육수준, 인종, 국적과 사회적 지위), 지리적 위치, 라이프 스타일(예컨대 독신 혹은 결혼함, 자녀의 유무), 고객의 유형(예컨대 생산자, 도매업자, 소매업자 혹은 최종 고객)에 따라 매우 다르게 나타난다.

둘째, 고객의 요구에서 어떤 부분을 만족시킬 것인가? 골프채를 생산하는 업체는 초보자, 중급자 혹은 고급자의 요구에서 어떤 부분을 만족시킬 것인지 고려하여야 한다.

셋째, 고객의 요구를 어떻게 만족시킬 것인가? 골프채 생산업자는 그들의 핵심역량을 신제품개발, 마케팅 혹은 분배 중에서 어디에 역량을 집중할 것인지 고려하여야 한다.

04 기능수준

기능수준 전략(functional-level strategy)은 생산, 마케팅, 인적자원, 재무 혹은 기타 영역을 위해 수립된 목표나 활동들을 말한다. 이러한 각 기능에서 중요한 문제로 나타나는 예는 <표 8-2>에 나타나 있다.

●● 표8-2 | **기능전략을 개발하는데 각 영역에서의 예**

기능영역	중요한 문제의 예
인적 자원	• 어떤 종류의 보상체계가 필요한가? • 종업원의 성과는 어떻게 측정할 수 있는가? • 적합한 인력을 모집하기 위해 어떻게 접근해야 하는가? • 여성, 장애인 등을 일반인과 동등하게 대우하기 위해 무엇을 해야 하는가?
재 무	• 바람직한 자산과 부채의 비율은 무엇인가? • 이익에서 어느 정도의 비율을 재투자해야 하는가? • 자금과 인적 자원을 어느 정도 비율로 사업에 투자해야 하는가? • 고객 외상비율의 기준은 어떻게 세워야 하는가?
마케팅	• 무슨 제품·서비스를 중점적으로 취급할 것인가? • 유통채널로 무엇을 선택할 것인가?(직접판매, 도매, 소매 등) • 시장에서 주된 경쟁력은 무엇일까?(가격경쟁력 혹은 다른 경쟁력) • 고객에게 기업 이미지와 제품성능 중에서 무엇으로 다가갈 것인가?
운영(생산)	• 종합적 품질수준을 얼마로 천명할 것인가? • 공급자는 어떻게 선정할 것인가? • 고객의 주문에 맞추어 생산할까 혹은 미리 생산해 놓을 것인가? • 생산성을 높이기 위해 생산방법을 바꿀 것인가?

자료: Helliegel, Jackson & Slocum, 2008, p. 230.

SECTION 04 전략계획 수립의 단계

계획수립과 전략형성과 관련된 여러 가지 개념을 논의하였다. 여기서는 이러한 개념들을 확대하기 위해 전략계획수립의 단계를 설명한다. 여기서는 주로 사업수준 전략에 포인트를 맞추고 일부 기능수준 전략에 대해 언급할 것이다.

전략계획 수립의 단계는 단일 사업기업 혹은 전략적 사업단위에 적용되는 것으로 일반적으로 여덟 단계를 거치게 된다. 이를 전체적으로 나타내면 <그림 8-2>와 같다.

그림8-2 | **기본적인 전략계획 수립의 단계**

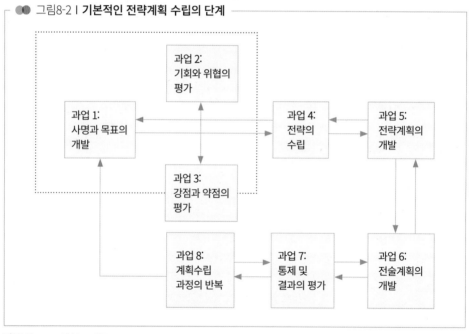

자료: Slocum, 2008, p. 231.

이 단계를 하나씩 자세히 설명하면 다음과 같다.

01 사명과 목표의 개발

사명이나 목표는 몇 가지의 기본적인 질문에 답함으로써 개발됨을 이미 설명하였다. 목표들은 의사결정을 위한 넓은 방향을 제시해 주고 매년마다 바뀌지 않을 수도 있다. 사명과 목표의 개발단계는 기회와 위협의 평가단계나 강점과 약점의 평가 단계와 긴밀한 관계를 유지하는 단계이지 독자적으로 분리되어 있는 단계가 아니 다. 이는 <그림 8-2>에 점선의 박스로 나타나 있어 밀접한 관계가 있음을 보여주 고 있다. 또한 전략을 형성하는 단계와도 쌍방향의 화살표로 나타난 바와 같이 서로 영향을 주고받는 단계가 된다.

02 기회와 위협의 평가

내부와 외부환경요소들이 기업에 영향을 미친다는 것은 이미 제5장에서 설명한 바 있다. 이러한 환경요소들은 기업에게 위협이 되기도 하고 기회가 되기도 한다. 따라서 경영자들은 기업의 목표나 전략을 수립할 때 신중히 고려하여야 할 요소들 이 되는 것이다.

과업환경 또한 기업의 전략 수립과정에 직접적으로 영향을 준다. Porter[1988]는 이러한 환경요소로 고려하여야 할 것들을 다섯 가지로 제시하였다. 이를 하나씩 설 명하여 보자.

(1) 신규 경쟁자의 위협

기존 기업들이 산업 내에서 높은 이익을 내고 있거나, 매우 빠르게 성장하고 있다면 신규 경쟁자의 진입이 이루어질 수 있다. 이때 신규 경쟁자는 진입의 장벽 (barriers to entry)에 부딪치게 된다. 진입의 장벽의 예로 규모(생산량의 증가에 따른 비용의 상대적 감소)의 경제와 자본의 소요 충족을 들 수 있다.

(2) 고객의 교섭력

고객의 교섭력은 한 기업이 다른 기업들에 비해 상대적으로 가격을 낮출 수 있 다든지, 높은 품질의 제품을 구매할 수 있다든지, 같은 가격에 더 많은 제품·서비스 를 구매할 수 있는가에 달려있다.

다음의 경우는 고객의 교섭력이 상대적으로 커지는 경우이다. 첫째, 산업에서 작은 수의 고객이 공급자로부터 상대적으로 많은 양을 구매할 경우이다. 둘째, 고객 이 상대적으로 표준화되고 덜 차별화된 제품·서비스를 구매할 경우이다. 셋째, 고 객이 한 판매자에서 다른 판매자로 쉽게 바꿀 수 있는 경우이다.

(3) 공급자의 교섭력

공급자 교섭력은 시장점유율을 증대시키거나 방어할 수 있을 때, 가격인상을 쉽게 할 수 있을 때, 고객이 판매하고 있는 제품·서비스를 쉽게 떠나는 위험이 적을 때 증대된다.

다음의 경우는 공급자의 교섭력이 상대적으로 커지는 경우이다. 첫째, 산업에서 적은 수의 공급자가 많은 수의 고객에게 파는 경우이다. 둘째, 고객들이 쉽게 살 수 없는 대체재가 존재하지 않을 경우이다. 셋째, 공급자의 제품·서비스가 차별화된 경우 등이다.

(4) 대체품/서비스의 위협

대체재나 대체 서비스의 위협은 고객이 구매형태를 바꾸려는 의지나 의도에 전적으로 달려있다. 즉 대체재나 대체 서비스의 존재는 기존 산업에서 가격결정의 제한이 된다.

(5) 기존 기업의 경쟁 정도

기존 기업들 간의 치열한 경쟁 정도는 기회가 되기도 하고 위협이 될 수도 있다. 기존 기업들 간에는 가격을 올리거나 내리는 것, 광고 캠페인, 개선된 제품 혹은 신제품을 시장에 소개, 고객 서비스의 변화 등을 통해 치열하게 경쟁하고 있다. 경쟁 정도에 영향을 주는 요소들로 산업 내에서 기업의 수, 산업 성장률과 고정비의 수준 등이 있다.

03 약점과 강점의 평가

내부의 강점과 약점을 평가하는 것은 경영자로 하여금 기업의 핵심역량이 어디에 있는지를 알도록 하고 어떤 점의 개선이 필요한지를 알 수 있도록 한다. 이 평가 단계는 기업의 상대적 경쟁우위, 혁신성을 채택할 수 있는 능력, 인적자원의 기술, 기술능력, 재무자원, 주요 종업원들의 가치 등을 검토하는 것이다.

핵심역량(core competence)이란 제품과 서비스를 고객에 필요한 가치를 독특하게 공급하는 데 더 경쟁력이 있고 다른 기업과 구별되는 강점을 말한다. 핵심역량이 기업의 경쟁력을 향상시킬 수 있는 세 가지의 방법을 고려해 보자.

첫째, 핵심역량은 시장을 넓혀 줄 수 있다. Toyota 자동차가 적시생산시스템(JIT; Just In Time)을 개발해 자동차 생산에 활용하여 높은 품질의 자동차를 생산하게 되자 단지 자동차 생산에만 활용하지 않고 Toyota사의 모든 부문에 활용하여 시장을 넓힐 수 있게 된 것이 이의 좋은 예이다. 둘째, 핵심역량은 고객에게 제품·서비스로부터 얻을 수 있는 잠재적인 이점을 더 확대할 수 있다.

Toyota의 세분화된 자동차 시장(경제성-Toyota Corolla; 가족지향-Camry; 화려함-Lexus)은 고객으로 하여금 모든 Toyota 자동차는 높은 품질과 신뢰가 들도록 느끼게 되었다. 셋째, 기업의 핵심역량은 시장에서 성공하였다면 모방이 힘들게 만들 수도 있다. GM, Ford나 Honda사의 자동차는 Toyota에서 사용하는 모든 관리 시스템을 들여와 반영하였으나 똑같이 만들지는 못했다.

04 전략수립

기업의 목표를 평가하고 개발하는 과정은 기업전략 수립과 밀접하게 관련되어 있다. 미래의 전략은 첫째, 환경요소 둘째, 기업의 강점과 약점 셋째, 전략이 사명과 목표 달성에 기여하는 가능성 등을 검토하여야 한다.

사업수준에서 세 가지의 기본 성장전략이 있다. 첫째, **시장침투전략**(market penetration strategy)은 현재 시장에서 현재의 제품으로 성장을 꾀하는 전략이다. 기업은 고객으로 하여금 제품의 사용을 확대하거나, 경쟁자의 고객을 자극하거나, 경쟁기업을 사거나 함으로써 시장점유율을 증대시킬 수 있다.

둘째, **시장개발전략**(market development strategy)은 현재의 제품으로 새로운 시장을 찾는 것이다. 새로운 시장을 찾는 방법으로 ① 지역적으로 새로운 시장에 들어가는 것 ② 목표시장을 활용하는 방법(기존의 잡지사가 인터넷 잡지를 새롭게 추가하는 경우) ③ 현재의 제품과 시장을 활용하는 방법(전화회사가 광속인터넷 사업으로 진출하는 경우) 등이 있다.

셋째, **제품개발전략**(product development strategy)은 현재 시장에서 개선된 혹은 새로운 제품을 소개하는 것이다. 이 방법으로 제품 외관을 개선한다든지, 신뢰성, 속도, 효율성과 내구성 등의 품질을 개선한다든지, 미적 특성을 개선한다든지, 신 모델을 소개하는 등이다.

05 전략계획의 개발

몇 가지의 대안들을 수립한 후, 이 중에서 전략을 선택하고 경영자는 전략적 계획을 개발을 하여야 한다. 이 계획은 첫째, 기업의 사명과 목표에 대한 기술 둘째, 이 목표들을 달성하기 위해 필요한 기술, 시장, 재무 및 인적 자원들을 얻고 활용할 수 있는 전략 셋째, 생산 공정과 연구개발을 위한 전략 넷째, 기업과 종업원의 역량을 개발하고 활용할 전략 등이 포함되어야 한다. 이 전략계획은 외부 기회와 위협, 내부 강점과 약점에 대한 분석을 반영한 것이어야 한다.

06 전술계획의 개발

전술계획의 목표는 전략계획이 수행되도록 돕는 것이다. 중간관리자나 일선 담당자는 전술계획의 실천에 중추적인 역할을 하여야 한다. 이 역할을 원활히 수행하기 위해서는 팀 환경을 조성하는 것이 필요하다. 즉 효과적인 팀워크가 이루어지고, 그에 따라 보상이 이루어지는 권한위양(empowerment)의 환경이 조성되어야 한다. 또한 문제가 일어났을 때 이를 구성원이 의사결정의 질을 향상시키기 위해 개방된 토론, 의사소통과 협조적인 행동을 함으로써 목표를 달성할 수 있는 방향으로 갈 수 있는 분위기가 조성되어야 한다.

07 통제 및 결과의 평가

전략계획과 전술계획은 계획을 수행하고, 나타난 결과를 평가하는 통제체제를 구축할 때 성취 가능하다. 계획이 바라는 결과가 아닐 때, 경영자나 팀 구성원들은 평가체제, 사명, 목표, 전략이나 계획을 수정하여야 한다.

08 계획수립과정의 반복

기업에 영향을 주는 요소들은 항상 변화한다. 어떤 경우에는 점진적이고 예측가능하지만 어떤 것은 갑자기 그리고 예측 불가능하다. 한국이 1997년 말 IMF 관리체제하에 들어간 것은 어쨌든 예측하기 어려운 일이었다. 변화가 어떤 경우이든지 경영자는 계획수립과정을 반복함으로써 변화에 적응할 준비가 되어 있어야 한다. 계획수립은 항상 수단이지 그 자체가 목적이 될 수는 없다.

SECTION 05 사업수준 전략 모형

여기서는 두 가지의 사업수준별 전략모형을 제시하고자 한다. 이는 제품수명주기모형과 본원적 전략모형이다. 이 모형들은 전략을 개발하고 평가하는 데 서로 다른 방법을 보여준다. 두 가지를 결합하여 활용하면 사업수준별 전략을 계획하고 수립하는 데 도움을 줄 수 있다.

01 제품수명주기모형

(1) 기본모형

제품수명주기모형(product life cycle model)은 제품이 새로 태어나서 사라질 때까지 제품이 있는 시장에서의 단계를 규명한다. 이 단계는 도입기, 성장기, 성숙기, 쇠퇴기, 소멸기의 다섯 단계로 구성되어 있다. <그림 8-3>에서 보듯이 수직축은 제품이 시장에서 소요되는 양(판매량)을 나타내고 있다. 수평축은 시간, 즉 다섯 단계를 나타낸다.

제품이나 서비스에 대한 전략적 계획은 그 제품·서비스가 속한 제품수명주기의

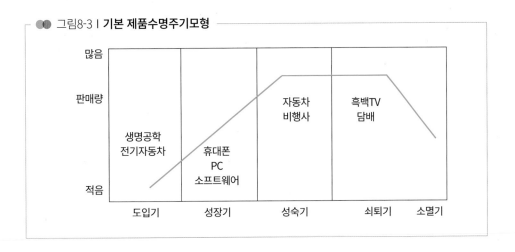

그림8-3 | **기본 제품수명주기모형**

어느 단계에 있는지에 따라 달라진다. 기본 제품수명주기모형은 특정한 브랜드에 적용하기보다는 제품군에 적용되는 것이다. 따라서 기본 제품수명주기모형이 시사한 바는 제품수명주기의 각 단계별로 전략과 기능영역이 달라져야 한다는 것이다.

첫째, **도입기**에서는 전략의 주요 관심사는 제품개발(연구 · 개발; R&D), 고객확보(마케팅), 착수비, 확장비와 마케팅 투자(재무관리) 등이다. 제품 · 서비스의 손익분기점을 달성하기 위해 판매량을 늘이는 노력을 경쟁자와 치열하게 전개한다. 마케팅 활동은 주로 회사가 생산한 제품 · 서비스의 개성이나 차별성을 강조하기보다는 잠재적 고객을 교육시키는 데 목표를 두며, 실패의 위험과 실패가능성은 항상 존재한다.

둘째, **성장기**에서는 새로운 유통경로를 찾고, 마케팅 활동이 강도 높게 진행된다. 그러나 마케팅의 기능은 고객을 교육시키는 것에서 제품 · 서비스의 차별성과 브랜드의 개성을 강조하는 것으로 바뀐다. 일반적으로 한 업체의 매출이 증대된 것은 다른 경쟁자나 신규 진입자의 매출이 감소되었기 때문에 나타난 결과는 아니다. 그러나 한 업체의 매출 증대는 다른 경쟁업체의 시장점유율을 감소시키기도 한다. 성장기의 후반기에 어떤 업체들은 가격을 낮춤으로써 경쟁우위를 확보하려고 한다. 과도한 가격인하는 PC에서처럼 제품수요를 더 늘릴 수도 있다.

셋째, **성숙기**에서 중요한 전략적 문제는 단위당 비용절감의 필요성이다. 비용절감을 위해 불필요한 서비스 설비를 없애거나 생산라인 폐쇄, 인원절감, 경영구조개선, 자동화를 추진하기도 한다. 자동차산업은 성숙기에 있기 때문에 그러한 비용절감을 이미 수행하여 살아남았다. 비용절감을 통한 효율성을 제고시키기 위해 생산라인을 축소시킬 수도 있다. 이 결과 가격경쟁은 보다 더 치열해질 것이다. 수평적 통합전략은 시장점유율을 유지하고, 마케팅활동이나 경영의 효율성을 얻을 수 있고, 가격경쟁을 약화시킬 수 있는 하나의 방법이 될 수 있다. 이 단계에서 비용절감이나 가격 차별화가 어려운 경우보다 광범위한 고객확보와 유통망의 구축은 또 다른 생존의 방법이 될 수 있다.

넷째, **쇠퇴기**에서는 단위당 비용절감을 통한 효율성을 강조한 전략을 지속적으로 강화하는 데 있다. 성숙기에서와 같이 효율성을 높이기보다는 자본투자 비용을 줄이는 것이 더 도움이 된다. 제품 · 서비스의 선택옵션과 다양성은 표준화되고 그 수는 줄어들게 된다. 또한 마케팅활동의 효율성을 개선하기 위한 노력이 진행된다. 경쟁기업들간에 인수 · 합병이 이루어지고 이 단계에서 설비에 대한 과잉투자는 실패하기 쉽다.

마지막 단계인 **소멸기**에서는 제품·서비스의 유용성은 급격히 떨어지고 어떤 제품·서비스는 완전히 시장에서 사라지기도 한다. 8bit 컴퓨터가 시장에서 완전히 사라진 것이 전형적인 예가 된다.

(2) 수정된 제품수명주기모형(Modified Model)

수정된 제품수명주기모형은 기업이 추진하고 있는 제품·서비스나 마케팅활동의 수정이 제품수명주기를 변화시킬 수 있다는 것을 제시해 준다. 수정모형에서 수직축은 제품수명주기모형에서 판매량을 의미하는 것과는 달리 새로운 전략적 유인 (strategic initiatives)을 의미한다. 수평축은 제품수명주기에서 시간의 흐름을 의미하는 것과는 달시 전략적 유인의 시점을 의미한다. <그림 8-4>는 수정된 제품수명주기모형을 나타내고 있다.

<그림 8-4>에서 보는 바와 같이 실제의 예는 아니지만 기업이 취급하는 제품의 A버전과 B버전을 나타내고 있다. 시간이 흐름에 따라 여러 가지 버전이 나타날 수도 있다. 이러한 유인 시점은 기업들이 새로운 특성을 추가한 제품의 재설계나 추가적인 고객 서비스(예컨대 식당에서 밖으로 음식을 가지고 나갈 수 있는 서비스를 추가한다든지 집까지 배달해주는 서비스를 추가한다든 지 또는 새로운 마케팅 유인을 실시하는 것)를 제공할 때 나타난다. 이러한 전략적 유인을 실시함으로써 나타나는 파도 효과는 바로 판매량에 지속적으로 긍정적인 영향을 주게 된다.

수정모형은 근본적으로 하나 혹은 그 이상의 기업들이 새로운 전략적 유인을 통해 제품수명주기를 바꿀 수도 있음을 전제로 하고 있다. 이러한 전략적 유인은 성숙

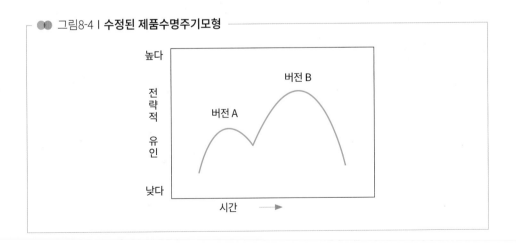

●● 그림8-4 **| 수정된 제품수명주기모형**

기의 제품·서비스를 제품수명주기에서 성장단계로 바꿀 수도 있다는 것이다.

02 본원적 전략모형

본원적 전략모형(generic strategic model)은 다양한 산업에서 각 산업에 속한 다양한 기업들이 취할 수 있는 세 가지의 기본적인 전략이 있음을 제시해 준다. 여기서 본원적이란 용어는 모든 종류의 기업들, 즉 제조업, 유통업, 혹은 서비스업에서 사용할 수 있다는 의미이다. 이 세 가지 전략은 차별화전략, 비용우위전략과 초점전략이다. 이를 유형화하는 기준은 두 가지인데 이는 전략적 목표와 우위의 원천이다. 전략적 목표 차원은 제품·서비스가 경쟁하고자 하는 영역이 얼마나 넓으냐 하는 것을 나타내고 우위의 원천 차원은 제품·서비스가 경쟁하고자 하는 원천이 무엇이냐 하는 것을 나타내는데 독특성과 저비용으로 나눌 수 있다.

●● 그림8-5 I **본원적 전략 모형**

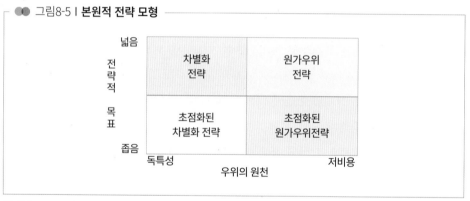

자료: Slocum et al, 2008, p.240.

이 세 가지 전략을 하나씩 설명해 보자.

(1) 차별화전략

차별화전략(differentiation strategy)은 기업이 참여한 사업에 대하여 소비자들이 중요하게 생각하는 하나 또는 그 이상의 속성에 기업을 특화시킴으로써 타 경쟁사보다 경쟁적 우위를 가지는 것을 목적으로 하는 전략이다. 보통 기업이 차별화의 수단으로 사용하는 것은 생산제품의 품질, 혁신, 유연성, 상표 이미지, 애프터서비스 등이 될 수 있다.

차별화전략의 장기적인 효과는 기업이 제공하는 독특성이 다른 경쟁자들로 하여금 쉽게 모방할 수 있는지의 여부에 달려 있다. 모방이 용이하다면 차별화의 효과는 더 이상 효과적인 수단이 될 수 없다.

(2) 원가우위전략

원가우위전략(cost leadership strategy)은 그 사업에 참여하는 모든 기업들 중에서 가장 낮은 원가를 가짐으로써 가격경쟁력을 가지려는 데 목적이 있다. 원가우위전략을 실현하는 수단으로 첫째, 규모의 경제를 실현하기 위한 장비나 설비의 효율화 둘째, 단위당 원가를 구성하는 제조비용, 간접비용, 마케팅비용을 절감하기 위한 치열한 노력. 셋째, 노동집약적인 개인 서비스나 판매 인력 감소. 넷째, 높은 판매비용이나 서비스비용을 가져오는 고객의 요구를 줄임으로써 가능해진다.

(3) 초점전략

초점전략(focus strategy)은 위의 두 전략들이 산업 내의 전체시장을 그 대상으로 하는 데 반하여 특정 소비자집단이나 특정 지역의 소비자시장을 목표로 하여 경쟁우위를 추구하려는 전략을 말한다. 이 전략은 목표시장에 대해서 원가우위전략을 추구할 수도 있고 차별화전략을 추구할 수도 있으며 동시에 적절히 두 전략을 조화시켜 추구할 수도 있다.

SECTION 06 **조직구조와 조직설계**

조직구조(organizational structure)란 조직목표를 달성하기 위해 과업과 구성원을 배치하는 것을 말한다. 업무 또한 조직구조를 통해 다시 세분화된다. 구조는 누가 누구에게 보고를 하고 누가 무슨 일을 하는지 명시해 준다. 조직은 인체의 골격이나 건물의 뼈대와 비슷하다.

조직의 구조는 업무들을 통합하고 분리하는 직무관계들에 대한 공식적인 체계이다. 업무의 분리는 누가 무엇을 해야만 하는가를 명확히 구분을 해 주는 것이며 업무의 통합은 노력들이 어떻게 조화를 이루어야 하는지를 제시해 준다.

조직의 구조는 직원들에게 다음 사항을 부여함으로써 효율적으로 공동의 작업을 하는 데 도움을 준다.

① 업무에 인력과 다른 자원들을 할당.

② 직원들의 책임과 노력이 업무의 성격, 조직도, 권한의 관계를 통하여 어떻게 조화를 이루어야만 하는지를 분명하게 함.

③ 원칙과 운영절차, 성과기준 등을 통해서 직원 자신들에게서 기대하고 있는 것이 무엇인지를 알게 함.

④ 관리자들이 문제를 해결하고 의사결정을 하는 데 도움을 줄 수 있는 정보들을 수집하고 평가하는 절차를 정립함.

조직설계(organizational design)는 목적, 전략 그리고 환경에 맞는 조직구조를 창출하는 과정이다. 예를 들면, 조직자체를 고객서비스를 위해 더 간소화된 구조로 변모시키는 것을 말한다.

01 조직구조의 결정요인들

조직의 구조는 전문화, 표준화, 조정 그리고 권한이라는 4가지 기본적인 요인들에 의해 결정된다.

전문화(specialization)는 특별한 업무들을 파악하고 그러한 업무를 할 수 있도록 훈련을 받은 개인이나 팀들에게 그 업무들을 배정하는 과정

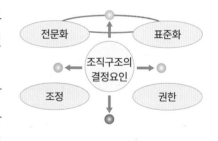

이다. 예를 들면 Frito-Lay의 중간관리자들은 생산과 품질통제, 정보시스템의 관리를 담당하는 업무 팀들에 대해 책임을 지고 있다. 기능관리자들은 일반적으로 특별한 부서, 예를 들면 마케팅, 회계, 인사 등의 부서를 감독한다. 일선관리자들은 대개 인쇄, 의무기록, 자료처리 등과 같은 특별한 업무분야의 책임을 맡고 있다. 그래서 한 사람이 여러 가지 다른 관리업무에 종사할 수 있다.

표준화(standardization)는 직원들이 직무를 수행하는 데 있어 따라야만 하는 통일되고 일관성 있는 절차들을 의미한다. 문서화된 절차과정들, 직무기술서와 지시문,

문서화된 원칙들은 업무들을 표준화하는 데 이용된다. 표준들은 관리자로 하여금 설정된 기준에 대한 직원들의 수행도를 측정할 수 있게 도움을 준다. 직무훈련프로 그램들은 표준화된 기술들을 개발하여 조직의 성공에 중요한 가치들을 강화한다. 만약 업무가 표준화가 되지 않았다면 조직은 자신의 목적을 제대로 달성할 수가 없을 것이다. 맥도날드나 웬디스, 혹은 버거킹의 예를 들어보면, 모든 종업원들은 음식을 제공하기 위해 손님들을 얼마나 기다리게 하는가에서부터 데워지고 있는 용기에 음식이 있어야 하는 시간, 그리고 '레귤러 프라이'의 주문에 맞는 프렌치프라이의 양에 이르기까지 잘 표준화된 기준들을 가지고 있다.

　　조정(coordination)은 한 조직 내에서 팀들이나 개인들 그리고 부서들이 개별적으로 하고 있는 활동들을 통합하는 공식절차와 비공식절차들로 구성되어 있다. 미국의 예를 들어보면, 유나이티드 파슬 서비스(UPS)와 같은 관료주의적인 조직에서는 문서화된 원칙들이 개인별·팀별·부서별 활동들을 충분히 연결을 시켜주고 있다. 반면에 덜 구조화된 기업들, 예컨대 산디아고(주), 3M, Jian(소프트웨어 개발과 마케팅회사)은 기업차원의 문제들에 대하여 경영적인 민감성과 책임을 공유하려는 태도 그리고 효율적인 의사전달체계를 통해 조정력을 발휘하고 있다.

　　권한(authority)은 기본적으로 결정을 해서 행동을 할 수 있는 권한이다. 많은 기업들은 권한들을 다양하게 분배하고 있다. 중앙 집중적인 조직의 최고경영자는 구매할 상품이 무엇인지 그리고 새로운 상점을 어느 곳에서 개설할 것인지를 결정하고 하위의 관리자들에게 이러한 결정을 전달한다. 분권화된 조직의 의사결정 권한은 하위의 관리자들과 팀 내에서 일하는 직원들에게 주어진다. 기업들은 가끔 구매나 회계 등과 같은 특정한 기능들을 한 곳에 집중시키고 마케팅이나 인사와 같은 다른 기능들을 분산시킴으로써 이 두 가지의 방법을 병행하는 경우도 있다.

02 조직도

　　조직구조의 결정요인들 간의 상호관계를 분명히 하기 위한 하나의 방법은 **조직도**(organization charts)를 만드는 것이다. 조직도는 조직의 공식적 지위와 권한의 라인을 나타내고 있는 하나의 도해(diagram)로서 조직 내의 개인적인 위치, 부서 그리고 기능들의 관계들을 보여주고, 조직의 구조적 골격을 시각적으로 나타낸 것이다. 조직도에 표시된 상자(box)와 이들을 연결하는 선(line)들로 구성된 보편적 형태의 조직도는 인적 자원배치를 위한 조직의 청사진으로서 유용한 경영수단이 되고 있다.

일반적으로 조직도는 조직구조에 대한 다음의 4가지의 중요한 정보를 제공해
주고 있다.

(1) 과업

조직도는 그 조직 내의 다양한 업무들의 범위를 보여준다. 따라서 이 조직도에
맞추어 다양한 과업들을 수행하게 된다.

(2) 하위부문

조직도에는 조직의 하위부문 각각이 어떤 과업에 대해 책임을 지고 있는지 나타
내 준다. 예를 들어 <그림 8-6>에서 보는 바와 같이 마케팅담당이사는 A지역과 B
지역 영업소의 하위부문을 책임지고 있다.

(3) 관리의 수준

조직도는 사장으로부터 다양한 부서의 관리자들에 이르기까지 관리적인 계층을
보여주고 있다. 한 사람에게 속해 있는 여러 관리자들은 일반적으로 같은 관리수준
을 보이면서 그 한 사람에게 보고를 하게 된다.

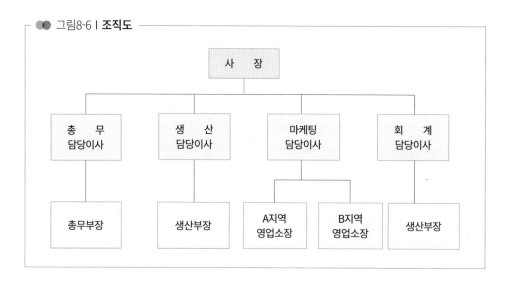

그림8-6 | **조직도**

(4) 권한의 라인

조직도에서 박스들을 연결하고 있는 수직적인 선들은 각 위치에서 다른 위치들에 대한 권한을 갖고 있음을 보여주고 있다. 예를 들어 <그림 8-6>에서 총무부장은 총무담당이사에게 보고하고, 총무담당이사는 사장에게 보고하는 권한의 라인을 가지고 있다.

조직도를 활용하면 장점과 단점이 있다. 장점으로서 첫째, 조직도는 직원들이 전체적인 조직의 부분들을 어떻게 맞추고 있는가를 보여줄 수 있다는 것이다. 즉, 조직도는 그들의 전문화된 업무들이 전체적으로 어떻게 연결이 되고 있는가를 보여주고 있다. 그래서 모든 조직구성원들은 누구에게 보고를 하고 특정한 문제들을 가지고 어디로 가야 하는지를 알 수 있다. 둘째, 경영진들이 업무의 중복이 발생하지 않도록 도움을 준다.

조직도의 단점은 첫째, 조직도는 단순히 종잇조각에 불과하다. 즉, 이것은 단순히 조직구조의 모든 것을 보여줄 수 없을 뿐만 아니라 실제로 수행되고 있는 과업들에 대한 많은 것도 보여주지 않는다는 것이다. 예를 들면, 조직도는 정치적인 영향력을 누가 갖고 있으며 의사소통의 운영에서 가장 중요한 정보의 채널이 어디에 있는지를 보여줄 수 없다. 둘째, 직원들은 자신의 입장에서만 생각하여 부정확하게 상황을 파악하여 그들의 지위나 힘을 잘못 판단할 수도 있다.

SECTION 07 수직적 차원의 조직형태로서의 관료주의

관료주의는 규정, 법규와 통제수단이 정확히 명시되어 있는 이성적·시스템적이고 정확한 형태의 조직이다. 이것은 전통적인 조직형태로서 관료주의를 생각하면 도움이 된다. 다른 구조들은 보통 관료주의의 변형형태이거나 보조적인 것들이다. 관료주의와 대규모조직을 구별하여야 한다. 보통 대규모조직이 관료주의를 따르고 있지만 조그만 회사들도 관료주의적 모델을 따르는 경우도 있다. 그 예가 소규모로 잘 구성된 은행조직이 될 수 있다.

01 관료주의하의 조직의 원칙

아래에 기술된 주요 특징과 원칙들을 명시함으로써 관료주의의 핵심을 이해할 수 있다.

(1) 권한체계

관료주의의 중요한 특징은 각 하부조직단위는 상부단위에 의해 지배와 통제를 받는다는 것이다. 공식적 권한(행위의 권리)을 받는 구성원은 최고의 계층에 위치하게 된다.

<그림 8-7>은 피라미드 모양의 관료주의를 나타내고 있다. 각 계층의 하위로 내려갈수록 직원의 수는 증가하고 대부분의 공식적인 권한도 최고계층에 집중이 된다. 낮은 단계의 계층으로 내려갈수록 공식적 권한의 크기가 줄어드는 것을 알 수 있을 것이다.

(2) 명령일원화

명령일원화(unity of command)의 원칙에 따르면 종업원은 오직 한 명의 상사에 대해서만 책임을 져야 한다. 즉, 전통적 관리원칙인 명령일원화는 각 하부계층은 할당된 의무를 상부계층에서만 받을 수 있고 그 곳에만 책임이 있다. 이러한 인식에 따

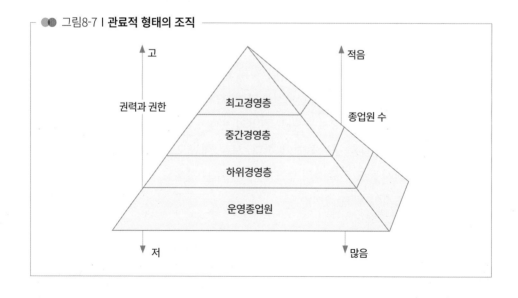

● 그림8-7 l 관료적 형태의 조직

라 관리자들은 누가 결정을 내렸는지, 그리고 누가 그것을 실행했는지에 대한 혼란을 최소한으로 줄여야만 한다.

(3) 권한과 책임

권한(authority)은 명령을 하고 그 명령이 실행될 것을 기대하는 관리자 직위에 부여되는 고유한 권리를 말한다. 권한은 조직구조의 요인 중 4번째 요소이며 의사결정과 행동을 할 수 있는 권리이다. 예를 들면, 이사회에서 자금을 확보하기 위해 채권발행을 인가할 때, 간부진들이 새로운 광고활동에 승인을 할 때, 어떤 판매관리자가 어떤 고객과의 계약에 사인을 할 때, 상품의 관리자가 한 직원을 일선의 관리자로 승진을 시킬 때, 한 감독자가 누군가를 해고할 때 권한이 실행된다. 간단히 말해서 권한은 조직의 구조에 항상 따라다닌다.

권한은 책임과 책무를 모두 수반한다. 즉, 권한을 행사함으로써 관리자들은 행동에 대한 책임을 가지게 되고 성공과 실패에 대한 책무를 기꺼이 감수하는 것이다. 나아가 업무들을 다른 사람들에게 전달을 할 때 관리자들은 그들이 받은 권한과 함께 책임을 조절하는 데 조심을 해야만 하며 그리고 나서 결과들에 대한 책무를 강조해야만 한다.

책임(responsibility)은 배정된 과업들을 수행하는 데 있어 직원의 의무이다. 직원은 특별한 과업배정이나 일을 받아들이는 과정에서 의무를 가지게 된다. 관리자는 어떤 업무들을 전달하는 것뿐만 아니라 부하직원들의 활동에 대한 책임을 지고 있다. 권한을 위양할 때 는 같은 분량의 책임을 할당해야 한다. 즉, '권리'(right)가 주어질 때 이에 상응하는 수행 '의무'(obligation)가 부여된다고 가정하고 있다. 따라서 책임이란 부여된 활동을 수행할 의무이기 때문에 책임이 없는 권한은 남용할 수 있는 계기를 마련해 준다.

(4) 직무전문화

관료주의에서 노동의 분업은 업무전문화에 기초를 두고 있다. **직무전문화**를 위해서 조직은 제조, 고객서비스 그리고 정보시스템과 같은 각기 다른 부서를 가지고 있다. 이런 조직단위에 배치된 조직구성원들은 회사의 총체적 효과에 필요한 재능과 기술을 전문화한다.

(5) 직계와 참모기능

관료주의는 다양한 조직의 단위를 직계(line)와 참모(staff)로 명확히 구분한다. 직계기능은 조직의 주요 목표나 주요 결과와 관계있는 기능이다. 은행에서 차용, 대출과 관계있는 일을 감독하는 사람들은 직계관리자들이다. 참모기능은 직계기능을 보조하는 기능이다. 참모관리자들은 인적 자원 혹은 구성원과 구매 등과 같은 중요한 기능에 대한 책임을 가진다.

(6) 감독한계

감독한계(span of control)란 관리자가 효율적·효과적으로 감독할 수 있는 종업원 수, 또는 한 사람의 관리자에게 직접 보고하는 종업원의 수를 말한다. 전통적인 학자들은 특정한 숫자에 대한 합의를 보지는 못했지만 세심한 감독을 위해서는 소규모, 특히 6인 이하의 부하가 바람직하다고 보았다. 그러나 많은 학자들은 조직계층상의 위치를 상황변수로 인정하여 상위계층일수록 상대적으로 좁은 감독한계를 갖는다고 인식하고 있다.

(7) 집권화와 분권화

권한의 집권화와 분권화는 이양에 대한 전체적인 경영철학의 기본이 되며 결정이 이루어지고 있는 곳에서 형성된다. 권한의 **집권화**(centralization)는 의사결정이 부서나 조직의 최고위층에서 이루어지고 있는 것을 말한다. 권한의 분권화는 조직이나 부서 전체에 의사결정이 많이 이양된 것을 말하고 있다. **분권화**(decentralization)는 관리자들이 무엇을 언제 이양할 것인가를 결정하는 데 필요한 방법이며 주의 깊게 직원을 선발하고 훈련을 시키며 적절한 통제를 구성하는 데 필요한 방법이다.

02 관료주의의 이점과 단점

관료주의는 현대문명을 탄생시켰다. 즉, 거대하고 복잡한 관료조직이 없었더라면 비행기, 자동차, 빌딩, 대학, 의약품 또는 위성 등은 존재하지 않았을 것이다.

관료주의의 이런 기여에도 불구하고, 몇 가지 단점도 지니고 있다. 첫째, 관료주의는 문제해결과 구성원을 다루는 데 너무 경직적일 수 있다. 아주 잘 짜여진 규칙과 규정들 때문에 비효율성과 불편함을 겪게 된다. 예를 들어, 의사결정을 하는데 여러 단계의 승인절차를 거치면, 진행과정이 아주 오래 걸릴 것이다. 둘째, 실망감과 낮은 작업만족도이다. 이런 부정적인 감정형태의 이면에는 까다로운 관료주의, 형식주의, 느린 의사결정 그리고 조직이 목표를 어떻게 잘 수행하는지에 대해 개인적인 영향력이 별로 미치지 않는다는 것이다.

⠿ SECTION 08 수평적 차원의 조직형태로서의 부서화

조직의 관료주의적 형태를 구현하기 위해서 과업은 부문 또는 다른 부서로 나누어진다. 300,000명 또는 300명 정도의 조직구성원이 하나의 큰 부서에서 같이 일하는 것이 어렵기 때문에 여러 부서로 과업을 나누는 과정을 **부서화**(departmentalization)라고 한다.

여기서는 흔히 쓰이는 네 가지 형태의 부서화—기능별·지역별·제품별·고객별 세분화—를 설명하고자 한다. 가장 적당한 형태의 부서화는 조직의 목표를 달성하는 데 최상의 기회를 제공하는 형태이다. 이런 의사결정에 있어서 조직의 환경은 아주 중요한 요소로 작용한다. 기업이 다른 고객에게 갑작스런 다른 접근법을 사용할 필요를 느낀다고 가정해 보자. 이것은 고객을 서비스하는 방법에 따라 기업을 다시 조직하게 될 것이다.

01 기능별 부서화

회계, 구매와 같은 수행기능에 의해 분류된 부서의 배열이다. 활동에 의해 과업을 분류하는 것은 구성원들의 노력을 조정하는 전통적인 방식이다. 기능적 조직에

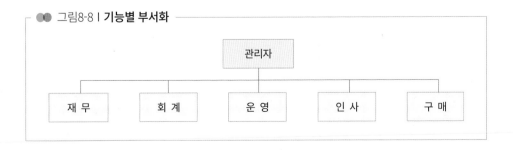

●● 그림8-8 | **기능별 부서화**

●● 표8-3 | **기능별 부서화의 장·단점**

장 점 들
• 기술의 전문화를 촉진시킨다.
• 자원의 중복을 감소시키고 기능 내에서의 조정을 증가시킨다.
• 전문적인 개발과 부서 내의 훈련을 증가시킨다.
• 고도의 기술적인 문제의 해결을 촉진시킨다.
• 의사결정에 집중할 수 있다.
단 점 들
• 일상적인 업무들을 강조한다.
• 부서들간의 의사전달이 감소된다.
• 제품의 우선순위들에 대한 마찰을 가져올 수 있다.
• 부서들간의 상호 일정을 잡는 것을 어렵게 만들 수도 있다.
• 조직의 문제들이나 목적들보다 부서의 목적들과 문제들에 초점을 맞추게 된다.
• 한정된 분야에서만 전문가들이 되는 관리자들을 양성하고 있다.

있어서 각 부서는 정보처리, 구매, 판매, 회계, 유지 등과 같은 특성화된 활동을 수행한다.

전통적 조직형태인 기능적 조직의 장점과 단점은 관료주의의 장점과 단점과 같다. 기능별 부서화는 다량의 작업에 대해서 전문적인 기술이 요구될 때 적용한다. 기능적 조직의 단점은 크기와 복잡성에서 나타날 수 있다. 이러한 특징은 의사결정의 지연에서 나타난다. 문제는 의사결정이 마지막으로 이루어지기 전에 여러 관리계층을 통해 명령의 단계들을 거쳐야 한다는 것이다. 또 다른 단점은 협소한 관점에 있다. 부서의 구성원들은 자기들의 의견은 옳고 다른 부서 사람들의 의견들은 틀렸다는 잘못된 믿음을 가지고 있다는 것이다.

02 지역별 부서화

담당구역이나 지역을 기초로 이루어지는 활동을 집단화하며, 지리적인 형태에 따라서 부서를 배열하는 것이다. 이 조직구조에서는, 주어진 지역 내 기업의 모든 활동을 관리자에게 보고를 해야 한다. 마케팅부서는 지역적 부서화를 많이 활용한다.

지역별 부서화가 조직을 지리적 부분으로 나눈 것이라고 본다면, 국제경영에 아주 잘 활용된다.

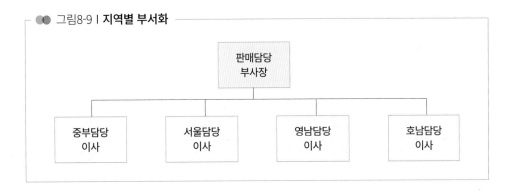

●● 그림8-9 | **지역별 부서화**

표8-4 | **지역별 부서화의 장 · 단점**

장   점
• 생산을 위해 사용되는 장비는 모두 한 장소에 있으며 이로 인해 시간과 경비를 절약할 수 있다.
• 관리자들은 특정 지역의 독특한 문제들을 해결하는 전문성을 개발할 수 있다.
• 관리자들은 소비자들의 문제들을 알 수가 있다.
• 이 방법은 다국적인 조직들에게 적합하다.

단   점
• 회계와 구매, 제조, 고객서비스의 모든 기능들은 각각의 지역에서 중복되고 있다.
• 각 지역의 목표들과 기업의 목표들간의 마찰을 일으킬 가능성이 있다.
• 지역들간의 질적인 통일성을 보장하고 조정하기 위한 광범위한 규정과 원칙들을 필요로 할 수도 있다.

03 제품별 부서화

제품계열별로 조직 활동을 모아 놓는 방법으로서, 그들이 제공하는 서비스나 상품에 따라 부서를 배열하는 것이다. 상세한 상품이나 서비스가 아주 중요하고 그것들을 만들어 내거나 지원하는 부서들은 대부분 독립적인 회사가 될 때, 제품별부서화를 적용할 수 있다.

<그림 8-10>은 제품별 부서화를 나타내고 있다. 생산라인에 의한 조직화는 효과적인데, 왜냐하면 각 부서가 최대의 기회를 가지고 성장하고 발전할 수 있는 서비스나 생산품에 집중할 수 있기 때문이다. 상품이나 서비스를 그룹화시킴으로써 일반 관리자를 양성하고, 사기를 진작시키고 각 지역에서 의사결정이 이루어지도록 하는 점에서 지역별 부서화와 비슷하다.

●● 그림8-10 I **제품별 부서화**

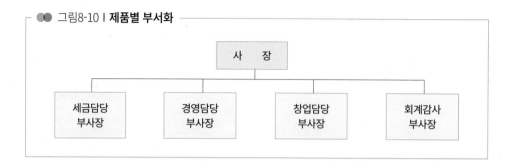

●● 표8-5 I **제품별 부서화의 장·단점**

장 점
• 어떤 제품에 대한 빠른 변화들에 적당하다.
• 제품에 대한 명확성을 보다 크게 해 준다.
• 고객들의 요구에 대한 관심을 조장한다.
• 명확한 책임소재를 밝힌다.
• 기능적 라인들의 전체적으로 생각할 수 있는 관리자들을 양성한다.

단 점
• 기술들과 자원들을 효율적으로 이용 못할 수도 있다.
• 생산라인의 전체적인 활동들의 조정이 만들어지지 않는다.
• 자원의 분배에 있어 역할관계들이 조성된다.
• 하나의 단일 제품에 대한 문제해결을 제한한다.
• 자신의 생산라인에 외부의 직원들의 이동을 제한한다.

04 고객별 부서화

고객의 필요와 욕구에 바탕을 둔 구조를 말한다. 한 고객집단의 요구가 다른 그

●● 그림8-11 I **고객별 부서화**

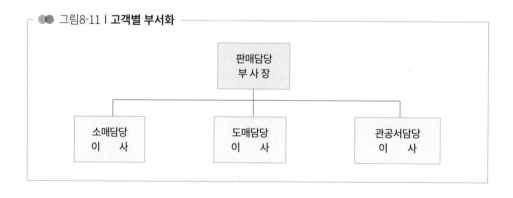

●● 표8-6 | **고객별 부서화의 장·단점**

장 점
• 고객들에게 더 많이 집중할 수 있게 한다.
• 핵심적인 고객들을 확실하게 파악할 수 있다.
• 이해할 수 있는 고객들의 요구에 적합하다.
• 고객들을 위한 관리자들을 양성할 수 있다.

단 점
• 고객들간의 조정이 되지 않는다.
• 자원의 분배가 왜곡될 수 있다.
• 직원들은 고객들로부터 그들에게 특권을 주어야 한다는 압박감을 느낀다.

룹의 요구와 많이 다를 때, 고객별 부서화는 효과가 있다. 고객별 부서화는 상품별 부서화와 비슷하고 때로는 이 두 가지 조직형태 구분은 애매모호하기도 하다. 예를 들면, 은행이 주택저당을 주택소유자에게 제공하는 것과 특별서비스를 제공하는 것과 아니면 두 가지 모두를 제공하는 경우가 된다.

⦂ SECTION 09 **관료조직의 변형**

조직의 관료적인, 기능적인 형태의 문제점들을 해결하기 위해 여러 다른 조직구조들이 개발되었다. 이 절에서는 잘 알려진 관료조직의 3가지 변형(매트릭스, 평형구조(flat structures), 가상조직)에 대해 기술할 것이다.

01 매트릭스 조직

부서화는 일반적인 기업 활동과는 다른 특별한 업무를 수행하는 데 있어서는 잘 맞지 않는다. 이 문제를 해결하기 위해 가장 널리 사용되는 해결책인 **프로젝트 조직**인데 이것은 어떤 정해진 목적을 완료하기 위해 한 명의 관리자 아래 일시적인 전문가의 그룹이 일을 하는 것이다. 이 프로젝트 구조는 군대, 우주항공, 건설, 영화 그리고 컴퓨터산업에서 가장 널리 이용되고 있다. 프로젝트 관리는 광범위하기 때문에 관리자들이 세부적으로 분할하거나 모든 작업들을 잘 수행하기 위한 소프트웨어들이 개발되어 왔다.

매트릭스 조직(matrix organization)이란 프로젝트 구조에서 기능적 구조의 가장 상위에 놓이게 되는 조직으로서 프로젝트와 매트릭스 구조의 장점들을 취하고 그들의 단점들을 최소화하였다. 프로젝트 그룹들은 그 조직들이 운영되는 기업 안에 작은 기업으로 행동하다가 임무가 끝이 나면 일반적으로 해체된다. 어떤 경우 그 프로젝트가 대단히 성공적이어서 회사에서 하나의 새롭게 분화된 부문이 된다.

<그림 8−12>는 매트릭스 구조의 잘 알려진 형태를 보여준다.

기능적인 관리자들은 프로젝트에 할당된 전문가들을 능가하는 기능적 권위를 발휘해야 한다는 것을 인지하여야 한다. 예를 들면, 때때로 품질관리자는 프로젝트에 배정된 품질전문가들과 그들의 전문적인 역할에 대해 논의하기 위해 만나곤 한다. 프로젝트 관리자들은 프로젝트에 배정된 사람들을 지휘하는 직계권한을 가진다. 매트릭스 조직의 가장 큰 특징은 프로젝트 관리자들이 기능부문으로부터 자원을 빌린다는 것이다. 또한 프로젝트에 참여한 각 개인은 두 명의 상관을 가지는데, 하나는 프로젝트 관리자이고 또 하나는 기능관리자이다. 예를 들면, <그림 8−12>의 오른쪽 아래에 있는 품질관리자를 보자. 품질관리자는 각각 다른 프로젝트를 취급하는 품질관리자의 위에 있는 품질책임자에게 보고하고, 왼쪽에 위치하고 있는

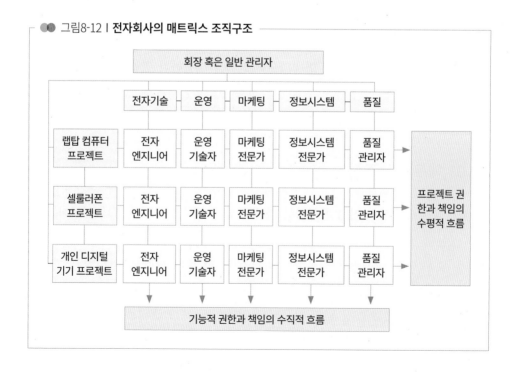

그림8-12 I **전자회사의 매트릭스 조직구조**

개인디지털 보조프로젝트를 책임지고 있는 관리자에게도 보고하여야 한다.

매트릭스 구조를 사용하는 조직 중에는 은행, 보험회사, 우주항공회사 그리고 교육기관들이 있다. 대학도 가끔 특별히 관심 있는 프로그램을 추진하기 위해 매트릭스 구조를 이용한다.

02 재조직과 평면구조(Restructuring and Flat Structures)

전통적인 구조를 가진 조직들은 일반적으로 너무 많은 경영층과 종업원들을 가지는 경향이 있다. 이 경우 최고경영자는 리스트럭처링(또는 회사의 다운사이징)을 결정하게 된다. 리스트럭처링은 상대적으로 적은 층을 가진 조직의 형태인 평면구조가 된다.

평면조직(Flat organization)은 두 가지 이유에서 관료주의와 다르다. 첫째, 의사결정이 매우 신속하게 될 수 있다. 둘째, 명령계통이 짧아지기 때문에 구성원이 권위(권력)의 차이에 대해 덜 신경 쓰게 된다.

평면조직의 목적은 다음과 같다.

첫째, 여러 단계의 관리적 지위들을 없앰으로써 인건비를 줄일 수 있다.

둘째, 관리층의 수를 줄임으로써 의사결정을 신속히 할 수 있다. 관리층이 많으면 더 많은 승인이 필요하게 되고, 필요한 승인이 많아질수록 의사결정에 드는 시간이 증가하게 된다.

셋째, 빠른 의사결정은 소비자를 위한 서비스를 향상시키게 된다. 제록스사의 대변인은 개선된 서비스의 이유를 경영층의 축소 때문이라고 하며, 다음과 같이 설명하였다. "경영층 축소의 첫 번째 목적은 분명히 경제적인 것이다. 경기악화가 우리가 예상했던 것보다 더 오래 그리고 더 심하였다. 두 번째 목적은 중간 경영층을 감소시킴으로 해서 고객서비스를 향상시키기 위한 것이었다."

03 통제의 확장과 평면조직

평면조직(flat structure)이 필요한 이유는 관리자들이 그들에게 보고를 해야 하는 사원들을 더 많이 가지게 되었다는 것이다(통제의 확장이란 관리자에게 직접적으로 보고하는 사원의 수를 의미한다). 그러나 많은 종업원들이 해고될 때는 평면조직이 무의미해지기도 한다. 통제의 확장에 필요한 조건은 몇 가지가 있다. 통제확장의 원칙에 따르면 한 관리자가 효율적으로 통제하거나 이끌 수 있는 작업자의 수는 제한적이다.

04 효율적인 리스트럭처링과 다운사이징의 수행

리스트럭처링을 하는 데 필요한 조건은 조직생산성 향상을 목적으로 의도한 것을 달성하여야 한다.

IBM의 경우 10년 동안의 리스트럭처링을 통해 1995년에 기록적인 이윤을 남겼다. 그러나 The Accompanying Organization in Action은 성공적으로 리스트럭처링을 수행하였지만 많은 수의 직원들이 직장을 떠남으로써 엄청난 고통을 수반하였다. 만약 다운사이징을 신중하게 실행하지 않으면 다수의 도덕적 문제, 혼란 그리고 비효율성을 가져온다. 4,300명의 직장에서 근무하는 미국인을 대상으로 전국적으로 설문조사한 결과 다운사이징을 한 회사에 있는 57%의 작업자들만이 그들 직업에 대해 일반적으로 만족한다는 결과가 나온 반면에 확장 기업에서는 72%의 근로자들이 그들 직업에 만족한다는 결과를 얻었다.

다운사이징에 대한 문제점은 직장에 남아 있는 관리자들이 많은 사람들이 떠났기 때문에 이들의 경험이나 기술을 활용하지 못한다는 것이다. 효율적인 리스트럭처링의 출발점은 저효율과 무가치 활동을 제거하는 것이다.

이것은 활동을 기반으로 한 축소(activity-based-reduction)라고 하는데 조직적(체계적)으로 기업 활동의 비용과 고객에 대한 그들의 가치를 비교하기 위한 새로운 용어이다. 사람들이 수행하는 작업이 가치 활동인가 무가치활동인가를 판단하기 위해서는 그들의 작업이 의미가 있는지를 먼저 판단하여야 한다. 미래에 필요한 작업 또한 판단의 기준이 될 수 있다.

인원과잉으로 인해 다운사이징을 추진할 때 회사의 미래에 중요한 역할을 담당하게 될 사람들을 내보내지 않아야 한다. 명확한 기준이 존재하여 어떤 작업자들을 내보내고 어떤 작업자는 내보내지 말아야 하는지를 결정하여야 한다.

일반적으로 가장 능력이 부족한 사람들을 먼저 내보내야 한다. 조기퇴직을 제의하거나 자진사퇴를 요구하는 것도 분열을 덜 초래하게 된다. 해고에서 제외된 생존자들을 일에 다시 집중할 수 있게 만드는 중요한 전략은 피고용인들과 정보를 공유하는 관리이다.

정보의 공유는 추가적 강제 축소에 대한 소문을 진정시키는 데 도움이 된다. 근로자들에게 귀를 기울이는 것도 리스트럭처링에 대한 충격을 완화시키는 데 도움이 된다.

05 네트워크 조직

네트워크 조직의 활용을 통해 인력운용의 효율성은 물론, 각 개인의 역량도 최대로 발휘될 수 있다. 이러한 조직을 활용하는 예로 포드(Ford)사의 토러스를 개발한 개발팀, 코닥, 3M, P&G, 질레트, 제록스 등 세계 유수기업들의 연구·개발부문에서 네트워크 조직을 활용하여 좋은 성과를 거두고 있다.

기존의 계층조직과 네트워크 조직을 비교한 것이 <표 8-7>에 나타나 있다.

기존의 전통적인 조직과 비교되는 개념으로 조직의 위계적 서열과는 관계없이 조직구성원 개개인의 전문적 지식과 자율권을 기초로 하는 조직이다. 따라서 개인의 능력을 최대한 발휘하게 되고, 여러 기능과 사업부문 간에 의사소통이 활성화될 수 있는 신축적인 조직이다. 네트워크 조직에서 중요 의사결정은 팀 구성원들 사이에 자율적으로 이루어지므로 시장상황의 변화에 대해 신속하고도 정확한 대응이 가능해진다.

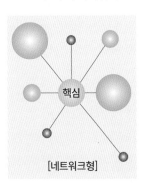

[네트워크형]

●● 표8-7 ㅣ **계층조직과 네트워크 조직의 비교**

	계층조직	네트워크 조직
조직의 목적	항상 안정, 불변, 고정적	항상 변화, 다양 유동적
관리방법	계층적·분권적 구조, 지위에 주어진 권력	자기관리, 네트워크, 목적에 부여된 권력
발상의 근거	인과법칙에 따라 합리적, 과거지향, 전례 존중	시스템분석, 직감에 의한 미래지향
커뮤니케이션	무기적(無機的), 배타적, 독선적	유기적(有機的), 창조적 교류
근로의욕	명령에 대한 복종, 지위와 수입	창조적 업무에 대한 열정, 자기실현
개인의 능력	기대된 틀 속에 갇힘.	다양한 개성 발휘

EXAMPLE 02   불멸의 조직 만드는 5가지 비법

기업은 100년, 국가는 500년을 넘기기가 힘들다.

그런데 유독 지금 존재하는 종교들만큼은 수천 년을 버텨왔다.

힌두교, 기독교, 이슬람교, 불교 등이 그렇다. 그 놀라운 지속가능성의 원인은 다음 다섯 가지이다.

종교는 '궁극적인 관심'을 추구한다.

종교는 강력한 소속감을 제공한다.

종교는 늘 초심으로 돌아가기 위해 개혁된다.

종교는 지역문화에 반드시 토착화된다.

종교는 이타적인 삶을 추구하게 된다.

위 다섯 가지를 기업에 적용하면, 지속가능성을 판단하는 기준이 될 것이며, 자신의 인생에 넣어보면 '성공한 삶', ' 기억되는 삶'의 기준이 보일 것이다.

자료 : DBR, 205호(2016년 7월 Issue 2)

토의문제

내가 내 인생에서 추구하는 '궁극적 관심'은 무엇이며, 나는 변화하는 세상을 긍정적으로 바라보며 새로운 역할을 찾고 있는지에 대해 토의해 보자.

⦙ 요약

- 계획수립은 관리기능 중에서 가장 기초적인 기능이며, 첫째, 조직의 비전, 사명, 그리고 장기와 단기의 전반적인 목표를 선택하고 둘째, 조직 목표를 바탕으로 한 부서 혹은 개인의 목표를 생각해 내고 셋째, 이러한 목표들을 달성하기 위해 전략이나 전술을 선택하고 넷째, 다양한 목표, 전략, 전술을 달성하기 위해 자원들(사람, 돈, 장비와 설비)을 할당하는 공식적인 과정을 말한다.

- 계획수립의 대표적 형태로 전략적 계획수립과 전술적 계획수립이 둘수 있는데 전략적 계획수립(strategic planning)은 첫째, 조직의 내·외부환경을 분석하고 둘째, 사명과 비전을 개발하고 셋째, 전반적인 목표를 수립하고 넷째, 추진할 일반적 전략을 규명하고 마지막으로 조직의 목표를 달성하기 위한 자원들을 할당하는 과정을, 전술적 계획수립(tactical planning)은 1년 혹은 그 이내의 기간에 무엇을 할 것이고, 누가 할 것이며, 어떻게 할 것인지에 관한 상세한 의사결정을 하는 과정을 일컫는다.

- 전략적 계획수립, 전략의 수행과 전략적 의사결정은 조직 내에서 다각화의 정도와 조직수준에 달려 있으며, 경영전략은 기업수준 전략, 사업수준 전략, 기능수준 전략으로 구분된다.

- 전략계획 수립의 단계는 단일 사업기업 혹은 전략적 사업단위에 적용되는 것으로 일반적으로 여덟 단계(① 사명과 목표의 개발, ② 기회와 위협의 평가, ③ 약점과 강점의 평가, ④ 전략수립, ⑤ 전략계획의 개발, ⑥ 전술계획의 개발, ⑦ 통제 및 결과의 평가, ⑧ 계획수립과정의 반복)를 거치게 된다.

- 대표적 두 가지의 사업수준별 전략모형으로, 제품이 새로 태어나서 사라질 때까지 제품이 있는 시장에서의 단계를 규명하는 제품수명주기모형과 다양한 산업에서 각 산업에 속한 다양한 기업들이 취할 수 있는 세 가지의 기본전략(차별화전략, 원가우위전략과 초점전략)을 제시한 본원적 전략모형이 있다.

- 조직구조(organizational structure)란 조직목표를 달성하기 위해 과업과 구성원을 배치하는 것을, 조직설계(organizational design)는 목적, 전략 그리고 환경에 맞는 조직구조를 창출하는 과정을 말한다.

- 조직화는 누가 무엇을 하며, 누가 누구를 책임지며, 조직 내의 여러

부서가 서로 어떤 방식으로 연관되어 있는가를 명확하게 제시해 주는 과정이다.

- 조직의 구조는 전문화, 표준화, 조정, 권한이라는 4가지 기본적인 요인들에 의해 결정되며, 기업의 조직형태로는 수직적 차원의 관료주의, 수평적 차원의 부서화, 그리고 관료조직의 3가지 변형(매트릭스, 평형구조, 가상조직) 등을 들 수 있다.

**● 연습
문제**

1 계획수립이란 무엇이고 어떤 형태들이 있는가?

2 다각화의 효과는 어떤 것들이 있는가?

3 기업수준의 성장전략은 어떤 것들이 있는가?

4 사업수준의 전략은 어떤 것들이 있는가?

5 기능수준의 전략은 어떤 것들이 있는가?

6 전략계획수립의 단계들을 설명하시오.

7 사업수준 전략모형에서 제품수명주기모형, 수정된 제품수명주기모형, 본원적 전략모형들을 설명하시오.

8 조직의 관료적 형태를 서술하고 그것의 이점과 결점을 설명하시오.

9 조직이 부서화로 나누어지는 주요 방식을 설명하시오.

10 관료구조의 3가지 변형형태를 기술하시오.

11 관료구조가 창출하는 수평적 구조와 리엔지니어링의 관점을 설명하시오.

12 권한위양과 권한위임, 권한분산이 조직 내에서 어떻게 권위를 펼칠 수 있는지 구체화하시오.

**● 참고
문헌**

/ 윤재홍, 「생산운영관리」, 한경사, 2014.

/ 김재명, 「경영학원론」, 법경사, 1997.

/ Hellriegel, Don, Susan E. Jackson and John W Slocum, Jr., *Management*, 8th ed., South-Western College Publishing, 1999.

/ Hellriegel, Jackson, Slocum, *Management*, 11th ed., 2008.

/ John M. Ivancevich etc., *Management-Quality and Competitiveness-*, 1994.

/ http://www.mc.co.kr

09

실행/통제

실행/통제

CHAPTER 09

학습목표

이 장의 학습목표는 리더십을 이해하기 위해 첫째, 경영과 리더십의 차이를 구별 둘째, 권력과 권한의 리더십 사용 셋째, 특질, 특성 그리고 유능한 지도자의 행동 넷째, 리더십의 유형 다섯째, 변형적이고 카리스마적인 리더십을 설명한다.

한편 의사소통을 이해하기 위해 첫째, 의사소통과정 단계 둘째, 작업에서 비언어적 의사소통의 중요한 유형을 인식 셋째, 공식적이 그리고 비공식적 의사전달경로 사이의 차이를 설명 넷째, 조직에서 중요한 의사소통 장애를 확인 다섯째, 의사소통 장애를 극복하기 위한 전술을 개발 마지막으로, 보다 효과적인 의사소통을 위한 방법에 대해 기술할 것이다.

또한 기업 지배구조 측면에서는 첫째, 기업을 보는 관점으로 대리이론이란 무엇인가? 둘째, 기업의 지배구조가 기업의 경쟁력에 왜 중요한가? 셋째, 경영 의사결정에 지배구조는 어떠한 영향을 미치는가? 넷째, 현대경영에서 바람직한 지배구조는 어떠한 유형인지를 기술할 것이다.

EXAMPLE 01   [DBR] 이상적인 경영조직 만들려면

경영조직의 유토피아 '유사이키아'에선 '긍정적 중독'에 빠진 리더가 지배한다

● CEO를 위한 성격심리학

경영심리학계의 거장 에이브러햄 매슬로는 단순한 결핍욕구를 넘어서는 메타욕구를 제시했다.

가장 대표적인 메타욕구로는 '자아실현의 욕구'를 꼽았다. 여기에서 중요한 역할을 하는 건 '긍정적 중독'으로 자아실현에 도움을 줄 뿐만 아니라 조직과 시너지를 만들어낼 수 있도록 해준다.

그는 이런 사람들이 모여 만든 경영조직의 유토피아를 '유사이키아(eupsychia)'라고 정의하고, 이 조직에는 우월한 리더인 '애그리던트(aggrident)'가 필요하다고 했다.

유사이키아를 만들기 위해 그는 다음 세 가지를 강조했다.

① 시너지가 높은 조직을 구성하고, 직원의 메타욕구에 초점을 맞춰라.

② 조직의 모든 구성원이 심리적으로 건강할 수 있도록 노력하라.

③ 민주적이고 자발적인 참여의 조직을 만들기 위해 지속적으로 진단하라.

● MIT Sloan Management Review

클레이턴 크리스텐슨 하버드 경영대학원 석좌교수의 '파괴적 혁신 이론'은 가장 영향력 있는 경영이론 가운데 하나로 꼽힌다. 파괴적 혁신 이론은 기업이 기존 방식의 혁신에 집중하는 사이 경쟁자들은 질적으로 다른 제품과 비즈니스 모델로 틈새시장을 잠식해 선두 업체를 넘어선다는 내용을 담고 있다. 앤드루 킹 다트머스대 터크 경영대학원 교수는 파괴적 혁신 이론을 맹종하는 것은 위험하다고 지적했다. 킹 교수는 "파괴적 혁신 이론은 발생할지 모르는 일에 대해 경고하는 역할을 할 순 있지만 그것이 비판적 사고를 대신할 수 없다"고 설명했다. 파괴적 혁신 이론의 한계점 등을 구체적으로 설명했다.

자료 : DBR, 205호(2016년 7월 Issue 2)

토의문제

유사이키아 조직 진단검사 및 리더를 위한 애그리던트 검사(스쿨버스 테스트)를 실시해 보고 이를 토의해 보자.

SECTION 01 경영과 리더십의 연계

John P. Kotter에 의하면 오늘날의 관리자는 경영뿐만 아니라 어떻게 지휘하는지를 알아야만 하고 그렇지 않으면 회사는 문을 닫을 것이라고 하였다. Kotter는 다음과 같이 경영과 리더십을 구별하였다.

경영관리적 개념은 지휘기능을 리더십과 동일시하고 있고 또한 리더십은 조직구성원으로 하여금 주어진 과업을 성의껏 그리고 자신 있게 달성하도록 유도하는 과정으로 보고 있다. 행동과학적 리더십 개념의 상호작용 변수로는 리더, 추종자 또는 부하, 상황적 요소가 포함되어 있다.

■ 리더(Leader): 다른 구성원에게 영향을 주거나 영향을 주려고 노력하는 집단구
성원을 말한다.

■ 추종자 또는 부하(Follower): 영향을 받는 또는 영향의 대상이 되고 있는 구성원
을 의미한다.

■ 상황적 요소: 리더와 부하간의 영향과정을 둘러싼 환경요소로서 집단 목적,
과업 기타 공식적·구조적 및 비공식적·자생적 조직요소들을 포함한다.

<그림 9-1>은 리더십과 경영과의 차이점을 나타낸다. 유능한 리더십과 경영은
둘 다 현재의 작업장에서 요구된다. 관리자는 리더가 되어야 하지만, 리더 또한 좋
은 관리자가 되어야 한다. 노동자는 격려 받고 설득하기를 원하지만 그들 역시 작업
장에서 직무를 부드럽게 개발하기 위해 도움이 필요하다.

<그림 9-2>는 리더십과 경영의 결합을 나타내고 있다. 이것은 이 장에서 주요
한 논의 몇 가지를 강조한다. <그림 9-2>에서는 생산성과 사기의 개선에 관해 설
명하고, 관리자의 두 가지 경우를 설명한다. 첫 번째, 관리자들은 권력, 권한, 영향
그리고 개인적 특성과 특징을 사용한다. 두 번째, 관리자들은 리더십의 행동과 연습
을 적용한다.

●● 그림9-1 ┃ **리더 대 관리자**

리 더	관 리 자
공상적	이성적
열렬한	전문적 조언
창조적	완고한
융통성	문제해결
고무적	끈질긴 마음
혁신적	분석적
용감한	조직화
풍부한 상상력	신중함
실험적	권위적
독자적	안정적

자료: Adapted from Genevieve Capowski, "Anatomy of a Leader. Where Are the Leaders of Tomorrow?"
　　Management Review(March 1994): 12.

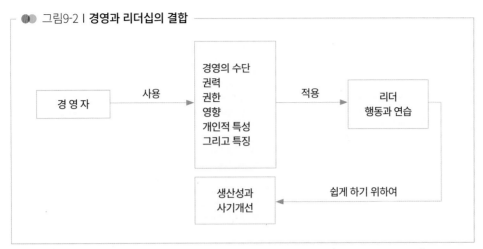

그림9-2 ㅣ **경영과 리더십의 결합**

자료 : Adapted from John R. Schemmerhom, Jr., Management for Productivity(New York, Wiley 1993).

SECTION 02 **권력과 권한의 리더십 사용**

리더십은 권력과 권한의 사용을 통하여 사람들에게 영향을 미친다. **권력**(power)은 의사결정과 관리수단에 영향을 미치는 능력 또는 잠재력이다. 유능한 사람들은 영향력을 이행하기 위하여 잠재력을 가지고 있고, 그리고 신속히 이행한다. 예를 들어, 회사와 사업관계를 가지기 위하여 다른 회사로부터의 영향을 강력하게 실행할 수 있다. **권한**(authority)은 사람들에게 부여하기 위한 공식적인 권리 또는 통제수단으로서의 공식적인 권리이다.

사람들 내부의 요인으로는 재능 또는 매력과 같이 그들의 목적을 이루는 권력을 돕는 것과 같은 것이다. 단지 조직은 권한을 승인할 뿐이다. 권력과 권한을 리더가 어떻게 사용하는지 이해하기 위하여, 권력의 다양한 형태, 영향 작전 그리고 어떻게 팀 구성원과 역할의 권력을 지도하는지를 알아본다. 관리자가 좀 더 효과적인 지도를 할 수 있게 도움을 주는 영향력을 발휘하기 위한 다른 접근법을 이해한다.

지도자들은 영향력을 행사하기 위해 권력의 다양한 유형을 사용한다. 그러나 그 권력은 팀 구성원 또는 하급자에 의해 이행되고, 이를 통해 리더가 얼마나 많은 권력을 행사하는지 알 수 있다. 지도자와 때때로 팀 구성원들에 의해 이행되는 권력의 유형은 다음과 같다.

① **합법적 권력**(legitimate power)은 리더의 공식적인 권위와 개인적인 능력에 의하여 발휘되는 영향력을 의미한다. 개인적인 능력은 공식권위와 밀접한 관계가 있을 뿐 아니라, 자생적인 관점에서도 부하들에 의하여 실제로 강화될 수 있다.

② **보상적 권력**(reward power)은 부하의 요구를 만족시킬 수 있는 리더의 능력으로부터 나오는 영향을 의미한다. 하고 싶은 직무의 할당, 여름휴가의 우선적 배정, 승진, 봉급인상 등으로 나타난다.

③ **강압적 권력**(coercive power)은 두려움이나 처벌을 통해 보상을 얻을 수 있는 리더의 능력을 말한다. 처벌은 공식적인 견책, 원하지 않는 직무의 할당, 봉급삭감, 좌천 및 해고의 형태로 나타날 수 있다.

④ **전문적 권력**(expert power)은 팀의 구성원에 의해 파악되는 것으로서 리더의 업무와 관련된 지식으로부터 유래한다. 전문적 기술, 지식, 또는 재능이 전문적 권력을 행사할 수 있는 원천이다.

⑤ **준거권력**(referent power)은 부하로 하여금 존경심을 갖게 하고 매력을 느끼게 하는 리더의 개인적 특성에 의하여 발휘하는 영향력을 말한다. 리더들이 말하는 카리스마는 독특한 매력 또는 지시권력을 가진 지도자를 의미한다.

⑥ **하위의 권력**(subordinate power)은 권력의 다른 유형으로서 하위의 종업원들은 조직과 정당한 보수, 정의에 기초하여 윗부분에서 영향을 미칠 수 있다. 리더들은 언제나 전문가권력을 행사하지만, 하위의 권력은 그들을 통제할 수 있는 권력으로 그 정도를 제한한다.

<그림 9-3>에서 보듯이, 하급자들이 합법적인 권한의 경계와 관계없는 일을 지시하는 것을 알았을 때, 그들은 복종하지 않는다.

합법적인 명령은 팀 구성원들이 받아들일 수 있는 것과 관련되는 것으로 행동의 범위 내부에 위치한다. 위로부터의 합법적인 명령은 무관심 지대 내부에서 일어나

● 그림9-3 | **하위의 권력과 무관심 지대**

	무관심 지대	불복종 지대	
권력의 아래로의 흐름	명령은 받아들이기 쉽다: 부하들은 하위의 권력은 이행하지 않지만, 상사의 부탁과 명령에는 따른다.	명령은 받아들이기 어렵다: 부하들은 하위의 권력을 이행하고 상사의 명령에 따르는 것을 거절한다.	권력의 위로의 흐름

고 부하들이 받아들일 수 있는 것이다. 만약 관리자가 불복종 지대를 강요한다면 리더는 권력을 잃는 것이다. 하위의 권력을 통하여 팀 구성원은 리더의 권력을 통제하고 강요한다. 법률적 권력은 하위의 권력을 지원한다. 예를 들어, 부하는 보스로부터 지시된 명령을 거절할 수 있는 법률적 권력을 가진다.

SECTION 03　리더의 특성 그리고 유능한 리더의 행동

리더를 이해하는 것이 리더십을 이해하는 것이다. 여기서는 유능한 리더의 행동과 개인적 속성에 관하여 논의한다. 유능한 리더는 <그림 9-2>에서처럼 높은 생산성과 사기를 달성하는 것을 의미한다.

01 리더의 중요 특성

특성이론에서 주로 연구대상이 되고 있는 **리더**(leader)의 중요 특성을 요약하면 다음과 같다.

(1) 육체적 특성

리더특성 연구의 첫 번째 측면은 연령, 신장, 체중, 용모, 관상, 건강상태 등 육체적 특성이다. 이들 육체적 특성은 리더십 기능을 발휘할 수 있는 역량과 밀접한 관계를 갖고 있을 뿐 아니라, 집단구성원에게 주는 인상에도 중요한 작용을 한다고 전제되고 있다. 그러나 성공적인 리더특성에 대한 구체적인 결론을 내리기가 매우 어렵다는 것이 큰 제한점이 되고 있다.

(2) 지능

리더특성 연구의 두 번째 측면은 리더의 지능으로서 리더는 일반적으로 부하들에 비하여 지능수준이 높다는 것이 여러 연구결과에서 나타나고 있다. 그리고 성공적인 리더는 올바른 판단력을 갖고 있는 결단성이 있으며, 지식수준도 높고 표현능력도 높다고 인식되고 있다. 그러나 이러한 지능적 특성이 갖추어졌다고 해서 성공

적인 리더십이 반드시 발휘된다고는 할 수 없다. 그 이유는 리더와 부하간의 지능의
차이가 너무 많으면 상호간의 사고방식과 지각 그리고 의사소통 등에 많은 문제가
발생할 수 있기 때문이다. 이와 같이 지능과 성공적인 리더십 사이의 확고한 관계가
의문시되므로 리더의 다른 특성들을 고려하지 않으면 안 된다.

(3) 성격과 감성

리더의 세 번째 특성은 리더의 성격으로서 성공적인 리더십은 리더의 성격에도
밀접한 관계가 있다는 것이 또한 리더십 특성이론의 기본전제이다. 즉 리더의 자신
감, 창의성, 민첩성, 독립성 등은 리더역할에 중요한 요소로 작용하며, 이러한 성격
적 특성은 조직체의 상위계층으로 올라갈수록 더욱 중요해진다는 것이 연구결과에
서 나타나고 있다.

그러나 이러한 성격상의 특성을 어떻게 정확하게 측정하느냐가 큰 문제로 제기
되고 있다. 이러한 성격측정에 대하여 많은 연구가 전개되어 왔고 이 분야의 발전이
서서히 진행되고 있다. 근래에는 개인의 정서도 리더십이 중요하다는 의견과 더불
어 감성지수(EQ: emotional quotient)에 대한 관심이 높아지고 있다. 그러나 개인의 감성 또
는 정서의 측정문제가 많은 논의의 대상이 되고 있다.

(4) 관리능력

리더의 네 번째 특성은 관리능력으로서 성공적인 리더십은 리더의 성취의욕, 책
임감, 솔선력 등 과업지향적 성격과 협조성, 대인관계기술 등 적극적인 상호관계능
력과 밀접한 관계가 있다는 것이 특성이론의 기본전제이다. 그리고 교육수준과 사
회적 배경도 성공적인 리더십과 밀접한 관계가 있고, 이들 특성은 부하의 동기의욕
을 자극시키고 집단의 신뢰적 분위기와 조화 그리고 응집성에 중요한 역할을 하고
있다는 것도 리더십 특성이론의 기본전제이다.

이와 같이 리더십 특성이론은 성공적인 리더의 육체적, 지능적, 성격적 그리고
관리능력상의 특성을 연구하여 이에 대한 학문적 이론은 물론 실질적으로도 조직
체에서의 선발과 능력개발 등 인적자원관리에 직접적으로 도움이 될 수 있는 자료
를 많이 제공해 준다. 미국 내의 경영자들을 대상으로 설문조사한 연구결과에 의하
면 경력상 성공적인 관리자는 일반적으로 결과지향적 성격과 청렴한 성격 그리고
책임추구적이고 인간 고려적인 성격을 가지고 있는 것으로 나타났으며 용모나 지

능은 성공적인 경력에 별로 중요한 역할을 하지 않는 것으로 나타났다

이러한 일반적인 설문조사결과와 더불어 조직체의 기능별 그리고 계층별로 성공적인 리더와 연관된 특성을 연구분석한 결과가 많이 발표되어 있다. 이러한 결과들은 조직체에서 인사행정자료로 많이 사용되고 있다. 특히 종합평가제도와 관련하여 경험적 그리고 종단적 연구를 통하여 조직체의 중요 직무마다 성공적인 리더십에 요구되는 특성을 분석하고 이를 중심으로 리더를 선정 또는 개발하는 노력이 점차적으로 증대되어 왔다. 따라서 리더십의 특성이론 자료들은 조직체에서 리더의 성과를 예측하는 데 많은 도움을 주고 있다. 그리고 특성이론과 관련하여 개인의 성격과 능력을 측정하는 데도 많은 공헌을 해 왔다.

02 유능한 리더의 행동과 기술

효과적인 관리를 위해서는 리더의 특성만으로는 충분하지 않다. 리더는 적절한 업무수행활동과 중요한 기술을 가지고 있어야만 한다. 관리자는 대인관계, 전문기술 그리고 정치적인 개념을 가지고 있어야만 한다. 유능한 지도자가 되기 위해서는 상황에 대한 융통성, 업무수행의 안정성, 팀 구성원을 위한 높은 수준의 목표를 설정하고, 팀 구성원들로부터 인정을 받아야 하며 계속적인 피드백을 제공하고 마지막으로 업무수행시 실패에 대한 원인분석을 통해 개선능력을 가져야만 유능한 리더라 할 수 있다.

⁝ SECTION 04 리더십 유형

리더십 기능의 중요한 부분은 리더십 유형이다. 이것은 리더가 종업원들에게 조직의 목적을 성취하기 위하여 영향력을 사용하는 리더행동의 전형적인 형태이다. 여기서는 리더의 권한과 통제범위를 포함한 리더십 유형들을 고려할 것이다.

01 리더십 연속체

리더십 연속체, 또는 전통적 접근법은 얼마나 많이 그들이 그들 자신을 위한 권

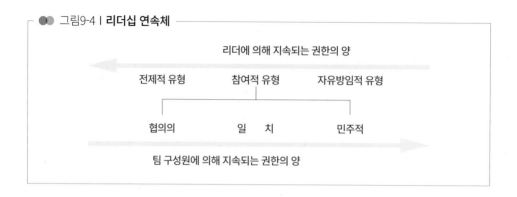

그림9-4 | **리더십 연속체**

리더에 의해 지속되는 권한의 양

전제적 유형   참여적 유형   자유방임적 유형

협의의   일   치   민주적

팀 구성원에 의해 지속되는 권한의 양

한을 획득하는지, 얼마나 많이 그들이 팀을 변하게 하는지에 따라서 지도자를 분류한다. 연속체에서 나타내는 중요한 세 가지 리더십은 전제적, 참여적 그리고 자유방임적 리더십이다.

<그림 9-4>는 리더십 연속체에 관하여 설명하고 있다.

(1) 전제적 리더십 유형

전제적 리더는 권한의 대부분을 계속 유지한다. 그들은 팀 구성원들이 행동할 것이라고 추측하고 자기의 의지대로 결정을 할 것이다. 전제적 리더는 의사결정에 대하여 하위자의 태도에 대개는 관심을 보이지 않는다. 전제적 리더는 직무지향을 고려한다. 왜냐하면 그들은 완료된 직무에 강조점을 두기 때문이다. 전형적인 전제적 리더는 무엇을 해야 하는지 사람들에게 말하고, 이를 추진한다. 그리고 팀 구성원들을 위한 모델로서 제공된다.

(2) 참여적 리더십 유형

참여적 리더는 팀 구성원과 의사결정을 공유하는 리더이다. 참여적 리더의 특수형에 밀접하게 관계된 세 가지 유형은 다음과 같다. 자문적 리더는 의사결정을 하기 전에 하급자와 의논한다. 그러나 의사결정에서 최후의 권한은 유지한다. 합의적 리더는 의사결정을 할 때 팀 구성원들의 일반적인 의견(여론)을 반영하는 문제점에 관하여 상위관리자들과 토의한다. 의사결정과정에서 모든 구성원들이 포함되는 것은 아니다. 민주적 리더는 최후의 권한까지 고려한다. 그들은 의사결정 전에 투표를 하고 의견을 수렴한다.

(3) 자유방임적 리더십 유형

자유방임적 리더는 팀을 통제하기 위하여 실제로는 모든 권한을 포함한다. 리더십은 직접적이기보다는 간접적으로 제공된다. 팀 구성원들은 직무 성취와 그것을 실행하기 위한 가장 좋은 방법으로 자유방임을 고려한다. 만약 요구가 없다면 리더는 관계하지는 않는다. 하급자들은 그들이 회사의 정책을 어기지 않는 한 그들이 원하는 모든 자유는 허락된다. 즉, 자유방임적 리더는 부하의 업무에 대해 그들이 결정하도록 완전히 위임하는 것이다.

02 X이론과 Y이론

전제적 리더와 참여적 리더는 사람을 보는 지각에서 근본적인 차이가 있다.

<그림 9-5>에서 요약된 것과 같이, 리더십 유형을 설명하는 X이론과 Y이론에 기초한다. Douglas McGregor는 사람에 관한 가설을 비판적으로 조사하여 차이점을 제시하였다. X이론과 Y이론은 경영에 인간관계에 기초를 둔 형태의 일부분이다.

그림9-5 | **X이론과 Y이론**

Douglas McGregor에 의하면, 리더 접근법은 인간성에 관한 지도자의 가정에 의해 영향을 받는다. 관리자는 노동자에 관한 2가지 대조되는 가정을 만든다.

X이론 가설: X이론을 믿고 인정하는 관리자
1. 대부분의 인간은 일을 싫어하고, 가능하다면 그것을 회피하려고 한다.
2. 일을 싫어하는 인간의 특성 때문에, 대부분의 사람들은 조직목표의 달성을 위하여 노력하도록 강제되고, 통제되고, 지휘되고, 또 위협되지 않으면 안 된다.
3. 일반적으로 종업원의 대부분은 지휘받기를 좋아하고, 책임을 회피하려 하고, 비교적 작은 야심을 가지고, 그리고 무엇보다도 안전에 높은 가치를 둔다.

Y이론 가설: Y이론을 믿고 인정하는 관리자는 아래의 내용을 전제로 하고 있다. 역시 중요한 것은, 이런 관리자들은 감독하는 사람들의 유형을 배우기 위한 상황을 진단한다.
1. 육체적·정신적인 일을 하는 것은 대부분의 인간을 위한 휴식이나 활동과 같이 자연스러운 것이다.
2. 그들은 헌신적으로 목적을 성취하기 위하여 자기 감독과 자기 통제를 연습할 것이다.
3. 목적의 위임은 그들의 업적과 언급된 보상에 관계되어 있다.
4. 인간은 적절한 조건하에서 책임을 수락할 뿐만 아니라, 책임을 추구해 나간다.
5. 많은 종업원들은 독창력 그리고 조직적 문제의 해결의 창조성, 상상력의 높은 정도를 시행하는 재능을 가지고 있다.
6. 산업근로자의 현재의 조건하에서, 보통 사람들의 지식을 요하는 것은 단지 부분적으로 이용된다.

자료: Adapted from Douglas McGregor, The Human Side of Enterprise(New York: McGraw-Hill, 1960), pp. 33~48.

03 리더십 그리드, 리더십 유형

리더십의 두 가지 중요한 범위에서 리더십 유형을 이해하기 위한 초점은 몇 가

● 그림9-6 I **Leadership Grid**

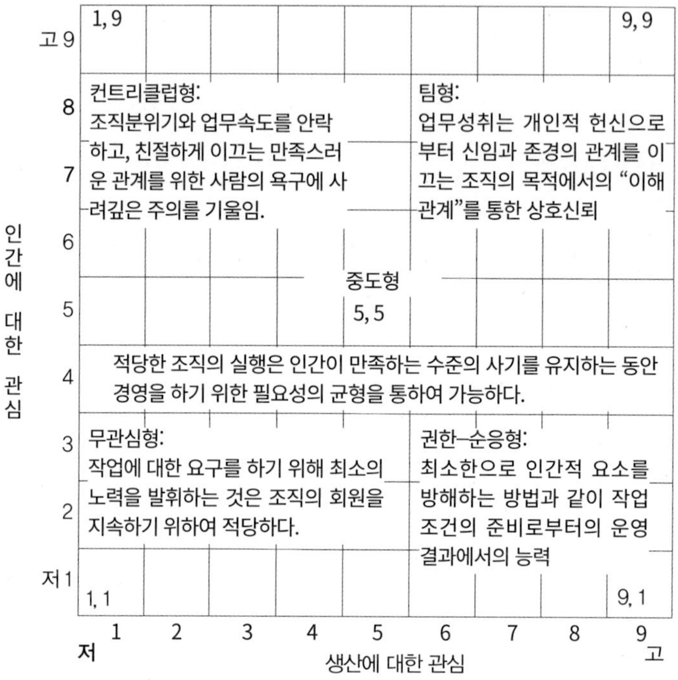

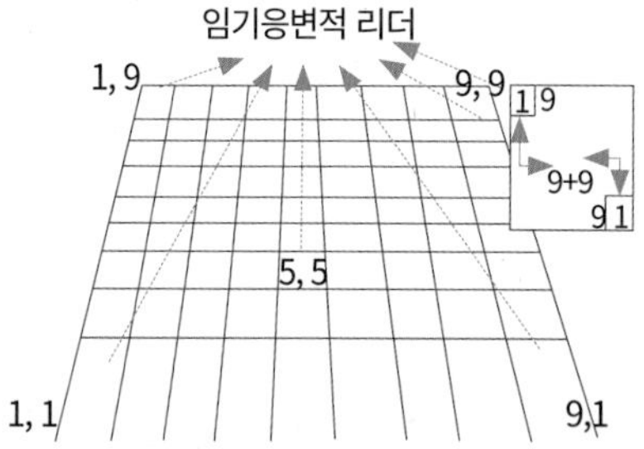

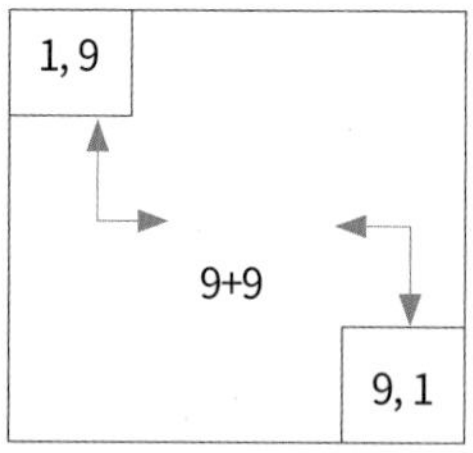

온정주의 리더

9, 1형과 1, 9형 양쪽 모두를 활용하지만 그 둘을 통합하지는 않는 유형의 리더이다. 행동은 우아하게 하지만 목표달성을 위해서는 엄격하고 단호하다.
충성과 순종의 대가로 인정과 보상을 주지만 순응하지 않으면 처벌이 주어진다.

임기응변적 리더

기본적인 다섯 가지 유형들을 조합하여 리더십을 발휘하는 유형을 의미한다.

자료: The Leadership Grid Ⓡ Figure, Paternalism Figure and Opportunism from Leadership Dilemmas-Grid Solutions, by Robert R. Blake and Anne Adams McCanse(Formerly the Managerial Grid by Robert R. Blake and Jane S. Mouton). Houston: Gulf Publishing Company, (Grid Figure: p. 29, Paternalism Figure: p. 30, Opportunism Figure: p. 31) Copyright 1991 by Scientific Metods, Inc. Reproduced by permission of the permission of the owners.

지로 접근할 수 있다. 이러한 접근법 중 가장 잘 알려진 것은 Leadership Grid이다. 이것은 생산(과업)과 인간(관계)을 다루는 것에 관계하는 지도자의 신념에 기초한다. <그림 9-6>과 같이, Grid 조건은 첫 번째 기록되어 있는 생산에 대한 관심과 그리고 두 번째 기록되어 있는 인간에 대한 관심을 1에서 9까지의 관심의 수준으로 표시하고 있다. Leadership Grid는 리더십 훈련의 포괄적인 프로그램과 조직적 계획의 한 부분이다.

생산에 대한 관심은 Grid의 수평축에 나타나 있다. 생산에 대한 관심은 결과, 기본선, 실행, 이익 그리고 사명을 의미한다. 인간에 대한 관심은 수직축에 나타나 있고, 이것은 하급자와 협력자의 관계를 포함한다. 관심과 리더십은 태도 또는 리더십에 관한 사고의 방식이다. Grid는 7가지 유형을 확인하고, 지도자의 접근은 Grid에서 81가지 지위의 상태가 된다.

Grid의 개발자는 팀 경영(9, 9)이 가치가 있다고 주장한다. 그들의 조사에 의하면, 팀 경영접근은 좋은 성과를 가져온다. 이것은 업무수행의 개선, 낮은 장기결석과 회전율, 그리고 높은 사기의 결과이다. 팀 경영은 좋은 결과를 가져오는 것을 돕는 신임과 존경에 의존한다.

04 상황적 리더십 모델

리더십 연구에서 한계가 인식됨에 따라서, 리더십 과정에서 작용하는 여러 조직체 상황을 연구하는 상황이론(situational theory)이 발표되었다. Paul Hersey와 Kenneth H. Blanchard의 상황적 리더십 모델은 팀 구성원의 준비성에 어떻게 리더십 유형을 조화시키는지를 설명한다.

(1) 기본모델

상황적 모델에서의 리더십은, 과업의 양과 리더의 관계행동에 관련하여 분류된다. 과업행동은 리더가 해석하는 개인적 또는 그룹의 의무와 책임의 범위이다. 관계행동은 두 가지 방법 또는 다중 방법의 의사소통에 리더를 종사시키는 범위를 말한다. 이것은 경청, 격려의 제공, 지도와 같은 활동을 포함한다. <그림 9-7>에서 보여주듯이, 상황적 모델의 위치는 과업의 결합과 4분면에서의 관계행동이다. 다른 리더십 유형을 위하여 각각 4분면이라고 부른다.

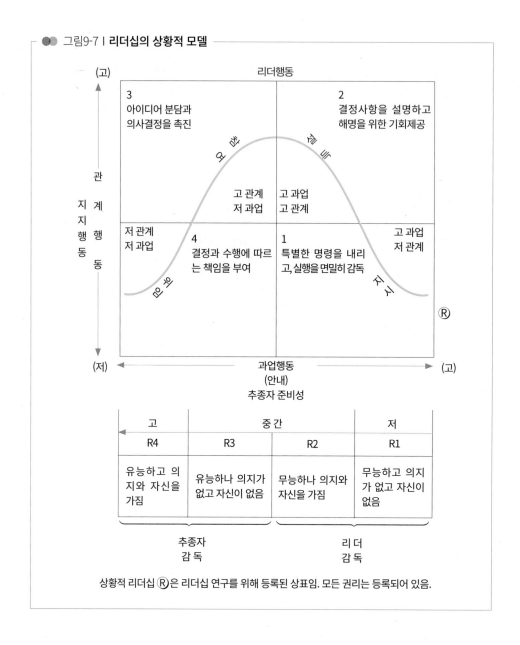

● 그림9-7 | **리더십의 상황적 모델**

	고	중 간		저
	R4	R3	R2	R1
	유능하고 의지와 자신을 가짐	유능하나 의지가 없고 자신이 없음	무능하나 의지와 자신을 가짐	무능하고 의지가 없고 자신이 없음

추종자   리더
감독   감독

상황적 리더십 ⑧은 리더십 연구를 위해 등록된 상표임. 모든 권리는 등록되어 있음.

상황적 리더십 모델은 팀 구성원에게 최선의 방법이 아니다. 가장 효과적인 리더십은 팀 구성원의 준비성의 수준에 의존한다. 상황적 리더십에서의 준비성은, 팀 구성원이 능력과 자발심 또는 특수한 과업을 성취하기 위한 신뢰를 가지고 있는 정도로서 정의를 내렸다. 그러므로 준비성의 개념은 특질, 특성 또는 동기이며 이것은 특수한 과업에 관계한다.

준비성은 두 가지로 구성되는데, 능력과 자발심이다. 능력은 지식, 경험, 그리고 특별한 과업이나 활동을 다루는 개인적 또는 그룹의 기술이다. 자발성은 개인 또는 그룹이 가지고 있는 신임, 위임 그리고 특수한 과업을 성취하기 위한 동기부여의 정도이다.

상황적 리더십 이론의 중요점은 팀 구성원의 준비성 증가, 리더가 관계행동에 의존하고 과업행동에 보다 적게 의존하는 것을 말한다. 팀 구성원들이 매우 능숙할 때, 과업의 한도 또는 관계행동은 리더에게 필수적인 것이다. 주의는 준비성 조건 R4에서처럼(<그림 9-7>에서 제시된 바와 같이), 팀 구성원은 스스로 하거나 자신 있게 할 수 있다. 그러므로 관리자는 리더십 유형(4분면)을 대표하여 사용한다. 실행과 결정을 위한 책임을 다하고 있다.

(2) 상황적 모델의 평가

상황적 모델은 팀 구성원의 관계에서 리더십 행동에 관한 사고의 일치를 의미한다. 즉, 유능한 사람은 그렇지 않은 사람보다 그다지 특별한 명령을 요구받지 않는다. 또한 상황적 모델은 평범한 감각을 지지하고 그 결과 감정에 호소한다.

이 모델은 정확한 지침과 범주를 나타낸다. 즉 부하들의 성숙수준에 맞추어서 이에 적합한 리더십 행동을 적용함으로써 부하들이 성숙한 개인으로 그들의 자아실현욕구를 충족시킬 수 있는 동시에, 개인과 조직체의 통합이 이루어져서 팀 구성원의 만족감은 물론 조직의 성과도 극대화시킬 수 있다. 그러나 실제로는, 리더십 상황은 4분면이 나타내고 있는 것보다는 불분명한 것들이 많이 있다.

⫶ SECTION 05 의사소통

01 의사소통의 정의

의사소통(communication)은 한 사람에게서 다른 사람에게로 정보를 이전하고 이해시키는 과정이다. 즉, 의사소통은 의미(meaning)의 이전과 이해를 뜻하는 과정이다. 특히 어떤 사람이 한 사람과 정면으로 마주보고 의사소통을 하든지, 아니면 집단과 의사소통을 하든지 둘 또는 그 이상의 사람들이 포함되는 사회적 과정이다. 이때 의미란 의사소통을 시도하는 사람이 전하기를 바라는 의견을 말한다.

이와 같은 의사소통이 완전하게 이루어진다는 것은 전달된 의견이나 아이디어가 송신자(전달자)가 의도한 것처럼 정확하게 수신자(피전달자)에 의해 인식되는 것을 의미한다. 문제는 보낸 메시지와 받은 메시지가 동일하지 않을 때 발생한다. 따라서 효과적 의사소통이란 받은 메시지가 당초에 의도했던 메시지와 가능한 한 가까운 내용으로 메시지를 보내는 과정이다. 그러나 흔히 훌륭한 의사소통을 이해의 명료성 대신에 그 의미에 동의하는 것으로 잘못 정의하는 경우에도 문제가 발생한다. 이와 같은 이유로 효과적 의사소통이 되더라도 조직 내에 갈등이 오랫동안 지속되는 경우가 나타난다.

02 의사소통과정의 단계

<그림 9-8>은 의사소통과정의 복잡성을 나타낸다. 이 그림은 메시지를 주고받는 방향이 일정하지 않은 과정을 간단히 나타낸 것이다. 이 모델이 의미하는 것은 주요 단계를 포함하는 양 방향 의사소통이며, 각 단계는 방해와 잡음에 의해 의사소통이 왜곡될 수 있다는 점이다. 네 가지 단계는 기호화, 경로선택, 해독 그리고 환류이다.

(1) 메시지의 기호화

기호화는 수신자와 의사소통을 위해 디자인된 단어와 몸짓과 같은 부호의 시리즈를 조직하는 과정이다. 단어선택은 의사소통의 효과성에 상당한 영향을 준다. 보

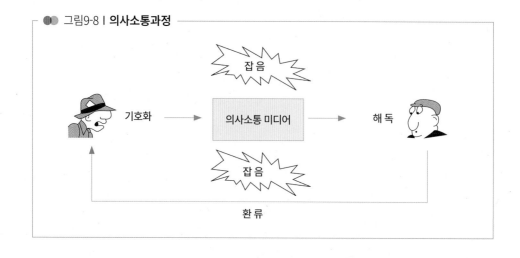

그림9-8 I **의사소통과정**

다 나은 언어를 선택한 사람은 그것들을 기호화하기가 용이하다. 만약 단어의 선택이나 다른 기호의 선택이 적절하다면, 의사소통은 원활하게 진행될 것이다.

의사소통과정은 한 사람(발신자)이 어떤 사람(수신자)에게 사실, 견해, 의견 또는 기타 정보와 같이 전달하고자 하는 메시지가 존재할 때 시작된다. 이러한 사실, 견해 또는 의견은 송신자에게 의미를 갖고 있으며, 그 의미는 단순하고 구체적이거나 아니면 복잡하고 추상적인 것일 수도 있다.

(2) 경로(매체) 선택

기호화가 이루어진 메시지는 적합한 경로 또는 매체를 통해 전달되어야 한다. 조직에서 사용하는 공통적인 경로는 1 대 1 대화, 회의, 메모, 편지, 컴퓨터 보고 및 네트워크, 전화, 사진, 청사진, 출판물 등이 사용되고 있는데 그 중에서 메시지를 보내고자 하는 송신자에 의해 경로가 선택된다. 외부조직과의 의사소통은 뉴스제공, 기자회견, 인쇄매체와 전파매체를 통한 광고와 같이 폭넓은 의사소통 경로를 사용할 수 있다.

(3) 메시지 해독

의사소통 경로를 통해 전달된 메시지가 수신자에 의해 이해되지 않는다면 당초 목적을 성취할 수 없을 것이다. 즉 전달된 메시지는 수신자가 이해할 수 있는 형태로 변화되는 해독과정을 거쳐야 한다. 이 과정은 메시지가 수신자에게 의미를 갖는 형태로 다시 해독되는 과정이다. 물론 해독과정도 기호화와 마찬가지로 수신자의 기능, 태도, 지식 그리고 사회·문화시스템에 의해 제한을 받는다.

(4) 환류

의사소통과정에서 최종연결은 환류라는 고리이다. 환류는 수신자가 전달받는 메시지를 송신자에게 돌려보내고 이해가 성취되었는지의 여부를 확인하는 과정이다. 환류가 없을 경우 송신자는 자신들이 의미가 정확히 이해되었는지를 알 방법이 없다. 환류를 통해 알게 된 이해의 정도는 다음 의사소통의 형태와 내용 모두에 영향을 미친다.

03 대인적 의사소통의 형태

(1) 구두의사소통

가장 흔한 의사소통 형태는 구두의사소통으로 언어로 메시지를 전달하는 방법이다. 예를 들면, 공식적인 1 대 1 및 집단토의, 비공식적 토의 그리고 헛소문 또는 유언비어 등을 말한다.

(2) 서면의사소통

서면의사소통은 쓰여진 단어나 기호를 전달하는 것으로 메모, 서신, 정기간행물 그리고 게시판 등이 사용된다. 이와 같은 서면의사소통은 영구적·유형적·논리적이며, 증명할 수 있다는 이점을 갖고 있다. 따라서 복잡하거나 긴 의사소통의 경우 효과적으로 사용할 수 있는 중요한 의사소통 형태가 된다.

(3) 비구두의사소통

단어 없이 이루어지는 비구두의사소통은 사이렌, 적색 신호등, 사무실과 책상의 크기, 승용차 등이 그 예이다. 이와는 달리 가장 잘 알려진 비구두의사소통은 신체언어와 구두 억양이다. 먼저 신체언어란 몸짓, 얼굴 표정 그리고 기타 신체의 움직임을 말하며 공격, 두려움, 부끄러움, 짜증, 기쁨과 성냄과 같은 감정이나 기질을 전달하는 데 유용하게 사용되고 있다. 구두 억양은 메시지의 의미를 바꿀 수 있는 단어나 문구에 강조를 하는 방법이다.

(4) 전자매체

오늘날 의사소통은 전화나 확성장치와 같은 통상적 매체에 덧붙여 폐쇄회로 TV, 음성인식 컴퓨터, Fax, 멀티미디어, 소프트웨어 등 수많은 전자장치들이 사용되고 있다. 이들은 보다 효과적인 의사소통을 위해 연설이나 서면과 결합하여 사용되고 있다. 그 중에서도 함께 연결된 컴퓨터로 서면메시지를 즉각 전송시키는 전자우편이 가장 급속하게 성장하고 있다. 이와 같은 전자매체의 장점과 단점은 일반적으로 서면의사소통과 같다.

04 조직적 의사소통의 형태

(1) 수직적 의사소통

통상 공식적 보고라인을 따라 조직의 상하로 흐르는 의사소통이다. 즉, 조직에서 어떤 사람과 그 사람의 윗사람 또는 그 사람과 아랫사람 간에 이루어지는 의사소통으로 단 두 사람 사이에서 이루어질 수도 있고, 다양한 조직계층을 통해서 이루어질 수도 있다. 이와 같은 수직적 의사소통은 통상 상향적 의사소통과 하향적 의사소통 등 양방향(two-way)으로 이루어질 수 있고, 또 그렇게 되어야 효과적인 의사소통이 가능하다.

먼저 부하로부터 상사에게로 이루어지는 상향적 의사소통(bottom-up communication)은 하위관리자층의 요청이나 중요한 정보, 상위관리자층의 요구에 대한 응답, 제안, 불평, 그리고 재무정보 등이 전달된다. 상향적 의사소통은 부하들이 자신에게 불리한 정보를 왜곡시키거나 억제함으로써 하향적 의사소통보다 왜곡될 가능성이 크다. 이와는 달리 하향적 의사소통(downward communication)은 상사로부터 부하에게로 이루어지는 의사소통이다. 이 의사소통의 형태는 과제 수행방법 지시, 책임부여, 업적피드백 그리고 중요하다고 생각하는 일반적 정보 등이 주로 전달된다.

(2) 수평적 의사소통

조직에서 동일 계층에 있는 동료들 간에 이루어지는 의사소통으로 다양하고 상이한 조직단위 사람들 간에 이루어진다. 이 의사소통은 부서간 조정을 촉진시키고, 연합된 문제를 해결하기 위해서도 사용된다. 특히 수평적 의사소통은 다양한 부서에서 차출하여 구성한 작업팀에서 중요한 역할을 하게 된다.

(3) 의사소통 네트워크

집단구성원들이 의사소통하는 형태이다. 집단역학을 연구한 학자들에 따르면 3~5명으로 구성된 집단에서 다양한 의사소통 네트워크를 제시하였는데, 바퀴(wheel)형, 체인(chain)형, 원(circle)형, 전방위(all channel)형 등 다섯 가지 형태로 분류하고 있다.

(4) 비밀정보망

비밀정보망은 전체조직에 고루 퍼질 수 있는 비공식적 의사소통 네트워크이다.

이 형태는 공식적 권한과 의사소통 경로를 따르지 않는 것으로 가십체인(gossip chain)과 군집체인(cluster chain) 등 두 가지 유형이 일반적이다. 가십체인은 한 사람이 많은 사람들에게 메시지를 전파하는 형태이고, 군집체인은 한 사람이 선택된 소수의 사람들에게 정보를 전달하는 의사소통 형태이다.

05 의사소통의 장애들

한 사람으로부터 다른 사람에게 전달되는 메시지는 좀처럼 의도된 것처럼 정확하게 수용되지 않는다. 장애들은 의사소통과정의 모든 단계에 존재한다. <그림 9-9>는 의사소통의 장애들이 어떻게 메시지의 수용에 영향을 미치는지 보여준다. 입력은 전달자에 의해 보내지는 메시지이다. 대개, 메시지는 말이나 글이다. 그러나 이것은 말을 필요로 하지 않게 될 것이다. 의사소통의 장애들, 또는 소음은 작업처리량(through-put), 입력과정으로 보여진다. 소음은 메시지의 정확성을 방해하기 때문에 항상 효과적인 의사소통의 잠재적인 위협이다. 장애들은 수용자, 전달자 또는 환경에 관련될 것이다. 이 모델의 결과는 수용된 메시지이다.

(1) 낮은 동기부여와 관심

메시지를 얻는 수용자가 동기부여되지 않거나, 메시지를 받는 데 관심이 없다면 의사소통이 제대로 이루어질 수 없다. 전달자에 대한 이의는 수용자의 필요와 관

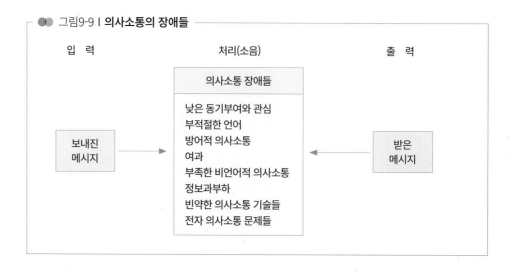

●● 그림9-9 I **의사소통의 장애들**

심에 호소하는 그런 방법에서 메시지를 만드는 것이다. 이 원리는 직업캠페인을 관리하는 데 적용시킬 수 있다. 메시지를 보낼 때, 구직자는 예상되는 고용주의 요구를 강조할 것이다. 정확한 시간에 보내지는 메시지는 동기와 관심에 호소하는 것이다. 메시지는 수신자가 가장 호의적으로 메시지를 받고자 할 때 보내면 효과가 있다.

(2) 부적절한 언어

메시지를 구축하는 데 사용되는 언어는 계획된 수용자들에게 적당해야 한다. 언어는 이유의 주최 때문에 부적절하게 될 수 있다. 연구배경에서 특히 중요한 두 가지 요소들은 의미론과 불평의 수준이다.

의미론은 언어형태들에 대한 연구이다. 메시지 전달자는 어떤 확실한 용어가 수용자들에게 의미를 전달할 수 있는가에 관심을 기울일 것이다. 좋은 예는 productive 라는 용어이다. 의사소통 장애가 일어나는 것을 예방하기 위해, 당신은 이 용어를 뚜렷하게 설명해야 한다. 관리자가 팀 구성원들에게 "우리 부서는 보다 생산적이어야 한다"라고 말하면, 대부분의 종업원들은 '보다 능률적인'과 같은 의미로서 용어를 해석할 것이다. 그러나 몇몇 종업원들은 '같은 급료비율에서 보다 열심히 하는, 보다 오랫동안 하는 일'과 같이 해석할 것이다. 이 후자의 종업원들은 메시지에 반대할 것이다.

(3) 방어적 의사소통

중요한 일반적 의사소통 장애는 방어적 의사소통—자아평가를 지키는 방법으로 메시지를 받는 경향—이다. 방어적 의사소통은 또한 그들 자신들을 유망하게 만드는 메시지를 보내는 사람들에 대해 책임을 져야 한다. 사람들은 부정의 과정을 통해 방어적으로 의사소통한다. 정보의 억제는 불편하게 되는 것을 발견한 것이다. 조직에 보내지는 많은 메시지들은 잠재적으로 불안하기 때문에 이것은 의사소통의 주된 장애로서 취급된다. 불안을 자극하는 메시지가 보내질 때, 때때로 단지 부인되는 부분이다.

(4) 여과

수용자에게 보다 만족스럽게 만드는 정보를 채색하고 바꾸는 것이다. 관리자가

들기를 원하는 것은 여과의 한 부분이다. 이것은 방어적 의사소통의 다른 변화이다.

(5) 불충분한 비언어적 의사소통

효과적인 의사소통자들은 언어적 그리고 비언어적 의사소통 양쪽 모두에 의지한다. 만약 언어적 의사소통이 비언어적 의사소통에 의해 충분하지 않다면, 메시지들은 설명된 다음 상황과 같이 설득력 있지 않을 것이다.

(6) 정보과부하

정보과부하, 또는 의사소통 과부하는 너무 많은 정보를 개인적으로 받을 때 일어난다. 결과적으로, 사람은 새로운 메시지를 받고 정보를 처리하는 데 있어 서투르다. 많은 관리자들이 전격적인 메모, 보고, 광고 그리고 그들이 받은 전화들 때문에 정보과부하로 상처 입는다. 많은 관리자들은 정보과부하를 예방하는 데 노력하고 있다. 그들은 각각의 리포트가 간단한 요약을 동반한다.

작업장에서 정보과부하 처리를 극복하기 위해서는 관련된 정보와 덜 관련된 정보 사이를 구별하는 것이다.

(7) 불충분한 의사소통 기술들

메시지는 전달자가 효과적인 의사소통 기술이 부족하기 때문에 메시지 전달에 실패할 수 있다. 전달자는 수용자가 이것을 이해할 수 없다면 쓰거나 말하는 메시지를 왜곡할 것이며, 또한 전달자는 불충분한 메시지를 전달할 것이다. 의사소통 장애들은 수용자 내의 부족으로부터 초래될 수 있다. 일반적 장애는 서투른 경청자인 수용자이다.

(8) 전자 의사소통 문제들

사무실 내에서의 새로운 기술은 다양한 의사소통 장애를 만들어 낸다. 전자메일과 관련된 문제들은 이 장애들을 발생시키는 예이다. 전자우편과 관련된 하나의 의사소통 장애는 비인격성이다. 모든 프린트된 서류와 마찬가지로, 전자메시지는 말로 하는 메시지보다 더 정확할 수 있다.

관리자는 미소를 지을 수 있고 머리 끄덕임을 통해 찬성을 표현할 수 있다. 이 메시지들은 컴퓨터 스크린을 통해 의사소통하기는 어렵다. 게다가 전자우편은 복잡하거나 민감한 메시지들보다 오히려 일상적인 것을 의사소통하기에 적당하다.

06 효과적인 의사소통을 위한 10가지 수칙

만약 관리자가 이와 같은 의사소통을 위한 10가지 수칙을 의사소통과정의 기본적인 이해와 함께 실무에 적용할 수 있다면 효과적인 대인간의 의사소통을 위한 기반구축에 도움이 될 것이다.

① 의사소통을 하기 전에 무슨 말을 전달할 것인가?

② 의사소통의 참된 목적이 무엇인가를 검토하라. 그 의사소통을 통해서 무엇을 달성하고 싶은지를 자문해 보라.

③ 전체적인 물적·인적 여건을 모두 감안하라.

④ 의사소통의 계획단계에서 다른 사람들과 상의하라.

⑤ 메시지의 기본적 내용에 유의하고 또 지나친 표현을 삼가라.

⑥ 수신자에게 도움이 되고 가치가 있는 것을 전달하려고 노력하라.

⑦ 의사소통의 결과를 점검하라. 전달내용이 잘 전달되었는가에 대한 피드백을 얻으려고 노력해야 한다.

⑧ 오늘을 위해서는 물론이고 내일을 위해서 의사소통하라.

⑨ 자신의 행동이 자신의 말을 뒷받침하도록 하라.

⑩ 적극적인 경청자가 되어라.

⋮ SECTION 06 지배구조의 개념과 중요성

기업의 전략을 수립하고 실행하는 것은 경영자의 중요한 역할 중 하나이다. 경영자는 이러한 역할을 제대로 수행하기 위해 기업을 이끌어 갈 비전과 역량을 지녀야 할 뿐만 아니라 주주 등 이해관계자에 대한 책임을 다하는 건전한 기업가로서 자질도 갖추어야 한다.[1]

일부 경영자들은 사회적 책임을 다하지 못하고, 많은 비난을 받고 있으며 일부

---

1) 조동성, 「21세기를 위한 전략경영」, 서울경제경영, 1999, pp.558-587.

경영자들은 바람직하지 못한 사업에 참여하고 신기술 개발이나 경쟁 위협에 효과적으로 대처하지 못하는 등 이해관계에 대한 경영자로서의 책임을 충실히 이행하지 못하고 있다.

무한경쟁 시대에서 경쟁우위를 확보하는 방법 중의 하나는 시장에서 경쟁력을 유지하는 것이다. 여기서 말하는 시장은 제품시장에만 국한되지 않고 자본시장, 노동시장, 그리고 전략적 제휴를 통한 공급자 네트워크에 참여 등을 모두 포함하는 개념으로 장기적인 가치창조를 위해서는 이 모든 시장에서 다른 기업들과 경쟁해야 한다. 따라서 주주, 종업원, 경영진, 소비자, 기술 및 부품 공급업자 등을 모두 기업의 이해관계자로 인식하고 이들의 이익을 충족시켜 줄 수 있는 지배구조를 마련해야 할 필요성이 그 어느 때보다도 부각되고 있다.

01 지배구조의 개념과 의의

일반적으로 지배구조는 기업의 성장과 가치창조를 위해 다양한 이해관계자들과 기업 간에 이루어진 명시적, 묵시적 계약관계를 규정하고 관리하는 메커니즘을 의미한다. 즉 기업자원의 분배권에 관한 이해관계자들(주주, 채권자, 종업원, 부품공급자, 소비자 등)의 권한을 설명하는 계약관계가 바로 지배구조이다. 이러한 측면에서 기업행태를 설명하는 이론을 대리이론(Agency Theory)이라고 한다.

지배구조는 국가마다 발전 양상이 다르지만, 일본·독일 기업의 지배구조는 경영진 및 종업원의 이해를 주주의 그것과 동일시하거나 오히려 우선시 하는 등 다양한 이해관계자의 이익을 모두 고려하는 이해관계자 자본주의의 특징이고, 미국과 영국의 지배구조는 주주가치의 극대화를 중점 목표로 하고 있으며 이러한 의미에서 주주 자본주의의 특징을 지니고 있다. 경제학에서는 기업이론이 시장이론이며, 기업이란 투입과 산출의 한계조건을 충족시키기 위하여 운영되는 '블랙박스'이고, 기업의 목적은 이익의 극대화 또는 기업가치의 극대화인데 이는 개개의 시장 참여자들의 갈등관계를 무시하고 있다. 따라서, 이러한 이익 및 가치의 극대화는 조직의 경영관리적 행태를 잘 설명할 수 없다.

기업이론에 대한 연구는 Coase, Alchian, Demsetz, Furvbotn 및 Pejovich(1972) 등에 의해 이루어졌다. 이 들의 주요 연구 초점은 개개인의 권리 규정이 조직참여자들 간에 비용과 보상이 어떻게 배분되는가를 결정하는 것을 다루는 소유권문제에 초점을 맞추고 있다. 일반적으로 권리의 규정은 계약에 의해 영향을 받기 때문에 경영자의 행동을 포함한 개인의 행동은 계약의 성격에 따라 좌우된다.

오늘날의 기업의 조직형태는 소유(위험부담)기능과 경영기능이 분리된 주식회사가 일반적이다. 이러한 주장은 기업조직의 역사적 진화과정관점에서 소유와 경영의 분리를 기업규모의 확장 및 업무형태의 복잡화와 관련시키는 기업 발전론적 소유구조이론에서 잘 나타나고 있다. 이러한 측면에서는 기업의 소유구조 및 조직형태는 기업이 직면하는 내·외 환경변화에 따라 생산과정에서 발생하는 제 비용을 가장 효율적으로 통제할 수 있도록 결정된다고 보고 있다.

Berle와 Means(1932)[2]의 소유―지배분리가설에 의하면, 기업성장을 위한 주식소유의 분산은 기업지배권이 주주들로부터 멀어지게 하고 있으며 그 결과로 현대의 기업은 점점 경영자지배 기업(management control firm)형태의 기업수가 증대된다는 수렴이론(convergence theory)으로서 오늘날에도 이에 대한 실증연구가 계속 이루어지고 있다.

Chandler(1977)[3]는 자본과 금융, 기업규모, 기술의 복잡성 그리고 시장에서의 경쟁정도 등이 기업성장에 따른 전문경영구조의 발전과정에서 소유와 지배의 분리를 더욱 심화시키고 있다고 보고 있다. 이처럼 소유와 지배기능이 분리되고 있는 주식회사는 경영지배권이 주주들로부터 분리될 수 있기 때문에 주주와 경영자 사이에 발생하는 이해관계 및 갈등을 효율적으로 통제하는 데 어려움이 존재하게 된다. 이와 같은 이해상충의 문제는 실제로 기업의 이해관계인의 조정 및 합의를 통해 이루어지지만 발전론적 기업이론에서는 이러한 기업의 의사결정을 분석하는 데 한계가 없지 않다. 이러한 측면에서 기업을 기업의 이해관계인의 명시적·묵시적 계약관계로 파악하여 이해관계의 균형에 의해 이루어진다는 대리이론은 기업소유구조이론 또는 지배이론에 새로운 분석틀을 제시하고 있다.

기업은 구성원 개개인들이 자신의 이익 추구를 위하여 행동하는 팀이지만 타 기업과의 경쟁에서 조직의 생존여하에 따라 자신의 운명이 결정됨을 알고 있다. 따라서, 경영과 위험 부담은 기업(구성원들 간의 계약집합) 내에서 추구하는 목적에 따라 경영과 소유를 자연스럽게 분리하는 요인이다.

따라서, 기업은 계약집합 내에서 경영과 위험부담 역할을 의미하며, 경영은 특별한 역할(의사결정)을 가진 일종의 노동형태이다. 위험부담 역할은 기업이 모든 생산요소를 임차하며 기초의 임차계약은 기말의 성과(payoff)에 대한 협상으로 이루어진다.

---

2) Berle, A. A. & Means, G., The Modern Corporation and Private Property, The Macmillan Co., New York, (1932).

3) Chandler, A. D. The Visible Hand, Harvard University Press, Cambridge, Massachusettes, (1977).

02 지배구조의 중요성

국제 자본시장, 상품시장, 전문 인력시장, 기술시장 등에 참여하는 세계화된 기업들은 기업 지배구조의 국제적 정합성을 확보해야 할 필요성에 직면하고 있다. 우리나라 정부는 정부의 감시는 기업의 신축적인 경영과 경쟁력 발휘를 저해하는 역기능적 역할만 계속하고 있다. 따라서 기업의 내부 지배구조, 즉 자율적인 경영감시 및 조기 경보 체제 확립의 외부 자본 시장의 정보전달 및 규율 기능 도입 등이 정부의 경영개입을 최소화시키기 위해서도 절실히 필요하다.

기업의 지배구조의 확립은 기업규모가 커짐에 따라 그 중요성이 더 한층 부각되고 있다. 과거 창업자 또는 대주주경영자에 의한 강력한 경영권 행사는 자본축적이 빈번한 상황에서 모험적인 기업가 정신을 발휘하여 경영의 불확실성을 극복하고 대규모 투자를 추진하는 원동력이 되었다. 그러나 창업자나 1인 대주주가 대기업 경영의 전권을 행사할 경우 인간으로서의 한계 때문에 경영실패의 가능성이 높아진다. 특히 전략적 오류를 조기에 시정할 수 있는 다양하고 객관적인 견해의 표출과 의견수렴 장치를 갖추지 않은 지배구조는 기업의 생존 가능성마저 저하시킨다.

SECTION 07 지배구조의 유형 및 기능

경영자의 의사결정과 행위 등을 통제하는 기업 지배구조는 크게 내부 지배구조와 외부 지배구조로 분류되어 생각해 볼 수가 있다.

01 내부 지배구조에 의한 통제

(1) 기본적 기능

기업 내부 지배구조는 기업조직의 일부로서 주주의 이익을 보호하고 기업의 성공적인 성과 창출을 위해 경영에 대한 견제와 균형의 역할을 수행한다. 기업의 내부 지배구조에는 주주총회, 내부감사, 경영자 보상, 종업원에 의한 감시 등이 있으나, 주로 기존 사업 및 신규투자에 대한 전략적 의사결정과 감시기능을 수행하는 이사회와 경영자 보상시스템이 대표적이라 할 수 있다.

(2) 내부지배구조의 구성 및 특성

내부지배구조는 기업의 전략적 오류를 미연에 방지할 수 있어야 할 뿐만 아니라 오류를 범했을 때 이를 조기에 발견하고 시정할 수 있어야 한다.

표9-1 | 내부 지배구조의 구성

구성요소	개념 및 특징
단일 이사제	• 하나의 이사회에 업무집행을 담당하는 상근 이사와 감독기능을 수행하는 비상근 이사가 동시에 존재 • 미국에서 주로 활용
이원화된 이사제	• 전문경영자들로 구성된 경영 이사회와 감독기능을 수행하는 감독 이사회로 구성 • 독일에서 주로 활용
주주총회	• 기관투자가의 경영참여 • 소액주주의 경영참여
최고경영자 보상	• 경영자의 자기감시(self-monitoring) 기능 수행 • 적절한 보상을 통한 주주, 경영자의 이해관계 상충 문제
감사제도	• 미국의 경우 내부감사 외에 비상근 이사로 구성된 감사위원회가 감사기능을 수행 • 독일의 경우 감독이사회가 감사기능 수행 • 우리나라의 경우 감사는 이사회가 승인한 재무제표와 이사의 업무집행 감사

❶ 단일 이사제

최고 의사결정 기구로서 하나의 이사회를 두고 여기에 업무집행을 담당하는 상근 이사와 경영을 담당하지 않으면서 경영전략에 관한 객관적인 의견제시와 경영진에 대한 감독 기능을 수행하는 비상근 이사가 동시에 참여하는 제도이다.

비상근 이사들은 경영진이 획일적이거나 관성적인 사고에 젖어들기 쉬운 점을 보완하고 객관적이고 다양한 견해를 제시함으로써 의사결정의 오류를 방지할 수 있다. 특히 특정 분야에 전문성을 부여할 수가 있다. 이외에도 경영성과에 대한 독립적인 평가를 통해 경영진에 대한 보상을 결정하고 견제하는 역할을 하며, 이사회를 강화하고 그 위상을 높이는 데 기여하지만, 대주주가 최고경영자일 경우에는 그의 압도적 리더십 때문에 이사회에서 다양한 견해가 표출되기는 어려우며 이사회의 경영감독 기능도 기대하기가 어렵다.

일반적으로 기업규모가 작을 경우에는 창업자이자 대주주가 절대적인 경영권을 가지고 자신의 리더십으로 기업을 경영하여 성공적인 성과를 얻는 것이 용이하다.

그러나 기업이 대형화되고 복잡할수록 이사회에 비상근 이사를 두고 이사회 의장과 최고경영자를 분리하는 내부 지배구조를 구축하는 것이 과거의 성공을 지속하는 데 보다 유리하다.

한편, 비상근 이사가 이사회에 참여할 때 발생 가능한 잠재적 문제점들로는 의사결정의 지연과 경영자들의 기업가적 동기의 저해, 기업기밀의 유출 위험 등이 있다.

❷ 이원화된 이사제

경영이사회와 감독이사회로 구성된다. 전문 경영자들로 이루어진 경영이사회는 경영업무를 담당하면서 기업의 이해관계자들에게 경영진의 행동을 설명하고 중요한 새로운 전략에 대한 지원을 확보하는 역할이다. 반면, 감독이사회는 기업 이해관계자들을 규합하여 감독 기능을 수행하게 된다.

이사회가 독일에서처럼 이원화되어 있지 않는 경우라도 기업 스스로 이와 유사한 지배구조를 형성하여 운영하고 있는 사례는 많다. 하나는 최고경영자 1인만을 상근 이사로 하고 나머지는 모두 비상근 이사로 하여 단일 이사회를 구성하는 방법이며, 다른 하나는 이사회와는 별도로 자문위원회 성격의 기구를 구성하는 방법이다. 우리나라의 경우 상법체계하에서 업무집행권을 갖는 대표이사는 이사 중에서 선임되어야 하지만 그 밖의 이사들은 비상근으로 함으로써 경영진과 이사회를 실질적으로 분리하고 있다.

이원화된 이사회는 다음과 같은 두 가지 점에서 단일 이사회보다 효율적이다.

첫째, 단일 이사회는 한 이사회 내에서 일부는 경영을 맡고 일부는 이들을 감독하는 형태를 취하는데, 이러한 방식으로는 확실한 감독기능을 수행하기 힘들다. 이에 비해 이원화된 이사회에서는 경영자와 감독자가 분리되어 각자의 역할을 보다 분명하게 수행할 수가 있다.

둘째, 단일 이사제는 기업과 특별한 이해관계가 없는 비상근 이사들로 구성된 감사위원회를 두어 비상근 이사의 수를 증가시킴으로써 상근 이사를 통제하는 데 반해, 이원화된 이사회에서는 기업의 이해관계자가 참여하여 감독기능을 수행할 수 있다는 점에서 보다 효율적이다.

한편, 최근 미국식의 단일 이사회 제도하에서도 비상근 이사들에게 주식옵션을 제공하거나 주식을 보유하도록 함으로써 기업 이해관계자와 같은 태도를 취하도록 할 수 있다.

❸ 이사제의 역할

이사회의 역할은 기업의 규모나 각국의 제도에 따라 다양하게 나타나고 있다. 먼저 기업의 특성과 관련해서 보면 다국적 기업의 이사회는 주로 전략수립 차원에서의 활동을 전개하며 경영업무의 수행보다는 경영진에 대한 감독을 주요 기능으로 간주하고 있다.

다음은 국가별 특징으로, 첫째, 경영진에 대한 감독은 독일의 경우 감독회의 또는 감독 이사회에 의해 이루어지며 미국이나 영국은 비상근 이사에 의한 상근 이사의 감독이라는 형식이다. 둘째, 이사들은 주주와 같은 외부의 이해관계자들을 대표하거나 종업원들을 대표하는 역할을 수행하기도 한다. 미국, 영국 등은 주주에 대한 책임이 강조되고, 독일, 스위스 등에서는 종업원에 대한 책임이 강조되고 있다. 셋째, 국제 네트워크의 형성을 위하여 외국인들을 이사회에 참여시키거나 또는 별도로 외국인들을 포함하는 자문회의를 구성하는 사례도 증가하고 있다.

한편, 단일 이사회를 채택하고 있는 국가들에서는 별도의 자문회의 또는 지역회의를 구성하고 영향력 있는 외국 인사들을 참여시킴으로써 국제 네트워크형성에 활용하고 있다.

❹ 주주총회: 기관투자가의 역할 증대

회사의 주인들로 구성된 주주총회를 통한 경영자 감시는 민주주의적 이상에 가장 부합하는 통제 메커니즘이다. 그러나 주주총회는 지금까지 효율적 감시기능을 수행하기보다는 의례적인 행사에 그쳐 왔다.

이처럼 주주총회가 통제기능을 수행하지 못한 이유는 첫째, 주주의 이해관계가 적다. 둘째, 지분이 작기 때문에 행동에 나서더라도 성공할 가능성이 낮다. 셋째, 주주는 충분한 정보를 구하기가 어렵고 정보를 소화할 능력도 부족하다는 것이다.

기관투자가들은 여러 기업의 주식을 다량보유하고 있으면서 특정기업의 경영전략이나 경영자의 행위 등에 대해 제약을 가하거나 새로운 방향을 제시함으로써 기업 지배체제로서의 중요한 역할을 담당하고 있다. 예컨대, 분산된 소유구조 하에서 경영자에 대한 소액주주의 감시기능은 실질적으로 제한될 수밖에 없다. 그러나 기관투자가들은 소액주주에 비해 정보의 수집 및 분석 능력이 우월하고 감시비용에 비해 획득 가능한 효익이 크므로 경영자의 사적 소비 등에서 비롯되는 대리인 비용을 낮춤으로써 기업성과를 제고시키는 기능을 수행한다.

❺ 최고경영자에 대한 보상

최고경영자에 대한 보상 문제는 기업의 전략, 조직 구성원의 행동 및 기업성과에 직접적인 영향을 미치기 때문에 인적자원관리에 있어 매우 중요한 요소이다.

최고경영자에 대한 보상 형태

① **기본급(Base Salaries)**: 기본급은 기업의 성과 정도에 관계없이 고정적으로 지급되는 것으로 기업성과가 나쁜 경우에도 최고경영자가 최소한의 기본적인 생활수준을 유지할 수 있도록 하기 위한 조치이다.

② **단기 상여금(Short-term incentive)**: 단기 상여금이란 성과 측정이 1년 또는 그 이하의 단위로 이루어지며, 따라서 상여도 이러한 측정기간에 맞춰 매년 단위로 지급된다. 주로 현금으로 주어지지만 일부는 주식으로 주어지기도 한다. 이러한 단기 상여금은 장기적 관점을 견지하기보다는 현재의 단기성과에 치중하도록 하는 단점을 지니고 있다.

③ **장기 상여금(Long-term incentive)**: 1년 이상의 장기성과를 평가하여 이를 기초로 상여금을 지급하는 방식이다. 지급방식에는 주가 시세 차익 향유 방식, 조건부 주식 상여 방법, 장기성과 기준 주식/현금 상여 방식 등이 있다.

④ **기타 수당**: 앞에서 설명한 세 가지 유형 외에 지급되는 또 다른 보상방식으로 차량 및 각종 회원권, 퇴직 후 대책마련, 부부동반 여행 등이 있다.

---

❻ 감사제도

우리나라 상법상 회사내부의 감사기관인 감사는 이사회가 승인한 재무제표와 이사업무집행을 감시하는 기능을 말한다. 이와 대조적으로 미국의 경우에는 내부감사도 독립적인 비상근 이사로 구성된 이사회 산하의 감사위원회가 감사기능을 수행하도록 하고 있다. 우리나라의 감사제도는 기본적으로 회계 및 업무집행의 감사를 그 목적으로 하고 여러 가지 가치창출을 위한 경영전략의 수집, 경영전략상의 오류 발견 등 보다 중요한 경영기능과는 거리가 있는 제도이다.

02 외부 지배구조에 의한 통제

(1) 자본시장에 의한 통제

초기에는 그다지 중요한 통제 수단이 되지 못했는데, M&A 시장의 활성화로 인해 성과가 좋지 못한 기업이나 지나치게 다각화된 기업들은 큰 위협을 받게 되었다. 이 같은 사실은 물론 M&A 시장이 경영자의 그릇된 행동이나 경영전략상 오류의 발생을 억제하고 감시하는 역할을 어느 정도 수행할 수 있게 되었다.

(2) 위임장 경쟁(Proxy Contest)

현 경영진에 반대하는 주주들이 이사회에 진출함으로써 기업 지배권을 인수하거나 또는 단순히 소수의 이사진을 확보함으로써 경영정책에 자신들의 의견을 반영시키기 위한 목적으로 사용된다.

(3) 금융기관에 의한 통제

금융기관은 내부 또는 외부 통제 메커니즘의 기능을 모두 수행한다. 즉 특정기업의 주식을 소유하면서 그 기업의 자금 공급원으로서의 역할을 하는 은행은 내부 통제 메커니즘으로서 기능을 수행하는 것이 되며 다만 주식 소유 없이 채권자로서 경영에 관여할 경우에는 외부 통제 메커니즘으로서의 기능을 수행하는 것이 된다.

(4) 외부 감사에 의한 통제

우리나라 주식회사 외부감사에 의한 법률에 의하면 총자산이 60억 원 이상인 주식회사는 감사에 의한 내부감사 외에도 회계전문가에 의한 외부감사를 받도록 되어있다. 외부감사를 통해 재무제표의 투명성 제고시키고 이를 통해 경영자의 행위를 감시할 수 있도록 하자는 의도이다.

03 내부지배구조의 운영

(1) 내부지배구조의 운영 목표

기업이 전략상의 오류를 범하지 않고 지속적으로 경쟁력을 유지할 수 있도록 하기 위해서는 지배구조의 운영목표를 '효율적인 의사결정 과정의 확립과 유지', '기업전략상의 방지', '인지된 오류의 즉각적인 시정'에 두어야 한다. 이를 위해서 이사회는 단순한 감시자로서보다는 중요한 자원배분에 관한 의사결정 팀의 일원으로서의 기능을 수행해야 한다.

(2) 내부지배구조의 패러다임

지배구조의 운영목표를 달성하고 경영실패를 제거하기 위한 지배구조 방식은 크게 두 가지로 구분된다.

●● 표9-2 | 지배구조 패러다임

구 분	형 태	특 징
지배구조 패러다임	관리기업형 패러다임	• 이사회의 역할이 고위 경영자의 임용, 감시, 해고에 국한 • 고위 경영자가 의사결정의 전권 보유
	지배기업형 패러다임	• 이사회가 자원배분과 의사결정과정에 적극 참여 • 주주 또한 경영정책에 대한 의견을 적극적으로 경영자에게 전달

(3) 지배구조의 효율성 유지 방안

지배구조의 근간을 이루는 이사회는 최소한의 법적 책임을 이행하는 데 만족해서는 안 되며 기업의 여타 조직과 마찬가지로 기업의 성공에 기여할 수 있어야 한다. 이를 위해서는 전문적 능력을 지닌 이사의 선임과 훈련, 토론 중심의 이사회 문화 정착, 충분한 인센티브의 제공이 필요하다.

❶ 외부이사의 자격요건 설정

외부이사 선임의 주목적은 이사회가 최고경영자로부터 독립성을 유지하도록 하고 경쟁 실패를 방지하기 위한 것이다. 따라서 유능하고 독립적인 외부이사를 선임할 수 있도록 외부이사가 될 수 있는 자격요건을 명시적으로 규정해 둘 필요가 있다.

❷ 이사의 훈련

이사가 그 임무를 효율적으로 수행할 수 있기 위해서는 훈련이 필요하다. 교육

내용은 일반적으로 다음과 같은 사항이 포함되어야 한다.

첫째, 이사로서의 임무수행을 위해서는 상법상의 지위 및 법적 책임과 기업 정관상의 이사회의 기능에 대한 이해가 필요하다.

① 회사의 사업과 장기목표의 규정 및 전략적 기회의 포착

② 회사가 우수한 인적 자원, 기술 및 조직을 확보하도록 감독

③ 회사의 문화적, 도덕적 기조의 설정

④ 최고경영자와 이사회 의장의 평가와 감독, 그리고 필요한 경우 이들의 경질

⑤ 경영자 승계가 적절히 이루어지도록 하기 위한 경영진 개발과정의 감독

둘째, 기업의 경영 현황 파악을 돕기 위해서는 회사의 역사, 조직, 상품, 경영성과, 전략, 기업문화, 인적자원 등에 관한 상세한 정보를 제공해야 한다. 이러한 정보는 쉽게 문서화되고 파악되기 어렵기 때문에 이사 자신이 경영자 및 종업원들을 접촉하고 시설을 시찰함으로써 필요한 지식을 습득하여야 한다.

셋째, 이사의 개인적 역할과 관련해서 그가 어떤 능력이나 전문성 때문에 이사로 선임되었으며 그에게 어떤 역할이 기대되고 있는가를 분명하게 인식하여야 한다.

❸ 이사회의 효율성 평가 방안 마련

이사회의 효율성을 높이는 방법으로 최근 자율적 평가 방식이 부각되고 있다. 이사회에 의해 고안되고, 실행되는 자율적 평가 방식은 이사회로 하여금 그들의 역할을 보다 정확히 파악할 수 있도록 할 뿐 아니라, 이사회의 노력과 성과를 높이는 유용한 수단이 된다.

일단, 이사회가 주어진 책임과 소임을 검토하여 과제의 우선순위를 정하게 되면, 경영자에게 요구한 정보가 분명해지고, 성공 경험을 벤치마크로 삼을 수 있다. 이사회의 효율성 평가시 일반적으로 고려할 수 있는 영역은 다음과 같다.

① 이사회 역할 규정과 의제 설정

② 이사회의 규모, 구성 및 독립성

③ 이사의 양성 및 능력 개발

④ 이사회의 리더십, 팀워크 및 경영자와의 관계

⑤ 이사회 모임과 정보

⑥ 이사 및 이사회에 대한 평가, 보상 및 소유권

⑦ 경영자에 대한 평가, 보상 및 소유권

⑧ 승계 플랜

⑨ 윤리 규범의 준수

⑩ 지지자

(4) 경영진과 주주간의 관계 설정

기업경영에 관한 다양한 견해들을 수렴하여 경영실패의 가능성을 최소화하기 위해서 이사회 및 경영자들이 주주들의 의견을 듣고 논의하는 것을 공식적인 정책으로 채택하고 협의과정을 조직화할 필요가 있다.

⦙ SECTION 08 바람직한 지배구조의 형성

01 우리나라 기업 경영에 주는 의미

(1) 계열기업간 주식 보유

우리나라의 상호 주식 보유는 법적으로 금지되어 있으나 기업집단 내의 법인출자를 한 간접적인 지분 보유 관계는 복잡하게 형성되어 있다. 우리나라의 법인출자를 통한 내부지분 보유는 일본이나 독일과 같이 경영권 독점에 대한 감시와 기회주의적 행위에 대한 견제 목적이기보다는 기업집단 지배주주의 경영권 보호 및 기업 확장 차원에 있다. 기업 집단의 소유 집중은 여러 가지 폐해를 갖고 있다. 첫째, 소유의 집중은 계열기업간의 내부거래를 증가시켜 불공정 거래 및 비율적인 거래를 조장할 수 있다. 개별 기업들 스스로 자율성 및 독립성을 가지고 경쟁적 거래를 추구할 수 있는 기업 지배구조상의 방편이 제한되기 때문이다. 둘째, 소유 집중 기업 집단의 투명성을 약화시킬 가능성이 높다. 그러나 보다 심각한 문제점은 지배주주 기업집단에 대한 경영권 독점을 견제할 수 있는 장치가 제 기능을 발휘하지 못하는 것이다.

우리나라 기업집단의 또 다른 특징은 상호 지급보증 관행이다. 상호 지급보증을 통하여 우리나라 기업집단들은 금융기관 대출을 통한 자금 조달을 극대화하였다.

이러한 상호 지급보증은 투자자금의 조달을 용이하게 하며, 특히 대규모 사업에 필요한 투자자금 조달에 있어서 금융비용을 절감할 수 있는 이점도 있다.

이러한 제반 문제점들을 제거하기 위해서는 공정거래법의 엄격한 적용과 사외이사제도의 도입, 기업지배권 시장의 활성화, 기업집단 전체의 연결재무제표 작성과 같은 제도적 장치를 마련해야 한다.

(2) 금융기관의 지분 보유 및 경영 참여

은행이 경영감시자로서 이러한 역할을 수행하려면 먼저 경영감시의 인센티브가 은행에 주어져야 한다. 그러기 위해서는 첫째, 은행경영의 자율성과 책임경영이 보장되어야 하며 둘째, 은행이 기업의 주주역할을 수행할 수 있어야 한다. 즉, 주주총회 등에서 기업 지배 메커니즘으로서의 기능을 충실히 수행해야 한다는 것이다. 그러나 은행의 경영감시가 제대로 이행되려면 은행의 경영도 주주에 의해 감시되어야만 한다.

02 바람직한 지배구조의 형성 방향

기업 지배구조의 궁극적인 목표는 기업의 여러 이해관계자들 간의 관계를 가치창조에 도움이 되도록 설정하고 유지하는 것이다. 기업지배 구조의 유형은 네 가지로 세분화될 수 있다.

첫째 유형은 주주 입장에서 기업 지배구조를 형성하고 있는 미국형으로서, 미국에서는 경영자와 주주간의 계약이 바로 지배구조이다.

둘째 유형은 유럽형으로서, 주주뿐만 아니라 여러 이해관계자들을 포함한 종합적 관점에서 지배구조를 형성하고 있다.

셋째 유형은 일본형으로서, 종업원 중심주의적 관점에서 지배구조를 형성하고 있다.

넷째 유형은 한국형으로서, 우리나라에서는 지금까지 소유경영자 관점에서 기업 지배구조가 형성되어 왔다.

그동안 우리나라 기업의 지배구조는 이해관계자 집단이 너무 좁은 범위로 한정되어 인식되어 왔고 이해관계자들 사이의 균형관계가 유지되지 못하는 등의 문제점을 보여 왔다. 세계화 시대에 있어서 정부의 개입은 긍정적 효과보다는 부정적 효과가 있을 가능성이 크다. 따라서 기업들은 스스로 지배구조를 개선함으로써 기업 경영상의 문제점을 해결하고 나아가 선진국을 중심으로 진행되고 있는 기업 지배구조 혁명에 발맞추어 국제적 정합성 있는 지배구조를 도입해야 한다.

부록 기업의 소유구조와 기업행태를 설명하는 대리이론

기업은 개인이 아니라 개인 간의 갈등구조(주주와 주주 또는 경영자와 종업원, 기업가와 고객 등)를 지닌 계약관계 구조 내에서 균형을 이루게 하는 복잡한 과정(The Outcome of a complex equilibrium process)으로서, 기업은 이들의 계약관계 집합체이고, 기업조직은 개인 간의 일련의 계약관계를 연계(nexus)시키는 법적지분형태이다. 따라서, 기업의 행태는 이러한 계약관계에 발생되는 각종 손실과 비용[일명 대리비용(Agency Cost)]을 감소시켜 기업의 가치를 증대는 방향으로 이루어진다고 보고 있다.

(1) 대리계약

위임자를 대신하여 의사결정을 행하는 대리인에게 의사결정권한을 위임하는 계약

(2) 대리관계의 실례

- 보험: 보험회사와 가입자   의료보험: 관리공단과 병원
- 법률: 의뢰인과 변호사
- 증권: 투자자와 증권회사
- 기업: 주주와 전문경영인(소유와 경영의 분리)
  - 최고경영자와 부문경영자
  - 기존주주와 신규주주
  - 경영자와 종업원

(3) 대리이론

대리계약의 당사자들이 자신의 효용극대화을 추구하는 과정에서 발생하는 문제(대리문제)를 연구하는 이론이다.

(4) 대리문제의 원인: 위임자와 대리인의 이해관계의 다양성

- 위험에 대한 태도의 상이성
- 사적 정보의 제한적 이용

- 제한된 관찰가능성(Limited observability)

* 고용계약에 의한 최선의 노력을 기울이지 않는 대리인의 고의적 태만

예) 화재보험: 안전예방비용의 절약

자동차보험: 안전운행수칙의 불이행

의료보험: 병원출입의 남용

따라서, 대리문제의 유형은 정보이용의 제한성(주주에 비하여 경영자들이 기업경영에 대하여 더 많은 정보를 보유함)으로 발생하는 ① 정보적 비대칭성으로 인한 역선택(adverse selection)으로 시장기능의 상실로 기업가치가 감소될 수 있으며, ② 대리인, 즉 경영자의 행위를 실질적으로 관찰이 불가능하여 경영자들이 주주를 속이고 자신의 이익을 취하는 의사결정(도덕적 위해, moral hazard)이 발생하여 역시 기업가치를 감소시키는 요인으로 작용한다.

즉, 이해관계자(기업에서는 주로 주주와 경영자)의 갈등으로 대리문제가 유발되고 이로 인하여 대리비용이 발생하여 이를 최소화하지 않으면 기업가치를 극대화할 수가 없다. 이에 따라서 대리문제를 해결하여 기업가치를 극대화시키자는 대리이론에서 이러한 논리에 입각하여 대리모형을 설정하여 기업가치이론을 전개하고 있다.

(5) 대리모형

❶ 기본가정

- 개개인들은 자신의 효용극대화을 위해 의사결정한다.
- 개개인들은 효용극대화을 위해 합리적이고 선입견 없는(rational & unbiased) 기대 하에서 행동한다.

❷ 대리비용의 유형

- 감시비용(monitoring cost by principal): 주주총회비용, 내부감사비용 등으로 위임자인 주주가 경영자를 감시하는 비용
- 보증비용(bonding cost by Agent): 회계감사비용 등으로 대리인인 경영자가 자신이 주주의 이익을 위해 열심히 일했다고 증명하는 제 비용
- 잔여손실(residual loss): 대리문제 발생으로 의사결정상의 차이로 인한 효용 감소액

❸ 대리비용 감소방안

- 위험에 대한 태도의 상이성으로 발생되는 대리비용은 적절한 위험배분시스템을 구축하고, 이익분담에 의한 적절한 동기부여(incentive system)시스템을 구축하여 해결할 수가 있다.
- 정보의 이용 제한성과 경영자 행위에 대한 관찰가능성의 제한으로 발생되는 대리비용은 이를 감시하는 적시에 정보를 제공하는 정보시스템의 구축으로 어느 정도 해결할 수가 있다.
- 대리의 경제이론측면에서 위임자입장의 구체적인 해결방안은 최선의 고용계약을 체결하는 것이다. 경영자에게 지급되는 보수는 기업성과에 의해 결정되는데 기업성과는 경영자의 노력수준과 경영자가 통제 불능인 기업 내외적 환경요인에 의해 결정된다.

$$기업성과 = f(경영자의 노력수준, 환경요인)$$

경영자의 노력수준은 대개의 경우 관찰 불가능하므로 기업성과도 변할 수가 있으므로 위임자는 경영자가 최선의 노력을 기울이도록 유인하기 위해 동기부여, 위험배분 및 특정 계약의 약정을 요구한다. 이 때, 위임자인 주주와 경영자의 부의 수준 중 어느 한쪽도 감소시키지 않고는 계약수준이 변할 수가 없는 것이 최적고용계약상태(Pareto optimality)이다.

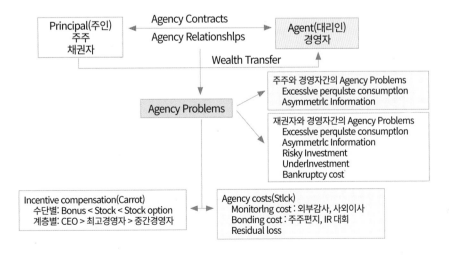

EXAMPLE 02

롯데 '한국 지주사' 설립...
일본기업 논란에 종지부

롯데 한국지주사 설립계획

> 롯데 4개사 분할
>
> 투자회사 합병 지주사 설립
>
> 호텔롯데의 계열사 지분 취득
>
> 일본과 연결고리 단절

제과 등 계열사 4곳 지분 한 곳에 모으기로 롯데가 한국 내 별도 지주회사를 설립한다.

롯데쇼핑, 롯데제과, 롯데칠성, 롯데푸드 등 4개사를 투자회사와 사업회사로 인적분할한 뒤 투자회사를 합병하는 방식이다.

이를 통해 일본 주주들의 지분율이 높은 호텔롯데 중심의 지배구조로 인해 제기된 '일본회사'라는 논란에 마침표를 찍는다는 계획이다.

21일 관련업계에 따르면 롯데제과 등 4개사는 오는 26일 이사회를 열어 회사 분할안을 의결한다. 분할된 4개 투자회사를 롯데제과 중심으로 합병해 지주회사를 설립한다는 게 롯데의 계획이다. 이들 4개사는 계열사 지분을 교차보유하고 있어 지주회사 설립을 통해 순환출자를 상당 부분 해소할 것으로 롯데는 기대하고 있다.

신동빈 회장의 지배력을 강화하려는 목적도 있다. 신회장은 롯데쇼핑(13.1%), 롯데제과(8.7%), 롯데칠성(5.7%), 롯데푸드(1.9%) 지분을 보유하고 있다. 인적분할 후 신회장은 사업회사 주식을 지주회사에 주고, 지주회사가 발행하는 주식을 받는 주식교환을 통해 지분율을 더 높일 계획이다.

한국 지주회사가 설립되면 계열사 지배력이 일본롯데가 지배하고 있는 호텔롯데보다 커진다. 분산돼 있는 계열사 지분을 지주사로 모으기 때문에 현재 지주회사 역할을 하는 호텔롯데의 지분율보다 훨씬 높아진다. 지주회사는 또 호텔롯데가 보유한 롯데 계열사 주식을 현물출자 받을 것으로 알려진다.

이를 통해 지배구조에서 일본과의 연결고리를 사실상 끊어내겠다는 계산이다.

자료 : 한국경제, 2017년 4월 21일

토의문제

소유경영과 전문경영은 무엇이며, 이들의 장·단점은 무엇인가? 그리고 유형별 성공·실패사례를 통해 기업지배구조 또는 기업세습과 관련하여 토의해 보자.

⫶ 요약

- John P. Kotter의 내용을 통하여 경영과 리더십의 차이를 구별하였다.
- 리더십은 권력과 권한의 사용을 통하여 사람들에게 영향을 미친다. 권력(power)은 의사결정과 관리수단에 영향을 미치는 능력 또는 잠재력이며, 권한(authority)은 사람들에게 부여하기 위한 공식적인 권리 또는 통제수단으로서의 공식적인 권리이다.
- 리더십의 기본적 유형으로는 전제적, 참여적 그리고 자유방임적 리더십을 들 수 있다.
- 리더십을 설명하는 이론으로 X이론과 Y이론을, 접근법으로는 Leadership Grid를 다루었다.
- 리더십 연구에서 한계가 인식됨에 따라서, 변형적이고 카리스마적인 리더십으로 상황적 리더십 모델을 살펴보았다.
- 의사소통(communication)은 한 사람에게서 다른 사람에게로 정보를 이전하고 이해시키는 과정이다. 메시지를 주고받는 의사소통의 과정은 송신자, 부호화, 채널, 해석, 수신자로 구성되어 있다.
- 의사소통의 형태는 크게 대인적 의사소통과 조직적 의사소통으로 구분된다. 조직 의사소통은 수직적 의사소통, 수평적 의사소통, 의사소통 네트워크, 비밀정보망으로 나누어진다.
- 의사소통의 장애요인은 낮은 동기부여와 관심, 부적절한 언어, 방어적 의사소통, 여과, 불충분한 비언어적 의사소통, 정보과부하, 불충분한 의사소통 기술들, 전자 의사소통 문제들 등이 있다.
- 지배구조는 기업의 성장과 가치창조를 위해 다양한 이해관계자들과 기업 간에 이루어진 명시적, 묵시적 계약관계를 규정하고 관리하는 메커니즘을 의미한다.

● 연습
● 문제

1 경영과 리더십의 차이를 구별하시오.

2 리더십이 어떻게 팀 회원에게 영향력과 권한을 부여하는지 기술하시오.

3 중요한 리더십의 특질과 행동을 확인하시오

4 리더십의 연속체, X이론과 Y이론, 경영격자(managerial grid), 상황적 그리고 리더십의 기업가적 유형을 기술하시오.

5 변형적이고 카리스마적인 리더십을 기술하시오.

6 공식적인 그리고 비공식적인 의사소통 경로들 사이의 차이를 설명하고 예증하시오.

7 조직들의 주요 의사소통 장애들을 확인하시오.

8 의사소통 장애들을 극복하기 위한 전술을 개발하시오.

9 기업을 보는 관점으로 대리이론이란 무엇인가?

10 기업의 지배구조가 기업의 경쟁력에 왜 중요한가?

11 경영의사결정에 지배구조는 어떠한 영향을 미치는가?

12 현대경영에서 바람직한 지배구조는 어떠한 유형이 있는가?

● 참고
● 문헌

/ 김남현, 『신경영학원론』, 경문사, 1998.

/ 김재명, 『경영학원론』, 법경사, 1997.

/ 이학종, 『조직행동론』, 세경사, 1998.

/ 조동성, 「21세기를 위한 전략경영」, 서울경제경영, 1999, pp. 558–587.

/ Berle, A. A. & Means, G., *The Modern Corporation and Private Property*, The Macmillan Co., New York, 1982.

/ Chandler, A. D., *The Visible Hand*, Harvard University Press, Cambridge, Massachusettes, 1977.

/ Hellriegel, Jackson, Slocum, *Management*, 11th ed., 2008.

/ John M. Ivancevich etc., *Management-Quality and Competitiveness-*, 1994.

/ http://www.mc.co.kr

10

경영기능

경영기능

CHAPTER

10

학습목표

이 장의 학습목표는 경영주체가 운영하는 대상이 되는 경영객체(프로세스)를 잘 이해하기 위해 첫째, 서비스향상을 위한 마케팅 둘째, 부가가치향상을 위한 생산운영관리, 셋째, 기업가치를 높이는 재무관리 넷째, 사람의 능력을 최대로 끌어내는 인적자원관리, 마지막으로 기업정보의 활용을 위한 회계를 이해하는 것이다.

EXAMPLE 01   스타벅스의 디지털마케팅, 커피시장 포화속 이유 있는 독주

사이렌오더·카드 론칭 등 한국 정서와
IT조화 이뤄 10년 새 매출 10배 뛰어올라

국내 커피전문점 시장이 포화에 달했다는 분석에도 스타벅스의 독주가 이어지고 있다. 커피전문점 시장이 '양극화'됐다는 분석까지 나올 정도로 시장점유율 측면에서 2,3위 커피전문점들과 큰 격차를 벌리고 있는 것. 이러한 성장 비결에는 스타벅스커피코리아의 IT 운영 혁신과 디지털 마케팅이 빛을 발했다는 분석이다.

스타벅스커피코리아에 따르면 2017년 3월말 기준 국내 스타벅스 매장 수는 1,020개다. 지난해 말 1,000개를 돌파한 데에 이어 불과 석 달 만에 20개 매장을 더 연 것으로, 매달 7~8개씩 신규매장을 연 셈이다. 다른 커피전문점들이 정체기를 보이고 있는 동안에도 일주일에 2개씩 꾸준히 신규매장을 추가하고 있는 현 추세를 미루어 볼 때, 연 내 전년대비 84~96개 매장이 더 문을 열 것으로 전망된다.

매출은 국내 진출 17년째를 맞는 지난해 이미 1조원을 돌파했다. 2015년 7,739억 원보다 29.6% 늘어난 수치다. 국내 커피전문점 시장 규모가 4조원임을 상기하면 스타벅스의 시장점유율이 25%에 달한다는 얘기다. 이 같은 시장점유율은 지난해 매출 2,000억 원을 돌파한 투썸플레이스가 5%대인 것과 비교하면 5배 차이가 난다. 하나금융투자는 올해 스타벅스의 매출과 영업이익은 각각 전년대비 21%, 35% 늘어난 1조 2,130억 원과 1,150억 원이 될 것으로 내다봤다. 향후 2년간 매년 매장 수도 100개씩 꾸준히 늘어 2019년에는 1,300개까지 달할 수 있다는 설명이다.

이러한 성공 요인에 대해 스타벅스는 새로운 메뉴와 디자인 상품 개발, 철저한 현지화 등을 꼽았다. 그러나 무엇보다도 '사이렌 오더'로 대표되는 '한국적인 디지털 마케팅'을 빼놓을 수 없다.

2007년 1,344억 원이었던 스타벅스의 매출을 10년 만에 10배 가까이 불렸다. 이를 가능토록 한 것은 '한국적 정서와 IT의 조화'였다. 2009년 업계 최초로 선불식 충전 카드인 '스타벅스 카드'를 론칭하고, 2011년 모바일 사이트 결제서비스를 개시하면서 본격적인 IT 기반의 마케팅을 실시했다.

이에 이용자들은 스타벅스 카드를 지갑에 넣고 다니지 않아도 음료를 결제할 수 있게 됐다. IT 운영 혁신의 정점은 모바일 앱을 통해 매장에 도착하기 전에 미리 음료를 주문·결제할 수 있도록 한 스마트 주문 시스템인 사이렌 오더다. 전 세계 스타벅스 최초로 실시한 사이렌 오더는 현재 누적 이용횟수가 1,500만 건을 돌파했다.

드라이브 스루 매장도 단순히 자동차 안에서 음료를 주문할 수 있도록 한 것이 아니라 차별화를 시도했다. 42인치 대형화면으로 바리스타들과 대화를 나누며 주문할 수 있도록 하는 '첨단 화상 주문 시스템'을 도입했다. 고객과 눈을 맞추며 얼굴을 맞대고 정을 나누는 한국적 정서를 담아냈다는 평가다. 스타벅스는 2012년 9월 경주보문로DT점을 시작으로 현재 전국에 총 100개의 드라이브 매장을 운영하고 있다.

스타벅스 관계자는 "이러한 혁신적인 서비스는 IT강국인 한국의 특성을 잘 살린 것"이라며 "이 대표 취임 후 스타벅스는 다양한 경영 성과를 통해 커피전문점 업계 선도력을 강화하고 있다"고 말했다.

자료 : 아시아경제, 2017년 4월 4일

토의문제

마케팅의 현지화를 통해 기업이 얻을 수 있는 혜택에 대해 토의해 보자.

⠿ SECTION 01 마케팅

01 마케팅의 의의

기업의 기본적인 목표는 이익을 창출하는 것인데 마케팅 없이 이익을 창출할 수 없다. 그 이유는 아무리 좋은 제품을 개발하였어도 그 제품이 시장에서 팔리지 않는다면 죽은 제품이나 다름이 없고 또한 이익을 창출할 수 없다. 따라서 마케팅 (marketing)이란 고객과 산업사용자의 욕구와 기업이익을 동시에 충족시킬 수 있는 제품·서비스를 제공하기 위해 제품, 판매경로, 가격, 판매촉진, 물적 유통 등의 경영활동을 수행하는 것을 말한다.

기업이 마케팅활동을 전개함에 있어서 경영상의 이념으로 지향하여야 할 철학에는 역사적인 발전단계에 따라 다섯 가지의 컨셉트가 있다. 이는 생산 컨셉트, 제품 컨셉트, 판매 컨셉트, 마케팅 컨셉트와 사회지향적인 마케팅 컨셉트가 있다. 생산 컨셉트란 소비자들은 유용하고 구입할만한 여력이 있는 제품을 좋아 할 것이라고 가정하고 관리상의 주요과업은 개선된 생산 및 분배의 효율을 추구하는 것이라고 생각하는 경영이념을 의미한다. 제품 컨셉트란 소비자들은 가격에 대하여 품질이 가장 좋은 제품을 좋아할 것이라고 가정하고 관리상의 주요과업은 제품의 품질을 향상시키는 데 모든 노력을 기울여야 한다고 생각하는 경영이념을 의미한다. 판매 컨셉트란 소비자들의 제품에 대한 관심을 자극하기 위하여 상당한 노력을 기울이지 않으면 소비자들은 제품을 구입하지 않을 것이라고 가정하는 경영이념을 의미한다. 마케팅 컨셉트란 기업의 중요한 과업이 목표시장의 요구를 확인하고 경쟁기업보다 효과적으로 소비자들의 욕구를 충족시켜 줄 수 있도록 조직을 적응시키는 것이라고 생각하는 경영이념을 의미한다. 사회지향적인 마케팅 컨셉트란 기업의 중요한 과업이 목표시장의 요구를 확인하고 경쟁기업보다 효과적으로 소비자들의 욕구를 충족시켜 줄 수 있도록 소비자와 사회의 복지를 증진시킬 수 있는 방법으로 조직을 적응시켜 나가는 것이라고 생각하는 경영이념을 의미한다.

02 마케팅관리

종래의 마케팅관리는 단순히 제품판매활동, 광고와 사후관리에 그쳤다. 그러나 마케팅 컨셉의 변화에 따라 최근에는 소위 4P라고 불리는 제품(Product), 가격(Price), 유통(Place), 촉진(Promotion)의 마케팅활동을 전략적으로 수행하고 표적시장(target market)을 선정하여 제품·서비스를 판매한다. 따라서 최근의 마케팅관리활동은 단순히 관리만을 의미하는 것이 아니라 마케팅집행, 마케팅통제, 마케팅 분석이라는 일련의 순환과정을 통해 수행된다. 이 단계들을 간단히 설명해 보자(이건창, 11099).

(1) 마케팅 분석

여러 가지 마케팅관리 기능을 조화롭게 수행하기 위하여 필요한 정보와 기타의 여러 가지 투입요소들을 제공하는 단계이다.

(2) 마케팅계획수립

기업의 전사적인 목표를 달성하는 데 필요한 마케팅전략을 결정한다.

(3) 마케팅 실행

이 단계는 활동계획, 기업의 조직구조, 의사결정과 보상시스템, 인적자원, 기업분위기와 기업문화 등의 요소들로 구성된다.

(4) 마케팅 통제

마케팅 계획이 실행되면서 기업이 추구하고 있는 목표가 실행되는가를 확인하는 단계이다.

(5) 마케팅환경관리

기업은 통제 불가능한 요인들로부터 영향을 받는 불확실한 환경에 놓여 있다. 따라서 기업은 환경을 적절히 파악하여 마케팅활동을 수행하여야 한다.

03 마케팅조사

(1) 마케팅조사의 필요성과 목적

제품·서비스의 품질이 아무리 훌륭하다고 하더라도 시장에서 팔리지 않는다면 무용지물이다. 제품이 시장에서 잘 팔기 위한, 즉 제품의 시장경쟁력우위를 확보하기 위해서는 우선 제품의 아이템이 좋아야 한다. 그 다음으로 정보수집과 시장조사가 필요하다. 충분한 정보수집과 시장조사가 전제되지 못한 상태에서 판매를 하게 된다면 아마도 성공하기 어려울 것이다. 제품의 공략대상이 되는 표적시장의 설정이 중요하며, 세밀한 시장조사분석에 의한 마케팅 전략의 수립·시행이 중요한 성공요인으로 분석되고 있다.

마케팅조사의 목적은 첫째, 적절한 시장점유율을 확보하기 위해서다. 둘째, 시장의 수요에 가장 적합한 제품을 결정한다. 셋째, 시장수요에 적정한 가격 범위를 결정할 수 있다. 넷째, 고객의 불만 요인을 파악할 수 있다. 다섯째, 고객의 반응을 통해 제품·서비스의 어떤 특징을 지속시키고 강화시켜야 하는지를 파악할 수 있다.

(2) 마케팅조사와 정보수집 단계

시장조사 및 정보수집의 과정은 조사 및 수집계획의 설정, 조사 및 수집활동, 조사분석 및 가공, 가공자료를 활용한 마케팅전략을 수립하는 것이다. 이 같은 과정은 <그림 10-1>에서 제시하는 단계를 참조하여 진행하면 도움이 될 것이다(김종재, 1999).

■ **문제의 정의**: 마케팅조사의 첫 단계로 어떤 문제가 있는지를 결정하는 것이다. 여기서는 문제를 정확하게 정의하여야 한다. 문제가 올바르게 정의되어야 조사설계의 유형, 수집되어야 할 정보, 그에 따른 해결방안을 모색할 수 있기 때문이다.

■ **관련 정보의 결정**: 필요한 정보를 인식하면 기업 내부기록이나 기업외부로부터 수집 가능한 자료는 어떤 것이 있는지 쉽게 결정할 수 있다. 수집된 정보가 문제해결에 충분하지 않으면 추가적인 정보를 수집하여야 한다.

그림10-1 | **마케팅조사와 정보수집 단계**

문제의 정의 → 관련 정보의 결정 → 조사설계의 계획 → 조사의 실행 → 자료의 분석

환류

■ **조사설계의 계획**: 관련 정보를 결정하면 조사설계의 계획을 수립하는데 이는 조사담당자가 필요한 자료를 수집한다. 인터뷰 방법을 이용하기로 결정했다면 인터뷰에 필요한 설문의 내용과 사람의 수를 결정해야 한다.

■ **조사의 실행**: 적절하게 계획된 조사설계에 의해 자료수집활동을 진행해 나간다. 여러 가지의 조사방법이 있는데 이 방법 중에서 조사설계와 이미 입수한 정보에 의해 방법을 선택한다.

■ **자료의 분석**: 자료수집 후 그 결과를 보다 쉽게 분석할 수 있도록 조직적이고 체계적으로 정리하는 단계이다. 자료를 표, 차트나 그래프로 나타낼 수 있고 통계적 분석방법을 활용할 수도 있다.

04 소비자행동

마케팅활동을 원활하게 하기 위해서는 소비자행동의 분석을 통해 소비자의 필요, 욕구, 반응을 알고 있어야 한다. 소비자의 행동은 매우 다양하게 움직이지만 여기서는 첫째, 소비자의 구매의사결정과정을 규명하고 둘째, 소비자의 행동에 영향을 미치는 요소들의 두 가지를 규명하고자 한다.

(1) 소비자의 구매의사결정과정

소비자들은 제품·서비스를 구매하기 전에 무엇을 구매할 것인가? 어디서 구매할 것인가? 언제 구매할 것인가? 어떻게 구매할 것인가? 등을 고려하게 된다. 일반적으로 소비자가 제품·서비스에 대한 욕구를 가질 때 구매행동이 일어나게 된다. 구매행동을 하는 일련의 과정은 <그림 10-2>에서 보는 바와 같이 다섯 단계를 거치게 된다(이학식 외, 1997).

■ **문제의 인식**: 소비자는 어떤 시점에서 자신의 현재의 상태와 그에 상응하는 바람직한 상태간의 상당한 차이를 느끼면 그 차이를 해소할 수 있는 방법을

●● 그림10-2 **구매의사결정의 단계**

문제의 인식 → 정보의 탐색 → 대안의 평가 → 구매 → 구매 후 평가

모색하게 된다. 이를 욕구의 환기(need arousal)라고 한다. 구매행동은 이러한 불충족된 욕구를 충족시키고자 하는 행동이며 구매의사결정과정은 환기된 욕구를 어떻게 충족시킬지의 문제해결과정이다.

■ **정보의 탐색**: 소비자의 욕구가 발생하였을 때 그 욕구를 해결하기 위한 방법을 찾는데 이를 내적 탐색(internal search)이라고 한다. 이후 구매하고 싶은 구체적인 제품·서비스에 대한 정보를 찾게 된다. 이를 외적 탐색(external search)이라고 한다. 이 두 가지를 정보의 탐색이라 한다.

■ **대안의 평가**: 제품·서비스에 대한 정보를 획득한 소비자는 자신의 입장에서 가장 바람직하게 여기는 제품을 선택하기 위해 대안들을 평가한다. 이러한 대안 평가의 기준은 다음에서 설명할 구매행동에 영향을 미치는 요소들(태도, 신념 등)이다.

■ **구매**: 선택된 대안들을 비교·평가한 후 자신의 능력에 비추어 가장 마음에 드는 대안에 대해 구매의도를 바탕으로 구매를 한다. 구매는 특정상표에 대해 할 수도 있고 충동구매도 일어난다.

■ **구매후 평가**: 제품·서비스를 구매한 후 소비자는 자신이 구매한 제품·서비스에 대해 기대하게 된다. 자신이 생각한 제품·서비스라면 만족하고 그렇지 못하면 불만족하게 된다. 불만족인 경우 자신이 버린 대안이 더 좋지 않았는지 불안감을 느끼는데 이를 구매 후 부조화(post-purchase dissonance)라 부른다.

(2) 구매행동에 미치는 영향요소

구매행동에 미치는 영향요소들은 심리적 요인, 사회적 요인을 들 수 있다.

■ **심리적 요인**: 이 요인들로는 지각(perception), 욕구(need), 동기(motivation) 태도(attitude) 등을 들 수 있다. 지각은 소비자가 직면하는 자극에 대해 의미를 부여하는 과정이다. 욕구는 생리적, 사회적, 심리적, 정신적인 것을 포함한다. 동기는 욕구를 충족시키지 못하면 긴장감을 유발하며, 소비자는 그 긴장감을 감소시키려고 시도하는데 긴장감을 줄이려는 힘이 동기이다. 태도는 좋은 감정 혹은 나쁜 감정, 선호적 혹은 비선호적 느낌을 의미한다.

■ **사회적 요인**: 이 요인에는 문화, 사회계층, 준거집단 등이 있다. 문화는 인류의 사회적 유산을 의미한다. 소비자들은 문화적인 차이에 따라 그들의 소비

행동이 다르다. 사회계층은 직업, 재산 정도, 학력, 소득수준 등을 의미한다. 준거집단은 가족, 직장동료, 이웃, 여가집단과 같은 작은 사회적 소집단을 말한다.

05 마케팅믹스전략

(1) 마케팅믹스의 의의

고객의 욕구충족과 이익창출이라는 목적을 달성하기 위해서는 마케팅관리활동을 적절하게 결합하여 수행해 나가야 한다. 마케팅 관리자는 모든 마케팅 기능과 요소들을 능률적이고 효율적으로 결합하여 상호 적절한 조정관계를 유지하면서 그러한 목적을 최대한 달성하도록 조절하지 않으면 안 된다. 이때 마케팅에 관련된 모든 수단들을 종합하고 결합시키는 것을 마케팅믹스라고 한다(정수영, 1985).

마케팅믹스를 요약하면 마케팅활동의 종합적인 관리라고 할 수 있으며 여기에는 제품계획, 가격정책, 경로정책, 촉진정책 등이 포함된다(김종재, 1998).

(2) 마케팅믹스의 구성요소

마케팅믹스의 구성요소는 논자에 따라 여러 가지로 분류될 수 있으나 중요한 두 가지만 소개하기로 한다. McCarthy는 마케팅믹스의 구성요소로 네 가지를 들고 있다. 이는 ① 제품(Product), ② 가격(Price), ③ 유통(Place), ④ 촉진(Promotion)을 4P로 개념화하고 전체를 소비자 중심의 개념에서 마케팅 체계를 구축하고 있다.

Bordon은 마케팅믹스의 구성요소로서 제품계획과 상품화(product planning and merchandising), 가격결정(pricing), 상표화(branding), 유통채널(channel of distribution), 인적판매(personal selling), 광고(advertising), 판매촉진(promotion), 포장(packaging), 진열(display), 서비스제공(servicing), 물리적 처리(physical handling), 사실인식과 분석(fact finding and analysis) 등을 들고 있다.

이들을 종합할 때 마케팅믹스의 구성요소는 제품믹스, 가격믹스, 경로믹스, 촉진믹스라고 할 수 있다. 마케팅믹스는 마케팅 환경(정치·사회적 환경, 문화·사회적 환경, 기업의 자원과 목적, 경쟁 환경, 경제·기술적 환경)을 고려하여 적합한 마케팅전략을 수립하여야 한다.

SECTION 02 생산운영관리

01 생산운영관리활동의 의의

생산이란 기업이 이용가능한 자원인 원료, 기계, 시설 및 인적 자원을 활용하여 제품이나 서비스를 산출해내는 과정이다. 생산운영관리(operations management)는 고객이 원하는 양질의 제품을 적기에 적량을 적가로 생산·공급하는 기업의 목표를 달성하기 위해 생산시스템을 운영 관리하는 것을 의미한다.

어떤 시스템을 운영관리 한다는 것은 그 시스템운영(operation)을 계획(planning), 조직(organizing) 또는 설계(designing), 집행(operating) 및 통제(controlling)하는 의사결정과정(decision making process)을 말한다. 따라서 생산관리가 단순한 공학적 생산 활동(manufacturing)의 영역에서 벗어나 모든 서비스의 창출활동까지도 포함하는 생산시스템으로 인식되어야 하고, 관리과정인 계획 → 조직(설계) → 집행 → 통제의 의사결정과정으로 인식되어야 한다.

- **계획**: 생산시스템의 목표를 설정하는 단계이다. 목표는 구체적 목표(몇 %의 생산성, 원가절감)와 질적 목표(제조업 혹은 서비스업, 기술지향적 혹은 노동집약적)를 명확히 해야 한다.
- **조직 또는 설계**: 인적 조직설계(생산관리의 조직형태, 공정 및 작업방법의 설계, 작업측정과 표준설정 등을 정한다)와 물적 조직설계(공장시설의 배치, 공장시설의 입지 등을 결정한다) 등을 포함한다.
- **집행**: 외부로부터의 제품 및 서비스의 수요예측(forecasting)이 있어야 하고 이에 대처할 생산시스템의 능력계획(capacity planning)이 필요하다. 위를 기초로 하여 일정계획(제품을 언제 얼마나 생산할 것인가?), 재고관리(적정재고수준을 계획, 통제), 품질관리(적정수준의 품질과 규격의 설계 및 통제)가 이루어져야 한다.
- **통제**: 생산시스템의 목표, 계획과 인적, 물적 조직을 이용하여 수행한 결과가 일치하는지의 여부를 분석한다. 만일 차이가 있으면 이를 규명하고 개선조치를 취하게 된다.

02 운영시스템

고객의 요구를 만족시키기 위한 운영시스템으로 재고생산(MTS; make-to-stock), 조립생산(ATO; assemble-to-order), 주문생산(MTO; make-to-order)과 프로젝트생산(ETO; engineer-to-order)으로 나눌 수 있다.

재고생산(MTS; make-to-stock)은 완제품으로 재고를 가지고 있다가 고객의 주문에 맞추어 공급하는 전략으로 동네의 상점에서 고객이 나타나 물건을 사가는 것을 예로 들 수 있다.

조립생산(ATO; assemble-to-order)은 반제품을 재고로 보관하고 있다가 고객의 주문에 맞추어 조립한 후 제품을 공급하는 전략으로 햄버거 가게처럼 미리 준비된 반제품의 재료를 준비하고 있다가 고객이 주문하면 햄버거를 만들어 주는 가게, 자동차와 같이 옵션이 많고 고가인 제품들을 예로 들 수 있다.

주문생산(MTO; make-to-order)은 고객의 주문이 들어오면 원자재의 가공, 반제품의 생산 및 완제품의 조립이 이루어지는 전략으로 금속가공업체나 공작기계 생산업체들이 예가 된다.

프로젝트생산(ETO; engineer-to-order)은 고객의 주문이 들어오면 설계로부터 시작해서 자재의 구입, 생산 및 조립을 하는 전략으로 항공기, 선박 그리고 금형의 생산이 이의 예에 해당한다.

이를 부가가치의 흐름과 납품 조달기간으로 나타내면 다음 <그림 10-3>과 같다. 결국 생산시스템을 어떻게 운영하느냐는 수요관리에 영향을 미치게 된다.

운영전략은 넓은 의미로 해석하면 운영기능을 위한 장기적인 의사결정이라고

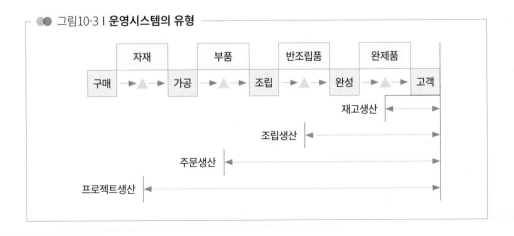

그림10-3 | **운영시스템의 유형**

정의할 수 있다. 다시 말해서 운영전략은 고객의 요구에 대한 가치를 부가하기 위해 보다 낮은 가격의 제품을, 높은 품질로, 빠른 납기로 조달하기 위해 생산시스템을 적절하게 운영하는 일련의 과정이라고 말할 수 있다.

03 운영시스템의 설계

운영시스템의 설계를 위해서 수요관리와 예측, 제품설계, 공정설계, 설비배치와 공장의 입지와 생산능력계획을 설명한다.

(1) 수요관리와 예측

수요관리(order management)는 모든 제품에 대한 수요를 관리하는 기능을 말한다. 수요관리는 여러 기능들을 포함하고 있는데 이 기능들은 ① 수요예측 ② 주문 접수 ③ 주문약속 ④ 공장 간의 주문 ⑤ 서비스 부품 요구 ⑥ 각 저장창고 지점들의 요구 등을 망라한다. 이를 하나씩 설명해 보면 다음과 같다.

첫째, 수요예측은 미래에 발생할 제품별, 기간별 수요 예측치를 구하는 것이다. 둘째, 주문접수는 고객이 원하는 주문을 접수하는 활동을 말한다. 셋째, 주문약속(order promise)은 언제까지 얼마의 가격으로 얼마만큼을 고객에게 전달해 줄 수 있다는 것이다. 넷째, 공장 간의 주문(interplant orders)은 공장이 여러 개 존재하고, 공장 간에 부품, 반제품 혹은 완제품의 이동이 필요한 경우를 말한다. 다섯째, 서비스 부품요구는 애프터서비스에 필요한 부품에 대한 수요를 관리하는 것을 의미한다. 마지막으로 각 저장창고 지점들의 요구는 물적 유통에 필요한 저장창고의 수요를 다루는 것을 의미한다.

(2) 제품설계

기업에 있어서 신제품의 개발은 매우 중요한 의사결정의 하나이다. 이러한 새로운 제품의 개발과정을 살펴보면 다음과 같다. 첫째, 신제품아이디어 창출이다. 제품아이디어의 탐색방법에는 기존제품의 특성을 개조, 개선할 의견조사, 연관 기법(예: 시간을 재는 시계에서 자명종시계나 스톱워치 등으로 개발), 문제분석기법(고객의 불평, 문제의 개선), 두뇌선풍기법(많은 사람들의 아이디어를 종합하여 하나의 의견을 제시한다) 등이 있다.

둘째, 제품선정이다. 제품의 사업성을 분석한 후 장차 개발할 가치가 있는지 여부 판단한 후 가장 타당성이 있는 아이디어를 선정(시장잠재력, 수익성, 생산가능성의 기준에서)한다.

셋째, 예비제품설계이다. 신제품아이디어에 대한 가장 좋은 설계를 개발하는 것이 목적이다. 설계 부서와 제조 부서 사이에 설계 대안을 놓고 토론을 한다.

넷째, 제품원형(시제품) 구축(prototype development)이다. 연구개발부나 기술부에 의해 수행되는 원형(시제품) 개발 시에 핵심적 제품특성이 제품에 잘 구현되어 있는가? 유지가능성(maintainability)과 신뢰성(reliability) 그리고 생산비의 사전 범위 내에서 생산될 수 있는가? 등을 검토한다.

다섯째, 시험이다. 시장성과와 기술적 성과를 검증하는 것이 목적이다. 시장성과는 시험시장(test market)을 공급하기에 충분한 시제품을 제조하게 된다.

여섯째, 최종설계이다. 제품생산에 사용될 설계도와 시방서를 최종적으로 확정한다.

(3) 공정설계

공정(process)이라 함은 어떤 특정제품을 생산하기 위해 채택한 원료의 투입에서 제품의 산출에 이르는 모든 작업의 유기적 집합체(a set of works)를 말한다. 제품의 최종설계는 생산 공정을 어떻게 구성할 것인가와 불가분의 관계에 있다. 공정을 선정할 때는 생산 공정의 기술적 측면과 생산설비 선정기준을 고려하여 하여야 한다.

(4) 공장의 입지와 설비배치

기업에서 공장을 세우는 데 제품의 최종소비지에 대한 수송과 저장시설, 중간 저장창고의 입지 등과 연결하여 시설의 위치, 개수, 규모 등을 유기적으로 관련시켜 결정하여야 하며 일단 결정되면 막대한 설비투자가 소요되기 때문에 시설의 입지 문제는 생산자원을 장기적으로 한정하는 전략적인 의사결정이다. 또한 입지의 결정은 생산능력계획, 설비배치, 직무설계 등의 제 결정과 함께 생산시스템의 조직 또는 설계의 영역에 속하는 중요한 의사결정이라고 볼 수 있다.

시설의 입지문제는 앞에서 설명한 바와 같이 제조-수송-분배의 총괄적 시스템의 관점에서 결정하여야 하는데 입지결정의 궁극적인 문제는 시설을 어디에(location) 몇 개(number)를 얼마의 규모(size 또는 capacity)로 할 것인가를 결정하는 데 있으며, 목적은 이 총괄적 시스템이 고객에 대한 서비스를 최소의 총비용으로 제공하는 데 두고 있다.

설비배치란 공장 내 또는 서비스 작업장 내에서 경제적 활동장소(economic activity center)를 물리적으로 조정하는 장기적 의사결정이다. 여기서 경제적 활동장소(economic activity center)라 함은 공간을 차지하는 모든 것, 예컨대 작업자 혹은 작업집단, 기계, 작업장, 부서, 복도, 식당 혹은 저장소 등 어느 것이든지 될 수 있다. 또한 물리적으로 조정한다는 것은 시간적, 장소적 변경 등을 모두 포함한다.

설비배치의 목적은 설비투자를 최소화하고, 생산소요시간을 최소화하며, 기존 면적의 효율적 이용, 작업자의 안전 및 편의의 제공, 작업 및 배치의 신축성 유지, 작업물 운반비용의 최소화 등을 들 수 있는데 결국 작업자와 장비들이 가장 효과적이고 효율적으로 운영될 수 있게끔 하는 장기적 의사결정이다.

(5) 생산능력계획

기업에 있어서 생산능력을 확장할 경우 상당한 자본이 소요될 뿐 아니라 이의 결정이 잘못되는 경우 기업이 치명적인 손상을 입게 되므로 생산능력의 결정은 장기적인 전략적 관점에서 다루어져야 한다. 따라서 생산능력전략은 장기적인 관점에서 시장, 기술, 경쟁자의 행동 등과 관련하여 제품수요의 성장 및 변화가능성 예측, 각기 다른 규모의 공장을 신축하거나 운영하는 데 소요되는 비용, 기술변화의 정도와 방향과 같이 일련의 가정 및 예측을 전제로 하고 있다.

일반적으로 생산능력은 기계, 설비, 제품, 공정기술, 인적요인 및 관리방식 등에 따라서 영향을 받게 된다. 생산능력은 관리의 관점에서 두 가지로 정의 될 수 있는데, 첫째로 우리가 일반적으로 "어떤 생산시스템이 특정기간에 특정제품이나 서비스를 생산 또는 처리할 수 있는 최대산출량"으로 규정하는 소위 규모의 개념이고, 둘째로는 실제 생산시스템을 운용하는 관점에서 "특정기간 중 생산 활동에 쓸 수 있는 가용자원의 양 또는 특정기간에 생산할 수 있는 가능량"으로 정의할 수 있다. 여기서 생산능력을 측정하는 데 두 가지 방법을 생각할 수 있는데, 하나는 산출량(output)을 기준으로 측정하거나, 다른 하나는 가용자원, 즉 투입량(input)을 기준으로 측정한다.

04 운영시스템의 운영 및 통제

운영시스템의 운영 및 통제를 설명하기 위해서 생산계획, 재고관리와 품질관리를 간단히 설명한다.

(1) 생산계획

생산계획(production planning)은 생산을 개시하기에 앞서 판매예측(혹은 주문)이나 판매계획을 토대로 생산하려는 제품의 종류, 수량, 가격 등과 아울러 생산방법, 장소, 일정 등에 관하여 가장 경제적이고 합리적인 가정을 세우는 것이다.

생산계획의 목적은 판매수량에 대한 양적, 질적, 시간적인 면을 충족시키고 생산요소의 양적, 질적인 균형을 유지하여 이질적 생산요소를 조직적으로 체계화함으로써 생산비용을 최소화한다. 즉 총괄생산계획의 목적은 구체적으로 무엇을(제품품종), 언제(일정), 얼마나(수량) 만들 것인지를 결정하는 것이다.

(2) 재고관리

재고(inventory)란 미래의 수요를 위해 기업에서 비축한 일체를 말한다. 재고는 유입 속도가 유출속도를 초과할 때 발생하고 유출이 유입을 초과하면 소진된다. 기업이 재고를 보유하고 있으면 좋은 면도 있고 나쁜 점도 있으며 재고가 부족하면 마찬가지다. 따라서 적정재고를 유지하는 것이 그 무엇보다도 중요한 문제로 대두된다. 일반적으로 재고는 독립수요형태의 재고관리와 종속수요 형태의 재고관리로 구분한다.

(3) 품질경영

품질의 정의는 다양한 차원에서 내릴 수 있다. 생산자 지향적인 관점에서는 규격적합성이라 하고, 가치 지향적인 관점에서는 수용 가능한 가격이나 비용 범위 내에서 제품성능이나 규격적합성을 제공할 수 있는 능력이라 하고, 소비자 지향적인 관점에서는 고객만족과 사용적합성이라고 한다.

기업에서 품질을 하나의 중요한 목표로 수립하고 이를 추진할 때 종합적 품질경영(TQM; total quality management)이 된다. 이는 모든 구성원들이 지속적인 개선활동을 통해 가장 저렴한 비용으로 고객의 요구와 기대를 충족시키기 위한 지속적인 노력이라고 할 수 있다. 종합적 품질경영은 품질 방침 및 계획을 정하여 실시하는 활동으로 품질관리를 위한 실시 기법과 활동, 품질보증, 활동과 공정의 유효성을 증가시키는 개선활동을 포함하는 개념이다.

SECTION 03 재무관리

01 재무관리의 의의

(1) 재무관리

재무관리(financial management)는 기업이 필요로 하는 자본의 조달과 이의 운용에 관한 재무활동을 계획하고 이를 지휘·통제하는 활동을 말한다. 자금조달(financing)의 원천이 합리적으로 선정되고, 조달의 방법이 적정하게 될 때 기업의 자본비용은 최소화된다. 또 조달된 자본의 운용(investment)이 단기·장기에 걸쳐 운전자본의 관리, 자본예산 및 자본구조가 효율적으로 실행될 때 투자수익을 최대로 할 수 있다. 이를 그림으로 나타내면 <그림 10-4>와 같다.

그림10-4 | **재무관리활동의 개념**

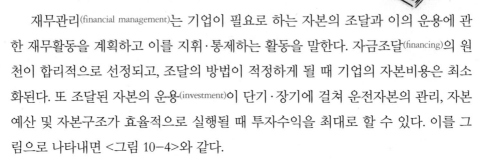

	단기	장기
자본운용 (investment)	운전자본관리 (working capital management)	자본예산 (capital budget)
자본조달 (financing)		자본구조 (capital structure)

(2) 재무제표의 의의

기업이 주주, 채권자 등 이해관계자들에게 경영 상태를 전달하기 위한 수단으로 매년 작성하는 보고서가 바로 재무제표이다. 재무제표는 연말에 1년 동안의 경영성과를 결산해서 만드는 서류라는 의미에서 결산보고서라고 한다. 기업의 재무제표는 대부분 1년에 한 번씩 작성된다. 일반적으로 재무제표라고 할 때는 대차대조표, 손익계산서, 이익잉여금 처분계산서, 현금흐름표 등의 네 가지를 말하는데, 이들은 각기 다른 용도를 갖고 있다.

(3) 재무제표의 구성요소

❶ 대차대조표

결산시점에 기업이 자금을 어디에서 얼마나 조달했고 이러한 자금을 어떤 자산에 얼마만큼 투자했는지를 보여주는 보고서다. 즉, 회사가 영업활동을 위해 보유하고 있는 자산이 어느 정도인지, 어떤 자산을 갖고 있는지, 이러한 자산을 취득하기 위해 돈을 얼마나 빌렸는지, 그동안 이익은 얼마나 생겼고, 어떻게 보유하고 있는지 등 기업의 전반적인 재무상태를 나타낸다.

기업들은 결산이 끝나면 신문에 결산공고를 싣는다. 결산공고에는 자산과 부채, 자본으로 나누어 있는데 이 결산보고서가 바로 대차대조표다. 대차대조표는 차변과 대변으로 나뉜다. 차변에는 기업이 갖고 있는 현금이나 재고자산, 매출채권, 토지, 건물 등을 포함하는 자산이 표시된다. 대변에는 부채와 자본내역이 표시된다. 그래서 주주로부터 모집한 자금(자본)과 빌린 돈(부채)의 합계액은 회사가 보유하고 있는 자산과 일치하게 된다. 자산=자기자본(자본)+타인자본(부채)이라는 등식이 성립하는 것이다.

- **자산**: 회사가 영업활동을 위해 보유하고 있는 재산이 곧 자산이다. 현금, 예금, 주식, 채권, 건물, 토지 등을 말한다. 자산은 1년 안에 현금화의 가능 여부를 기준으로 유동자산과 고정자산으로 나눈다.
  - 유동자산: 1년 이내에 현금화가 가능한 자산이다. 현금이나 예금, 매출채권, 유가증권, 단기대여금, 재고자산 등 쉽게 현금화할 수 있는 자산이다.
  - 고정자산: 부동산처럼 1년 안에 현금화가 어려운 자산을 일컫는다. 고정자산은 다시 투자자산·유형자산·무형자산 등으로 구분한다.
- **부채**: 회사가 쌓아온 빚이다. 그래서 타인자본이라고 한다. 부채 역시 자산처럼 유동부채와 고정부채로 구분된다. 유동부채는 1년 안에 갚아야 하는 빚이고 고정부채는 1년 뒤에 갚아도 되는 빚이다.
- **자본**: 사업을 시작하기 위해서 또는 사업 중에 사업주가 투자하는 돈이 바로 자본이다. 기업의 밑천인 셈이다. 대차대조표에 나오는 자본계정은 자본금, 자본잉여금, 이익잉여금 등으로 나뉜다. 부채를 타인자본이라고 하는 반면, 자본금과 잉여금을 합한 자본총계를 자기자본이라고 한다.

●● 표10-1 | **재무상태표**

제 × 기 20××년 ×월 ×일 현재
제 × 기 20××년 ×월 ×일 현재

회사명 (단위: 원)

	제×(당)기	제×(전)기		제×(당)기	제×(전)기
자산			부채		
I. 유동자산	×××	×××	I. 유동부채	×××	×××
1. 현금과예금			1. 매입채무		
2. 유가증권			2. 단기차입금		
3. 매출채권			3. 유동성장기부채		
4. 단기대여금			4. · · ·		
5. 재고자산			II. 고정부채	×××	×××
6. · · ·			1. 사채		
II. 고정자산	×××	×××	2. 장기차입금		
(1) 투자자산			3. 장기성매입채무		
1. 장기성예금			4. 퇴직급여충당금		
2. 투자유가증권			5. · · ·		
3. 장기대여금			부채총계		
4. 장기성매출채권					
5. 투자부동산			자본		
6. · · ·			I. 자본금		
(2) 유형자산			II. 자본잉여금		
1. 토지			1. 자본준비금		
2. 건물			2. 재평가적립금		
3. 구축물			III. 이익잉여금		
4. 기계장치			(또는 결손금)		
5. 건설중인 자산			1. 이익준비금		
6. · · ·			2. 기타적립금		
(3) 무형자산			3. 이월이익잉여금		
(4) 이연자산			(또는 이월결손금)		
			IV. 자본조정		
자산총계			자본총계		
			부채와 자본총계		

❷ 손익계산서

손익계산서는 회사가 이익을 냈는지 적자를 냈는지를 보여준다. 1년 동안 회사를 경영하는 과정에서 어느 정도 물건을 팔았고 여기에 들어간 비용이 어느 정도인지를 따져 장사를 제대로 했는지 아니면 잘못했는지를 보여주는 것이다. 그래서 1년의 사업연도 동안 회사 경영성과를 최종적으로 평가하는 재무제표가 손익계산서이다. 손익계산서에는 회사의 실적을 평가하는 대표적인 기준인 매출액, 영업이익,

경상이익, 당기순이익 등이 모두 포함되어 있다.

- ■ **매출총이익**: 매출액에서 매출원가를 뺀 것이다. 매출액은 기업이 1년 동안 제품·서비스를 팔아 생긴 판매총액을 의미하며 매출원가는 공장에서 물건을 생산하기 위해 사용된 재료비, 인건비, 경비 등 생산 활동을 위해 소요된 비용이다.
- ■ **영업이익**: 매출총이익에서 판매비와 관리비를 뺀 것이다. 회사의 영업부, 특판부, 해외영업부, 판매촉진부 등 판매를 담당하는 부서에 들어가는 인건비와 해외출장비, 접대비, 광고선전비, 운반비 등이 판매비다. 관리비는 경리부, 기획부, 총무부 등 회사의 관리업무를 담당하는 부서에 들어가는 인건비와 통신비, 전기료, 임차료, 보험료, 소모품비 등이 여기에 해당한다.
- ■ **경상이익**: 기업의 주된 영업활동은 생산과 판매관리다. 이러한 영업활동을 하는 데는 반드시 자금이 필요하다. 따라서 부족한 자금은 금융기관에서 빌려서 조달하고 여유자금은 은행에 예금을 하거나 채권 등 유가증권을 사는 등 재테크를 하기도 한다. 이 과정에서 자연스럽게 수익이나 비용이 생기게 마련이다. 이처럼 기업 본래의 생산, 판매관리활동 외에 재무활동에서 발생하는 수익과 비용, 즉 주된 영업외의 수익과 비용을 더하고 뺀 기업의 이익이 바로 경상이익이다.
  - 영업외 수익: 유가증권처분이익, 유가증권평가이익, 외환차익, 외화환산이익, 투자자산처분이익, 유형자산이익 등이 있다. 예금이나 주식투자, 건물임대 등으로 생기는 이자수입, 배당금수익, 임대료도 여기에 포함된다.
  - 영업외비용: 차입금에 대한 이자비용, 유가증권 처분손실, 유가증권 평가손실, 재고자산 평가손실, 외환차손, 외화환산손실, 기부금, 투자자산 처분손실, 유형자산 처분손실 등이 포함된다.
- ■ **당기순이익**: 경상이익에 특별이익을 더하고 특별손실을 뺀 뒤 회사가 내야할 법인세까지 제하고 남는 이익이 당기순이익이다. 당기순이익 = 경상이익 + 특별이익 − 특별손실 − 법인세이다.

❸ 잉여금처분 계산서

영업활동의 결과로 얻은 이익을 주주들에게 배당할지 또는 사내에 유보할지를 나타내는 재무제표이다. 장부에 표시되는 잉여금은 전 사업연도에서 쓰고 남은 잉여금과 당기순이익, 임의적립금 등으로 구성된다. 일반적으로 회사는 잉여금 범위 내에서 주주에게 배당을 주기 때문에 배당 여력을 나타내는 지표로 활용되기도 한다. 그러나 배당은 이익준비금, 재무구조개선 적립금 등 법정적립금을 채우고 난 뒤에 주주총회에서 결정되는 것이 순서다.

❹ 현금흐름표

기업이라는 생명체를 유지시키는 원천인 '돈', 곧 자금이 어떤 경로로 조성됐고 어디에 쓰였는지를 밝히는 재무제표다. 즉, 1년 동안 회사운영에 사용된 자금과 여유자금이 어느 정도인지도 알려준다. 실적이 다소 나쁜 기업이더라도 여유자금이 많거나 현금이 원활하게 돌아가는 기업이라면 그만큼 부도나 파산에 이를 가능성이 낮다고 보면 된다. 그래서 현금흐름표에는 정상적인 생산·판매 등 영업과정에서 이뤄지는 자금흐름, 주식이나 채권·부동산을 사거나 팔 때의 자금흐름, 은행에서 돈을 빌리거나 갚을 때의 자금흐름이 표시되어 있다.

02 자본의 운용

(1) 운전자본관리

운전자본은 총운전자본(gross working capital)과 순운전자본(net working capital)으로 나눈다. 총운전자본은 유동자산에 투하된 자본부분을 의미하고, 순운전자본은 유동자산에서 유동부채를 차감한 금액 또는 장기자본(자기자본 + 고정부채)에서 고정자산에 운영된 부분을 차감한 금액을 의미한다.

운전자본을 총운전자본으로 보면 현금, 유가증권, 매출채권 및 재고자산이 관리대상이 되며, 순운전자본으로 보면 외상매입금, 지급어음 및 미지급비용 등의 유동부채까지도 그 관리의 대상이 된다. 일반적으로는 운전자본을 총운전자본으로 보기 때문에 유동자산항목의 관리로 보는 것이 원칙이다.

운전자본관리의 기본 목표는 유동자산의 적정수준의 유지, 유동자산을 위한 적정자본조달, 기업소유주의 부의 극대화를 위한 최적운전자본정책을 결정하는 것이다.

(2) 자본예산편성

자본예산의 편성(capital budgeting)이란 기업소유주의 부를 장기적으로 극대화하기 위하여 자금의 효율적인 운용(투자결정)과 조달을 장기적으로 계획하는 것이다. 투자는 미래에 실현될 보다 큰 수익을 기대하고 현재 자금을 투하하는 것이다.

투자를 효율적으로 하기 위한 기법으로 확실성하의 투자결정기법(회수기간법, 회계적 수익률법과 현금흐름 할인법 등)과 불확실성하의 투자수익률법 등이 있다

03 자본의 조달

자본조달의 원천은 크게 자기자본에 의한 조달과 타인자본에 의한 조달이 있다.

- **자기자본에 의한 조달**: 자기자본에 의한 조달은 크게 두 가지로 나누어 볼 수 있는데 첫째, 출자자로부터의 조달로 기업의 설립당시에 창업자본으로 조달하는 것과 그 후의 추가자본으로 조달하는 두 가지 방식이 있다. 자기금융에 의한 조달은 기업이 여러 가지 경영활동을 수행하는 가운데 자기자본이 증가하여 스스로 조달된 것이다.
- **타인자본에 의한 조달**: 출자자가 아닌 기업 외부로부터 자금을 조달하는 것으로 외적 단기자금조달 원천(신용거래, 미지급비용 및 선수익금, 외상매출금금융, 재고자산금융 등)과 외적 장기자금조달 원천(장기차입금, 리스금융, 사채, 외자도입 등)이 있다.

04 배당의 결정

배당(dividends)은 주주나 기업소유자에게 영업성과의 일부를 현금 혹은 그 밖의 형태(비현금배당)로 지급하는 것을 의미한다. 기업은 모든 청구권자로부터 조달한 자금을 가지고 일정기간 동안 영업하여 얻은 영업성과를 각 청구권자에게 배분하여야 한다. 즉 채권자에게는 약속된 이자를, 정부에게는 법인세를, 우선주주에게는 확정된 배당을 지급해야 하는 것이다. 영업성과 중에서 이를 처분하고 남은 부분이 보통주주의 이익이 된다.

보통주주의 이익 중 일부는 보통주주에게 배당되고 나머지 부분은 사내유보되어 자기금융(internal financing)의 원천이 된다. 따라서 배당을 결정한다고 하는 것은 한편으로 주주나 기업소유주에게 영업성과의 일부를 배분한다는 뜻이 있으며, 다른 한

편으로 자기금융의 크기를 결정한다는 뜻을 포함하고 있다.

05 재무분석

(1) 재무분석의 의의와 목적

재무제표 분석이란 기업의 영업실적이나 재무상태를 기업의 외부관계자에게 그 경영실체에 대한 재무상태와 경영성적에 관련된 각종 재무정보를 제공할 목적으로 매 회계기간이 끝난 후 공표되는 정기적 회계보고서를 분석하는 것이다. 재무제표 분석은 기업의 재무상태나 경영상태를 판단하려고 하는 것이기 때문에 이를 위해 자연히 어떤 표준이나 바람직한 수치와 비교되는 것이 그 특징으로 되어 있다.

재무제표분석의 목적은 투자대상기업의 재무제표 자료를 가지고 수익성이나 안정성, 성장성을 분석·검토하여 투자행동을 위한 의사결정에 유용한 자료를 얻고자 하는 데 있다. 따라서 재무제표가 투자분석에 유용한 정보가 되기 위해서는 ① 공정성, ② 완전성, ③ 계속성, ④ 비교가능성 등의 가치를 지녀야 함은 물론이다.

(2) 재무분석의 방법

재무분석의 의의는 재무제표에 나타나는 항목은 대부분 그 자체만으로는 중요한 의미를 지니지 못하므로 보다 중요한 것은 각 항목간의 상관관계 및 현재의 상태를 과거의 것과 비교했을 때 그 변동의 방향 및 변동의 크기를 파악하는 것이다. 재무분석은 대차대조표 및 손익계산서 등을 이용하여 안전성, 성장성, 수익성, 활동성, 생산성, 시장가치 등에 관한 지표를 계산하고 이를 기초로 기업의 현재 상태를 평가한다.

■ **안전성 분석**: 안정성 분석이란 기업이 단기적인 채무지급능력을 갖추고 있는지의 여부와 장기적으로 경기변동이나 시장여건의 변화 등 기업의 내외적인 경제여건의 변화에 대응할 수 있는 능력을 지니고 있는가를 측정하기 위한 분석이다. 유동비율(단기채무에 충당할 수 있는 지급자산이 얼마나 되는가를 나타내는 비율), 부채비율(자본구성의 건전성 여부를 판단하는 지표), 고정비율(자기자본이 고장자산에 어느 정도 투입되어 운용되고 있는지를 알아보는 비율) 등이 있다.

■ **성장성 분석**: 기업이 일정기간 동안 매출액, 자본금, 순이익 등이 얼마나 신

장하고 있으며 균형적 성장을 하고 있는가의 여부를 측정하는 것이다. 여기서 그 증가율은 균형을 크게 저해하지 않는 한 높을수록 양호하다고 할 수 있다. 성장성을 알아보는 지표로는 매출액증가율(전년도 매출실적에서 당해 연도의 매출액의 증가율), 총자본증가율(기업에 투자되어 운용된 총자본이 당해 연도에 얼마나 증가했는지를 표시하는 비율), 자기자본증가율(자기자본이 당해 연도에 얼마나 증가하였는지를 표시하는 비율), 순이익증가율(기업 활동의 최종 성과인 순이익이 전기에 비해 증가한 정도를 나타내는 비율) 등이 있다.

- ■ **수익성 분석**: 일정한 기간 동안 기업 활동의 최종적인 성과를 측정하고 그 성과의 원인을 분석·검토하는 것이다 수익성을 알아보는 지표로는 '자본이익률'(해당 기업의 수익성을 판단하는데 가장 대표적인 지표로서 그 비율이 높을수록 기업의 수익성이 양호함을 나타낸다), '경영자본 영업이익률'(영업활동에 직접 투입된 경영자본과 경영자본의 운용결과로 획득한 영업이익과의 관계를 나타내는 비율로서 당해 기업의 영업실적의 좋고 나쁨을 판단하는데 적합한 지표이다) 등이 있다.

- ■ **활동성 분석**: 기업에 투자된 자본이 당해 기간 중 얼마나 활발하게 운용되었는가를 나타내는 것으로 기업의 매출액과 각 자산 구성액의 관계를 비교하는 회전율로서 측정된다. 활동성을 분석하기 위한 지표로는 '총자본 회전율'(총자본이 1년 동안 몇 번 회전했는가를 나타내는 비율), '재고자산 회전율'(재고자산이 얼마나 빨리 판매되는가를 나타낸다)이 사용된다.

- ■ **생산성 분석**: 생산성 분석은 기업의 능률과 성과를 측정하고 생산요소별로 공헌도를 측정하여 합리적으로 성과배분을 도모하기 위하여 수행된다. 기업의 경영목적이 종래의 매출액 증대라는 양적 기준에서 실질 수익의 증대라는 질적 기준으로 전환함에 따라 생산성 분석도 부가가치 생산성에 근거하게 되었다. 부가가치란 각 생산 및 판매단계에서 새로이 창출된 가치를 말한다.

⫶ SECTION 04 인적자원관리

01 인적자원관리의 의의

인적자원관리(human resource management)활동은 기업의 목적달성에 필요한 인원을 확보하고 이들의 현재적 또는 잠재적 능력을 최대한으로 발전시킴과 동시에 이를 효율적으로 경영활동에 이용하기 위한 계획적이고 조직적인 제 절차를 의미한다.

02 선발 · 교육훈련

기업에서 필요로 하는 인력을 선발하고 교육·훈련시키는 일은 인적자원관리에서 매우 중요한 의미를 갖는다. 선발(selection)은 조직의 여건에 비추어 응모자 중에서 가장 적합한 자격을 갖추었다고 생각되는 사람들을 선택하는 과정이다. 선발과정은 지원서, 선발시험, 선발면접, 신원조회, 신체검사, 선발결정의 단계로 이루어진다. 선발의 절차가 끝나면 직무에 배치(placement)된다.

Specialty	전문성
Unconventionality	창의성
Pioneer	도전정신
Ethicality	도덕성
Responsibility	주인의식

▲ 국내기업이 원하는 인재상

직무에 배치된 인적자원의 개발을 위해 교육훈련이 필요하다. 이 교육훈련의 목적은 조직구성원으로 하여금 조직체의 목적에 기여할 수 있는 능력을 개발하는 것이다.

(1) 교육훈련의 체계와 형태

조직은 여러 계층과 기능분야로 이루어져 있기 때문에 조직구성원들도 경력과 경험, 지식과 기술수준 그리고 능력과 행동 등이 모두 다르다. 따라서 기업은 조직구성원이 필요로 하는 교육훈련을 효과적으로 제공하기 위하여 기본적인 교육훈련 체계를 마련하여야 한다. 일반적으로 교육훈련 체계는 교육훈련의 목적, 교육대상자 그리고 교육 장소에 따라 <표 10-2>와 같이 분류된다.

(2) 교육훈련의 방법

교육훈련의 효과를 높이기 위해서 가장 효과적인 방법을 활용하여야 한다. 교육훈련의 방법으로는 강의, 회의·토의, 시청각교육, 사례연구, 역할연기, 모의교육(주어진 과제를 중심으로 소집단 구성원간의 상호작용이나 문제해결 또는 의사결정을 실제로 수행함으로써 문제를 체험시키는 교육훈련방법), 프로그램교육 등을 들 수 있다.

┌─ ●● 표10-2 | **교육훈련의 형태와 내용**

사내교육훈련	• 입직훈련(orientation: 신입사원의 교육훈련) • 계층별 훈련(조직구성원의 신분에 따른 훈련으로 작업자 교육훈련, 현장감독자 교육훈련, 관리자 교육훈련 등) • 전문분야별 교육훈련(생산, 마케팅, 인사·기획, 경영정보 등) • 기능공 훈련(생산직 기능공에 대한 교육훈련) • 직장훈련(On-the-Job Training: 감독자가 부하의 직무수행을 감독하면서 직무수행방법과 이에 필요한 기술을 훈련시키는 방법) • 특수훈련(주로 어학훈련)
사외교육훈련	• 교육훈련(직업훈련학교, 대학교 등 학교에서 여러 가지 다양한 교육을 받는 것) • 연구 및 연수기관(각종 기관에서 기업을 대상으로 각종 교육훈련 프로그램을 제공) • 해외연수(전문기술자나 전문경영자를 선정하여 선진국의 대학원 과정에 보내는 인재양성 방법)

03 경영관리자와 작업자의 개발

(1) 경영관리자의 개발

인적자원관리에서 경영관리자의 개발은 무엇보다도 중요한 문제이다. 경영관리자는 다음과 같은 요건에 초점을 맞추어 개발되어야 한다(김기영 외, 1999).

첫째, 경영자들은 경험적 지식보다 상황을 분석하고 판단하여 남이 알고 있는 지식이 아닌 새로운 것을 생각하는 힘을 길러야 한다. 차별적 사고(different thinking) 또는 전략적 사고(strategic thinking)가 그것이다. 남이 알고 있는 것을 모방하는 것으로는 전략적 우위를 창출할 수 없기 때문이다.

둘째, 위험부담을 할 수 있는 기업가정신을 훈련하여야 한다. 환경의 변화는 항상 위험을 수반하고 위험은 기회를 동반하기 때문에 위험부담을 할 수 없는 사람은 기회를 포착할 능력을 가질 수 없다. 그러므로 이를 실천하는 분위기를 조성하기 위해서는 조직은 자율경영체제(empowerment)로 운영할 필요가 있다.

셋째, 경영자의 역할이 권위주의적으로 부하 위에 군림하고 명령하는 데 있지 않고 코치의 역할(act as a coach)로 전환되어야 한다. 이를 위해서는 팀 중심 조직(team organization of work)으로 개편해야 하며 이로서 경영자와 부하가 같이 의사결정 문제해결능력 훈련의 동료가 되도록 교육을 기초로 한 조직으로 개발되어야 한다.

넷째, 경영자의 안목을 국제화, 글로벌화하여 세계적 수준의 교양과 언어능력을 갖추도록 함으로써 생각의 영역을 국제화하고 전략화하도록 유도해야 한다. 경영자는 또 모든 기능부서와 횡적인 정보교환이 가능하고 기업전반 전략과 부서 기능 전략이 수직적으로 연결될 수 있는 의사소통능력도 갖추어야 한다.

결론적으로 우리나라 기업의 대체적인 경쟁력 부족은 정확히 우리 경영관리자의 능력부족과 일치하는 현상이다. 경영자의 능력이 바로 기업능력이기 때문이다. 따라서 이러한 경영자의 능력을 향상시키기 위한 조직의 환경과 개인능력의 향상만이 경쟁력 향상의 지름길이 될 수 있다.

(2) 작업자관리

경영관리자의 개발과 더불어 작업자는 기업의 경쟁적 우위(competitive advantage)를 창출하는 데 매우 중요한 역할을 한다. 따라서 작업자관리는 작업자들의 잠재력을 파악하고 개발하는 것으로 기업이 최대의 성과를 달성하기 위한 핵심이다.

예컨대 기업의 생산시스템이 완충재고(buffers)를 없애기 위해 아무리 통합을 강요하고 공정통제를 강화시킬지라도 이를 원활히 수행할 수 있는 동기부여된 숙련공 없이는 어려울 것이다. 그러므로 기업은 작업자들에게 동기를 부여하고 숙련도를 향상시키며 문제해결능력과 습득능력을 향상시킬 수 있는 노력을 기울여야 한다. 이때 동기부여의 정도와 숙련도는 산업에 따라 성격을 달리하게 되나 일반적으로 공장의 작업자를 효과적으로 관리하기 위한, 즉 그들의 잠재력을 개발하기 위한 기본원리는 다음의 문제들을 다루어 봄으로써 알 수 있다.

■ **작업구조(structure of jobs)**: 기업의 생산성과를 향상시키기 위하여 작업자들에게 부과되는 작업은 그들에게 두 가지의 책임을 부여한다. 그 하나는 기존에 할당된 작업을 수행하는 것이고 다른 하나는 미래의 과업성과를 향상시킬 수 있도록 기존의 작업을 통하여 습득(경험)곡선효과를 얻도록 하는 데 있다.

이와 같이 두 가지 사명을 수행하는 작업자의 능력은 주로 그들에게 할당되는 작업의 넓이(breath)와 깊이(depth)에 의해 결정된다. 작업의 넓이란 투입물을 산출물로 변환시키는 일이나 자재의 이동과 같이 한 작업자가 수행해야 하는 물리적인 운영과업(physical, operating tasks)의 수가 얼마나 많은가 하는 문제를 말하고, 작업의 깊이는 문제해결, 계획 등과 같이 관리적인 과업(thinking, managerial tasks)의 수가 얼마나 많은가 하는 문제를 말한다. 이는 결국 작업의 넓이의 문제는 작업확대(job enlargement)의 문제, 작업 깊이의 문제는 작업 비옥화(job enrichment)의 문제와 관련되어 있다.

기업이 작업자의 작업넓이 및 깊이를 어떻게 정할 것인가 하는 것은 기업의 성과에 상당한 영향을 미친다. <그림 10-5>에 나타난 작업넓이와 깊이의 구조를 설명해 보자.

<그림 10-5>에서 작업 I 의 형태는 과학적 관리법에 의하여 분업을 강조한 Henry Ford가 중요시한 형태로서 이는 한 작업자의 작업의 넓이와 깊이를 통제하여 반복 작업으로 인한 효율을 추구하고자 하였다. 그러나 이 경우에 작업자는 단순작업의 반복으로 인하여 작업에 대한 흥미를 상실하며 또한 작업자의 창의력을 무의미하게 만든다.

반면에 작업 II의 경우는 한 작업자에게 부여되는 작업내용의 넓이 및 깊이를 늘리게 되어 작업자의 육체적 노동뿐만 아니라 정신적인 사고도 요청된다. 따라서 이러한 작업내용은 작업자로 하여금 작업에 대한 책임감을 느끼게 하며 창의력을

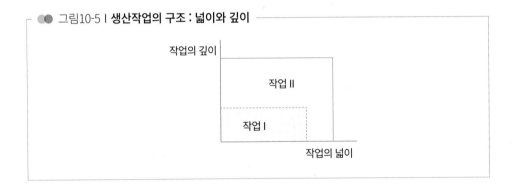

●● 그림10-5 | **생산작업의 구조 : 넓이와 깊이**

●● 표10-3 | **작업깊이와 작업넓이의 과업형태**

작업깊이의 과업형태	작업넓이의 과업형태
• 공정설계 • 방법향상 • 일정계획 • 회계 및 통제 • 유지관리 • 계획, 문제해결 • 불확실성 처리 • 절차화되지 않은 공정정보	• 기계작동 • 설비감시 • 자재조작 • 품질측정 • 예방적 유지

발휘하게 한다.

■ **작업의 기술명세**: 대부분 작업은 필요한 여러 기술적인 요소를 가지고 있다. 그러므로 작업자를 선발하거나 배정할 때 그 작업에 요구되는 기술명세를 명확히 밝힘으로써 적절한 작업자를 선발할 수 있을 뿐만 아니라 그 작업에 배정된 작업자의 성취 욕구를 자극하여 성과를 높일 수 있다.

■ **문제해결능력**: 기업은 생산부문의 문제해결을 위한 의사결정에 작업자를 직접 참여시켜 그들이 그들 자신 및 작업에 관해 더 많은 의욕을 가질 수 있게 하여야 한다. 다시 말해 작업자들이 기업의 목표와 관련된 생산부문의 의사결정에 직접 참여하므로 그들의 문제를 명확하게 파악할 수 있으며 또한 자신들의 활동이 기업성과에 기여하고 있다는 사실을 일깨워 주어 문제해결능력을 향상시킨다.

■ **동질성회복(equalities)**: 작업자의 잠재력을 개발하기 위해서 작업자의 기술능력향상, 작업내용의 향상 등을 도모할지라도 작업자들이 기업에 대한 소속감을 느끼지 못한다면 원하는 성과를 얻기 어려울 것이다.

작업자는 자신이 생산한 제품이 기업의 수익에 얼마나 공헌하였으며 시장에서 어떠한 경쟁적 위치를 확보하고 있으며 또한 제품에 대한 수요패턴이 어떻게 변하고 있는지 등에 관하여 매우 궁금하게 생각한다. 그러나 성과에 관한 재무자료 등 모든 정보가 상부 경영자층의 전유물이 되어 그들에게까지 공유되지 못할 때는 조직체에 대한 이질감을 느끼게 된다. 그러므로 경영자는 이들과 함께 가능한 모든 정보를 공유할 수 있게 시스템을 운영하여 일체감을 도모하여야 한다.

04 직무설계

(1) 작업설정(job design)

작업(job)이란 '어떤 조직의 틀 안에서 개인이나 집단이 해야 할 작업 활동을 규정하는 기능'을 말한다. 여기서 작업 활동은 그 조직의 목적과 기술요건에 부합될 뿐 아니라 작업자의 요건이나 요구를 만족시킬 수 있도록 규정되어야 한다.

작업설정은 궁극적으로 조직의 틀에서 요구되는 일을 수행하는 것으로 누가, 무엇을, 어디서, 언제, 왜, 어떻게 해야 한다는 것을 결정하는 기능이다. 작업설정의 방법은 작업의 내용을 각 개인이나 집단에 할당하는 작업내용의 설정과, 그 작업내용을 어떻게 처리해야 할 것인가를 규정하는 작업방법의 설정의 두 가지로 나누어진다.

(2) 작업내용의 설정

제품의 특징, 제조공정의 선택, 기계의 성능 또는 공정배치와 같은 작업여건과 원가절감이라는 경제적 의식에 기초를 둔 전문화, 단순화 및 표준화 등 분업의 이점을 시도하는 일종의 관리방식에 따라 설정된다.

(3) 작업설정 방법

작업자들의 생리적 또는 심리적 요소를 고려하여 작업일정 또는 작업진행상의 여러 가지 원칙 등을 고려하여 이루어진다. 네 가지의 작업설정 방법에 대해 검토해 보자.

첫째, 기술·경제적 측면에서의 작업설정은 아담 스미스의 분업이론을 기초로 경제적 입장에서 분업을 통한 작업의 전문화를 의미하였다. 이 작업설정의 장점은 ① 단순, 반복 작업으로 대량생산이 가능하므로 높은 생산성을 이룩할 수 있다. ② 숙련공이 필요 없어 노무비가 저렴하다. ③ 작업자의 선발과 훈련이 용이하다.

한편 단점은 ① 제품전체에 대한 책임규명이 어려워 품질관리에 어려움이 있다. ② 작업자의 권태감으로 이직, 지각 및 결근, 고충 등 작업자의 불만족이 가중된다.

둘째, 사회·심리적 측면에서의 작업설정은 앞에서 설명한 작업확대와 작업 비옥화를 들 수 있다. 작업확대(job enlargement)는 작업자에게 분업 또는 전문화 방법하에서의 서로 단절된 과업을 여러 개 모아서 작업의 내용을 다양화하여 작업자의 흥미 진작, 작업의 연결성을 부여하는 수평적 확대를 의미한다. 작업자에게 분업형식의 작업배분이 아니고 폭넓은 직무배열을 할 수 있으나 작업내용을 재편성하려면 공정의 재설계, 작업자 및 감독자의 재훈련뿐만 아니라 동기요인을 강하게 반영하지 못하는 단점이 있다.

작업 비옥화(job enrichment)는 작업자로 하여금 자기가 하는 일에 대한 관리적 권한을 더 많이 갖게 하여 기업 목표에 대한 성취의식을 갖게 하는 방식으로 자기 일에 대한 수직적 확대를 말한다. 작업자에게 보다 많은 계획수립을 할 수 있는 권한과 책임을 부여하므로 작업능률을 증대시킬 수 있다.

셋째, 생리적 측면에서의 작업설정은 심리학이나 생리학에서 생활 활성화 수준이 심리, 생리적 상태에 미치는 인과관계를 작업자들의 작업 행태에 연결시키려는 것이다. 이를 직무순환(job rotation)이라고 하는데 이것은 일정기간마다 다른 직무를 수행케 함으로써 일에 대한 다양성을 주는 방법이다. 주로 단순 반복적인 작업이나 한 업무에 오랫동안 종사함으로써 야기될지도 모르는 권태감, 단조로움을 다른 업무와 바꿔서 행함으로써 심리적, 생리적으로 저하된 근로의욕이나 태도를 활성화시킬 수 있다.

넷째, 사회·기술적 측면에서의 작업설정(집단작업설정)은 작업시스템을 설정할 때 작업자의 사회성, 작업의 기술적 특징을 동시에 고려하는 것이다. 1963년 영국 Tavistock 연구소에서 E. Trist가 행한 석탄광산 연구에서 집단의 작업자가 인화적인 집단을 구성할 경우 개인이 따로 독립해서 일하는 경우보다 생산성이 높다고 하였다. 작업을 수행하는 데 기술적 요건에 따라 연관성 있게 작업의 책임을 나눠 가지고 일하도록 짜여지면 작업의 성과를 완벽하게 성취할 수 있다. 작업을 확장하는 경우 작업자 개인에게 할당하는 작업설정 방법을 취했으나 여기서는 작업의 결합을 작업자 집단을 대상으로 시도한다. 그리고 작업자의 인화적 집단을 기술적 단위로서의 집단이 되도록 설정하는 데 목적이 있다.

05 평가 · 보상

평가·보상은 작업자 경영관리자뿐만 아니라 작업자에게 매우 중대한 영향을 미친다. 왜냐하면 기업에서 통제시스템의 기준이 명확히 세워져 있을 경우 작업자에게 부과된 과업을 잘 달성했는지 판단할 수 있을 뿐만 아니라 동기부여를 할 수 있기 때문이다.

보상(compensation) 중에서 금전적 보상은 작업들의 큰 관심사 중의 하나이다. 금전적 보상에서 중요한 고려사항은 정당한 분배(fair sharing)의 문제이다. 만일 주주, 경영자, 작업자 모두가 금액의 액수에 관계없이 객관적으로 볼 때 정당한 분배일 경우에 갈등이 발생하지 않는다. 최근에 우리나라의 노사분규에 의해 비합리적인 임금인상이 일어나고 있는데 이는 장기적으로 볼 때 결코 바람직스럽지 못하다. 합리적인 임금인상은 물가수준과 생산성에 기초를 두고 있어야 한다.

보상은 개인의 업적과 성과를 기준으로 한 개인별 보상제도와 그룹을 대상으로 한 그룹별 보상제도로 나눌 수 있다. 우리나라의 경우 개인별 보상제도와 그룹별 보상 제도를 병행하여 실시하는 것이 바람직하다(이명호·유지수, 1995).

기업들이 보상 제도를 수행하기 위해서는 몇 가지 요소가 필요하다고 한다(이상문, 1994).

첫째, 보상제도는 고객을 중심에 놓아야 한다. 기업의 외부고객에게 탁월한 공헌을 한 종업원 모두에게 보상을 실시하는 것은 매우 중요하다. 그렇게 할 때 기업은 고객의 요구를 정확히 파악할 수 있고 기업이 그들의 요구와 기대에 부응하는지 알 수 있다. 기업 내부적으로는 일반 사원이나 관리자 모두가 고객이므로 그들의 업무수행 결과도 당연히 보상제도에 반영되어야 한다.

둘째, 보상제도는 팀에 중심을 두어야 한다. 초일류 기업은 광범위하게 팀을 활용할 수 있어야 한다. 따라서 보상제도도 팀의 목표를 성공적으로 달성했는지 여부에 기초해서 이루어져야 한다.

셋째, 보상은 효과적으로 평가할 수 있어야 한다. 즉 보상의 평가기준은 상호 관련성이 있어야 함은 물론 전체적인 과정을 통해 측정이 가능해야 한다. 아울러 보상은 고객에게 중요한 것이 무엇인가에 중점을 두어야 한다.

넷째, 모든 사원이 보상제도에 참가해야 한다. 종업원은 팀의 일원으로서 기업의 목표와 성과 요소를 결정하는 데 참가해야 한다. 그러한 과정을 종업원 스스로 관찰하고 평가하는 것 또한 중요하다.

⁝ SECTION 05 회계

01 회계의 목적과 기능

과거에 회계학을 학문으로서가 아니라 하나의 장부를 작성하는 기술(부기수준)로 인식하는 때에는 회계(Accounting)를 재무적 성격을 띤 거래 및 사건을 화폐가치로 기록, 분류 및 요약하고 그 결과를 해석하는 기술(art)로 정의하였다. 과거에는 회계의 기능이 기업에서 발생된 거래를 장부나 전표에 잘 기록하여 이익을 계산하고 세금을 내는 데 하나의 증빙자료를 만들어 내는 장부작성기술(부기; Book-keeping)로 취급하였다. 그러나 현대에서의 회계학은 경영학의 한 분과학문 또는 독자적인 영역을 이루고 있는 학문(Science)으로 보는 것이 일반적인 견해이다. 회계의 학문으로서 목적은 기업에서 수행된 경제적 활동을 측정 및 평가하여서 이를 회계정보화하여 기업의 이해관계자(정보이용자)들의 경제적 의사결정에 유용한 정보를 제공하는 것이다. 즉, 회계학은 기업 활동 결과 발생된 수많은 거래 자료를 적절히 기록·분류·요약하여 이를 회계정보화하여 투자자(주주), 채권자(은행, 보험회사 등), 세무서, 고객 등의 기업의 이해관계자들에게 적절한 정보를 제공하는 것을 주목적으로 하는 학문이다.

회계학은 정보화시대에 기업에 관한 정보의 창출을 주목적으로 하는 가장 첨단화된 학문이다. 기업환경이나 사회경제 및 문화적 가치의 변화에 따라 정보이용자의 요구수준이(회계정보에 가장 민감한 주식투자자들은 예전에 비하여 기업정보에 대해 더 다양한 정보를 신속히 제공해 주기를 요구하고 있음) 변화하고 이에 따라 일반적으로 인정된 회계원칙의 변화가 필요하다. 즉 정보이용자의 요구에 부응하는 정보창출을 위한 회계이론개발을 위한 부단한 연구가 어느 학문 못지않게 계속되어야 한다.

한편 회계의 속성은 사유재산제도와 시장경제원리에 의해 움직이는 자본주의 체제를 존속시키는 이념적 수단(Ideology)이다. 사유재산제도와 시장경제원리의 배경으로 나타난 것이 이익을 추구하는 영리기업이다. 영리기업이 이익을 계산하기 위해서 일년 동안의 영업활동을 잘 요약하고 보유하고 있는 각종 자산을 적절하게 평가하여야 한다. 이러한 기능을 수행하는 것이 회계학이므로 회계활동과 영리기업을 불가분의 관계이다. 또한 회계학은 회계정보를 매개체로 하여 투자자들이나 채권자들에게 기업의 활동을 전달하는 정보전달기능을 수행하고 있으며, 주주에 대한 경영자의 수탁책임에 관한 정보를 제공하는 중요한 기능을 수행하고 있다.

회계의 양대 기능 : – 수탁책임기능(Stewardship Function)
             – 정보전달기능(Information Function)

02 회계활동의 측정과 회계정보시스템(AIS)

기업의 활동을 적절히 측정 및 평가하여 회계정보하에서 정보이용자들에게 제공하는 것은 각종 의사결정이 왜곡되지 않고 제대로 수행되도록 도와주기 위한 것이다. 즉, 회계정보의 역할이란 자원이 효율적으로 배분되고 운용될 수 있도록 하고, 투자활동이나 신용활동이 제대로 이루어지도록 하며 기업현금흐름의 예측, 자산의 보존과 관리 및 사회적 기능을 촉진하고 적절히 통제하여 사회 전체적으로 자

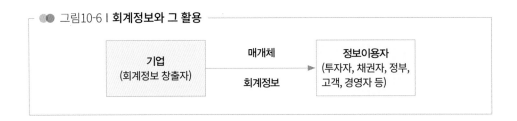

○● 그림10-6 I **회계정보와 그 활용**

기업 (회계정보 창출자)	→ 매개체 회계정보 →	정보이용자 (투자자, 채권자, 정부, 고객, 경영자 등)

원 활용이 효과적으로 하는 데 그 목적이 있다. 이러한 목적을 수행하는 회계학을 한마디로 요약하면 회계정보를 매개로 회계정보의 창출주체인 기업과 투자자나 채권자들과 같은 정보이용자들간의 의사소통과정(communication process)을 다루는 학문이라고 볼 수가 있다.

회계학의 목적인 정보이용자의 의사결정에 유용한 정보를 제공하기 위한 회계과정을 회계정보시스템(Accounting Information System, AIS)이라고 하며, 이러한 회계정보시스템에는 크게 두 가지 과정이 있다. 하나는 기업에서 발생된 거래나 사건을 적절히 기록하고 요약하여 기업의 자산이나 수익을 기본적으로 표시하고 있는 기본 회계보고서(일명 재무제표라고 하며, 이에는 대차대조표, 손익계산서, 현금흐름표 이익잉여금처분계산서)를 도출하는 회계순환과정(Accounting Cycle)이다. 이 과정은 매년 반복적으로 행하기 때문에 순환과정이란 이름이 붙었다. 이 과정을 거치면서 도출된 재무제표는 기업의 일년 거래활동을 집약한 것으로서 다양한 기업의 이해관계인의 정보적 요구수준을 채우는 데는 미흡하고 하나의 기본적인 자료이다. 그래서 회계순환과정을 데이터 프로세스(data process)라고도 한다.

(1) 데이터 프로세스: 회계순환과정

거래, 사건(경영활동) → 측정 → 기록 → 분류 → 요약 → 재무제표(F/S)

데이터 프로세스는 개별적인 정보이용자에게 필요한 정보가 아니고 이에 필요한 정보를 가공하는 데 가장 기본이 되는 재무제표를 도출하는 과정이므로 이 재무제표를 기초로 하여 기업의 이해관계인의 의사결정에 유용한 정보를 산출하는 별도의 과정이 필요하다. 이 과정에서 개별정보이용자들에게 구체적으로 필요한 정보를 산출하기 위해서 정교한 분석과정을 거쳐야 하므로 분석과정이라고 한다. 이러한 분석과정에서는 개별 정보이용자의 정보적 요구조건이 다양하므로 거기에 필요한 정보도 다양할 수밖에 없으므로 분석과정 자체가 개별적이고 다양하다.

(2) 분석과정(ANALYSIS PROCESS) : 개별정보이용자에게 유용한
정보를 창출하여 제공하는 프로세스

투자자(주주), 은행이나 보험회사와 같은 채권자, 거래처 및 정부는 기업입장에서
는 불특정 다수인으로서 이들에게 제공되는 정보는 객관적이어야 하고 공정하며
신뢰할 수 있는 정보여야 한다. 그러나, 기업내부인인 경영자의 의사결정에 필요한
정보인 경영정보는 외부에 공개될 필요도 없고 정보의 객관성이나 신뢰성보다는
경영의사결정에 적합하고 유용하기만 하면 된다. 경영의사결정이 다양하므로 이러
한 경영정보는 다양하고 정보양식에도 구애받을 필요가 없다. 즉, 불특정 다수인이
외부 정보이용자에게 제공되는 회계정보는 일정한 양식에 의거하여 개관적이고 공
정한 정보를 제공하여야 하지만 경영의사결정목적으로 제공되는 회계정보는 정보
의 형식이나 회계원칙에 제한받을 필요가 없어 두 유형의 정보는 전혀 다르다. 따라
서 회계학은 외부정보를 산출하는 재무회계(Financial Accounting)와 경영의사결정에 필요
한 정보를 창출하는 관리회계(Management Accounting)로 크게 구분된다.

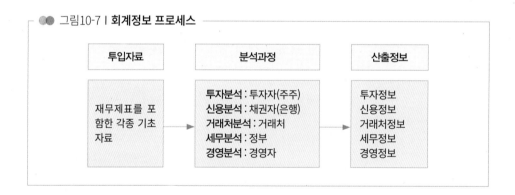

●● 그림10-7 I **회계정보 프로세스**

03 회계의 주요 분야

① 재무회계(F.A.) : 외부정보이용자의 의사결정에 유용한 정보를 제공하는 F/S 작
성 및 보고시스템
② 관리회계(M.A.) : 내부정보이용자(경영자)의 의사결정(Panning & Control , Special decision)
에 유용한 정보를 제공하는 시스템
③ 원가회계(C.A.) : 경영관리를 위한 원가정보 제공

원가회계와 관리회계를 구분하지 않는 것이 오늘날 회계학문의 추세이지만 굳이 원가회계영역을 생각한다면, 다음과 같다. 원가회계는 기업에서 생산한 제품의 원가계산을 적정히 하여 제품원가를 산출하여 자산평가와 손익결정을 제대로 하기 위한 것이다. 또한 각종 원가의 개념, 원가의 분류, 원가의 예측 및 각종 원가관리와 통제기법을 중점적으로 취급하지만 관리회계의 영역으로 보는 것이 일반적이다.

한편, 관리회계는 경영의사결정을 지원하는 각종 정보창출시스템을 의미하는 것으로서 예산편성과정, 원가분석, 재고관리, 투자의사결정, 자본예산편성, 책임회계(성과평가와 인센티브모형 및 분권화) 그리고 각종 특별의사결정영역을 취급한다.

04 재무회계와 관리회계의 차이점

재무회계는 보고목적이 투자자나 채권자의의사결정을 위한 외부보고목적(공시목적)이나 관리회계는 경영자의 의사결정 지원을 위한 내부보고목적이다. 관리회계시스템의 효율성 여부는 경영자에게 적시에 효율적인 방법으로 정보를 제공하여 조직목표를 달성하도록 동기유발시키는 데에 있다.

표10-4 I **재무회계와 관리회계의 차이**

구분	재무회계	관리회계
목 적	외부보고	내부보고
보고양식	재무제표, 부속명세서	특별보고서
정보유형	역사적(객관적) 정보	역사적 정보 및 예측정보, 주관적 정보
준거기준	회계원칙	일반적인 준거기준이 없음(Cost & Benefit)
		정보경제학, 행동과학
보고기간	고정됨(Fixed)	신축적임(Flexible)

EXAMPLE 02   두산인프라코어 영구채 속에 숨었던 부채 커밍아웃

영구채 상환위해 BW 발행 시 자본 줄고
부채 증가...부채비율 상승 불가피

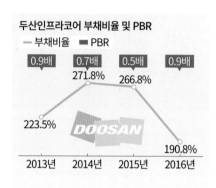

두산인프라코어 부채비율 및 PBR

재무구조 개선을 추진 중인 두산인프라코어의 부채비율이 재차 상승하게 됐다. 회계상 자본으로 분류된 약 5,560억원 규모의 영구채(신종자본증권)를 상환하기 위해 부채로 계상되는 신주인수권부사채(BW)의 발행을 결정해서다. 자본이 줄고 부채는 늘어나는 상황이 불가피한 셈이다.

31일 관련 업계에 따르면, 두산인프라코어가 약 5,560억원 규모 영구채를 오는 10월 전까지 상환하게 되면 상환액인 5,560억원만큼 자본금이 줄어들게 된다.

영구채는 사실상 부채이지만, 회계상 자본으로 분류된다. 일반 사채는 발행자 재무제표상 부채로 인식되지만, 영구채는 만기를 계속 연장할 수 있고, 일반 채권보다 후순위라는 점 등을 이유로 자본으로 계상된다.

두산인프라코어는 2007년 밥캣 인수 때 차입한 자금 상환을 위해 2012년 10월 국내 비금융기업 중 처음으로 영구채를 발행했다. 두산인프라코어의 영구채 발행 당시 이미 자본 인정 여부에 대한 논란이 있었다. 영구채가 부실기업 부채 은폐 수단으로 사용될 수 있다는 우려가 있어서였다.

두산인프라코어는 5,000억원 규모 BW 발행을 통해 영구채를 상환할 계획이다. 영구채 상환분만큼 자본이 줄어드는 대신 비슷한 규모의 부채가 늘어나게 되는 셈이다.

두산인프라코어가 자본 감소와 부채 증가 및 BW 발행에 따른 대주주 지분 희석, 주가 하락 가능성 등을 감수하면서까지 영구채 상환에 나선 까닭은 영구채 스텝업(Step up) 조항에 따라 발행 후 5년 뒤인 오는 10월부터 기준 금리 3.25%에 5%포인트가 가산되기 때문이다. 10월 이후 금리가 8.25%로 뛰면 두산인프라코어가 매년 부담해야 할 이자는 기존보다 585억원 가량 불어나는 것으로 추산된다.

BW 발행과 영구채 상환을 통해 재무제표가 조정되면 기업 재무건전성의 척도인 부채비율 상승이 불가피하다. 산술적으로 올해 3월 말 기준 207.4%인 두산인프라코어의 부채비율은 268.9% 수준으로 뛰게 된다.

기업의 장부상 가치를 보여주는 지표인 PBR(주가순자산비율)도 조정될 수 있다. A 증권사 관계자는 "영구채 상환 등으로 올해 두산인프라코어의 PBR은 1배가 넘어 갈 수 있다"고 말했다.

PBR이 1배 이상이면 그만큼 순자산 대비 주가가 비싸다는 뜻이다. 1배 미만이면 주가가 회사가 보유한 자산가치보다 평가받지 못하고 있다는 의미이다. 두산인프라코어의 PBR은 영구채 발행 다음 해인 2013년부터 지난해까지 줄곧 1배 밑이었다.

그동안 두산인프라코어의 재무제표에 허수가 있었다는 방증이다. 실제로 국내 신용평가사들은 내부적으로 영구채 발행금액 가운데 일부만 자본으로 반영해 기업평가를 하고 있다. A 신평사 관계자는 "두산인프라코어의 영구채는 사실상 5년 만기 채권으로 분류했다"고 말했다.

이와 관련, 두산인프라코어 관계자는 "BW가 추후 주식으로 전환되면 자본으로 인식될 것"이라며 "회사 실적이 개선되고 있어 주가 상승 여지가 높아 주식 전환 시점도 빨리 오게 될 것"이라고 말했다.

자료 : 머니투데이, 2017년 6월 1일

토의문제

증권의 종류에 대하여 토의해 보자.

요약

- 기업의 기본적인 목표는 이익을 창출하는 것인데 마케팅 없이 이익을 창출할 수 없다. 그 이유는 아무리 좋은 제품을 개발하였어도 그 제품이 시장에서 팔리지 않는다면 죽은 제품이나 다름이 없고 또한 이익을 창출할 수 없다. 마케팅(marketing)이란 고객과 산업사용자의 욕구와 기업이익을 동시에 충족시킬 수 있는 제품·서비스를 제공하기 위해 제품, 판매경로, 가격, 판매촉진, 물적 유통 등의 경영활동을 수행하는 것을 말한다. 최근의 마케팅관리활동은 단순히 관리만을 의미하는 것이 아니라 마케팅집행, 마케팅통제, 마케팅 분석이라는 일련의 순환과정을 통해 수행된다.

- 생산이란 기업이 이용가능한 자원인 원료, 기계, 시설 및 인적 자원을 활용하여 제품이나 서비스를 산출해내는 과정이다. 생산운영관리(operations management)는 고객이 원하는 양질의 제품을 적기에 적량을 적가로 생산·공급하는 기업의 목표를 달성하기 위해 생산시스템을 운영 관리하는 것을 의미한다. 생산관리가 단순한 공학적 생산활동(manufacturing)의 영역에서 벗어나 모든 서비스의 창출활동까지도 포함하는 생산시스템으로 인식되어야 하고, 관리과정인 계획 → 조직(설계) → 집행 → 통제의 의사결정과정으로 인식되어야 한다.

- 재무관리(financial management)는 기업이 필요로 하는 자본의 조달과 이의 운용에 관한 재무활동을 계획하고 이를 지휘·통제하는 활동을 말한다. 자금조달(financing)의 원천이 합리적으로 선정되고, 조달의 방법이 적정하게 될 때 기업의 자본비용은 최소화된다. 또 조달된 자본의 운용(investment)이 단기·장기에 걸쳐 운전자본의 관리, 자본예산 및 자본구조가 효율적으로 실행될 때 투자수익을 최대로 할 수 있다.

- 인적자원관리(human resource management)활동은 기업의 목적달성에 필요한 인원을 확보하고 이들의 현재적 또는 잠재적 능력을 최대한으로 발전시킴과 동시에 이를 효율적으로 경영활동에 이용하기 위한 계획적이고 조직적인 제 절차를 의미한다.

- 기업의 활동을 적절히 측정 및 평가하여 회계정보하에서 정보이용자들에게 제공하는 것은 각종 의사결정이 왜곡되지 않고 제대로 수행되도록 도와주기 위한 것이다. 즉, 회계정보의 역할이란 자원이 효율

적으로 배분되고 운용될 수 있도록 하고, 투자활동이나 신용활동이 제대로 이루어지도록 하고 기업현금흐름의 예측, 자산의 보존과 관리 및 사회적 기능을 촉진하고 적절히 통제하여 사회 전체적으로 자원활용을 효과적으로 하는 데 그 목적이 있다. 이러한 목적을 수행하는 회계학을 한마디로 요약하면 회계정보를 매개로 회계정보의 창출 주체인 기업과 투자자나 채권자들과 같은 정보이용자들간의 의사소통과정(communication process)을 다루는 학문이라고 볼 수가 있다.

**연습
문제**

1 경영프로세스를 정의하고 간단한 실례를 들어보시오.

2 마케팅활동의 의의와 마케팅 컨셉트의 변화를 설명하시오.

3 마케팅 관리절차를 설명하시오.

4 마케팅조사에 대해 설명하시오.

5 소비자 행동에서 구매의사결정 과정과 구매행동의 영향요소들을 설명하시오.

6 마케팅 믹스란 무엇인가?

7 생산운영활동의 의미와 생산시스템을 정의하시오.

8 생산시스템의 설계요소들을 설명하시오.

9 생산시스템의 운영 및 통제요소들을 설명하시오.

10 재무관리활동이란 무엇인가?

11 자본의 운용, 자본조달의 의미를 설명하시오.

12 재무분석의 의미, 방법을 설명하시오.

13 인적자원관리에서 선발·교육훈련을 설명하시오.

14 직무설계를 설명하시오.

15 바람직한 평가와 보상에 대해 설명하시오.

16 회계의 목적과 기능에 대해 설명하시오.

17 회계활동의 측정과 회계정보시스템에 대해 설명하시오.

18 재무회계와 관리회계는 어떤 차이점이 있는가?

**참고
문헌**

/ 김기영 윤재홍 외 7인(1999), 「우리나라 제조기업의 생산전략」, 박영사.

/ 윤재홍(2016), 「품질경영론」, 한경사.

/ 김종재(2015), 「현대중소기업경영론」, 박영사.

/ 유성희(2013), 「재무관리」, 박영사.

/ 윤재홍(2014), 「생산운영관리」, 한경사.

/ 이명호 유지수(2014), 「최신 생산운영관리」, 무역경영사.

/ 이학식 외 2인(2014), 「소비자행동」, 법문사.

/ 이학종(2008), 「인사관리」, 세경사.

/ 이건창(2015), 「현대경영의 이해」, 무역경영사.

/ 정수영(2008), 「신경영학원론」, 박영사.

색 인

[공저자 소개]

윤재홍

- 연세대학교 행정학과 졸업(행정학사)
- The University of Kansas 졸업(경영학석사)
- 연세대학교 대학원 경영학과 졸업(경영학박사)
- 2006년 한국생산관리학회 우수논문상 수상
- 현재 동아대학교 경영대학 경영학과 교수

안기명

- 한국외국어대학교 경제학과 졸업(경제학사)
- 연세대학교 대학원 경영학과 졸업(경영학석사)
- 연세대학교 대학원 경영학과 졸업(경영학박사)
- 미국 Purdue University 방문교수
- 현재 한국해양대학교 국제대학 해운경영학부 교수

신현범

- 부산대학교 행정학과 졸업(행정학사)
- 부산대학교 행정대학원 졸업(행정학석사)
- 동의대학교 대학원 경영학과 졸업(경영학박사)
- 전 KEB하나은행
- 전 부산경상대학 금융정보과 교수
- 현재 동아대학교 경영대학 경영학과 조교수

신봉준

- 동아대학교 산업경영학과 졸업(공학사)
- 동아대학교 대학원 경영학과 졸업(경영학석사)
- 동아대학교 대학원 경영학과 졸업(경영학박사)
- 현재 동아대학교 경영대학 경영학과 조교수

박동진

- 금오공과대학교 산업경영학과 졸업(공학사)
- 금오공과대학교 대학원 경영학과 졸업(경영학석사)
- 금오공과대학교 대학원 경영학과 졸업(경영학박사)
- 현재 동아대학교 경영대학 경영학과 조교수

제5판
현대경영학원론

초판발행	2000년 9월 1일
개정판발행	2004년 3월 5일
제3판발행	2009년 9월 10일
제4판발행	2014년 2월 25일
제5판발행	2017년 8월 30일
중판발행	2020년 3월 10일

지은이	윤재홍·안기명·신현범·신봉준·박동진
펴낸이	안종만·안상준
편 집	전채린
기획/마케팅	박세기
표지디자인	조아라
제 작	우인도·고철민
펴낸곳	(주) **박영사**
	서울특별시 종로구 새문안로3길 36, 1601
	등록 1959. 3. 11. 제3070-1959-1호(倫)
전 화	02)733-6771
f a x	02)736-4818
e-mail	pys@pybook.co.kr
homepage	www.pybook.co.kr
ISBN	979-11-303-0457-1 93320

정 가   20,000원